Konrad Heidkamp

SOPHISTICATED LADIES
JUNGE FRAUEN ÜBER 50

Rowohlt

1. Auflage September 2003
Copyright © 2003 by Rowohlt Verlag GmbH,
Reinbek bei Hamburg
Bebilderung Bernd Klöckener
Typographie und Layout Angelika Weinert
Alle Rechte vorbehalten
Satz Poppl Pontifex PostScript, QuarkXPress 4.1,
bei KCS GmbH, Buchholz/Hamburg
Druck und Bindung Clausen & Bosse, Leck
Printed in Germany
ISBN 3 498 02973 8

Die Schreibweise entspricht den Regeln
der neuen Rechtschreibung.

FÜR MEINE LADIES,
BRIGITTE, EVA UND LINDA

INHALT

ZU JUNG, UM ALT ZU SEIN 8
(Wenn Sie wissen, was ich meine)

STARS & TRAMPS

CATHÉRINE DENEUVE 25
        Passionen bekannt, Obsessionen privat
TINA TURNER 43
        Du kriegst, was du siehst
CHER 61
        Mama, bist du das?

ARTISTS & HOUSEWIVES

PATTI SMITH 79
        Ich bin eine Heldenanbeterin
YOKO ONO 95
        Und sie schämte sich nicht
LAURIE ANDERSON 113
        Das hier, Süße, ist für dich

HIPPIES & BEAUTIES

ANNETTE PEACOCK 129
> Liebe mit Tönen

MARIANNE FAITHFULL 145
> Und was ist mit dem Heiligen Gral?

JANE BIRKIN 161
> Immerhin, ein Liebeslied

THE UNTOUCHABLES

CHARLOTTE RAMPLING 179
> Heimweh nach dem Traurigsein

CARLA BLEY 195
> Femme musicale

JONI MITCHELL 211
> Ich war immer Punk, nie Mainstream

DEUTSCHE GIRLS

SENTA BERGER 229
> Schau, dann lass ich's lieber

PINA BAUSCH 245
> Die stumme Sängerin

NICO 263
> Kennst du keine glücklichen Lieder, Liebste?

ANHANG
Fünf oder sechs Dinge,
die man von ihnen kennen sollte 280
Bildnachweis 286

ZU JUNG, UM ALT ZU SEIN
(WENN SIE WISSEN, WAS ICH MEINE)

ALLES FING DAMIT AN, dass Lauren Bacall «Am I Blue» sang. Ans Klavier gelehnt, inmitten einer Bar voller Männer, stand sie unberührbar, blickte zum Pianisten und tippte mit zwei Fingern einen kurzen Gruß quer durchs Lokal zu Humphrey Bogart. Keine Frage, sie war ebenso von diesem Mann fasziniert, wie es umgekehrt alle Männer von ihr waren. Das Lied klang melancholisch, und doch hatte sie ein Lächeln auf den Lippen, das sie über die leichte Schwermut erhob. «There were times I was his only one / but now I'm the sad and lonely one», buchstabierte sie einen jener «torch songs», die von Männern komponiert wurden, um von verlassenen Frauen als Klage gesungen zu werden. «Am I Blue?», fragte sie, und die zweischneidige Antwort war in ihrer Erscheinung sichtbar. Das Pepita-Kostüm, die dunkle Stimme, der Blick – es war eine Haltung, für die es nur ein Wort gibt: «sophisticated».

Dreißig Jahre später hielt man diese Songs für unwürdig und sah in den Sängerinnen Opfer, als Gegenbild wurde der Typus der befreiten Frau verkündet, die sich nimmt, was sie braucht. Fünfzig Jahre später gilt das «Girlie» als Maßstab – von den «Mädels» bis zu den «Grrrls» –, ständig die Rolle und das Image wechselnd, um sich wenn nötig zu entziehen und weder vereinnahmt noch ausgebeutet zu werden. Als Lauren Bacall 1944 in Howard Hawks' Film «To Have And Have Not» jenen Song von Hoagy Carmichael sang, der dabei zahnstocherkauend am Klavier saß, war die Musikwelt voller «Sophisticated Ladies». Sie standen im schulterfreien Abendkleid vor Big Bands, erzählten von Verlust und Sehnsucht, nahmen dekorativ auf einem Stuhl Platz, bis sie wieder an die Reihe kamen. Sie waren alle sehr jung, so um die sechzehn, als sie anfingen: Doris Day, Kay Starr, Lena

Lauren Bacall (geb. 1924) als Slim mit Hoagy Carmichael, Komponist von «Am I Blue», 1944 in «To Have And Have Not». Bacall: «Der Film verwandelte mich von einem Nichts in eine erlesene Mischung aus Greta Garbo, Marlene Dietrich, Mae West und Katherine Hepburn. Ich war die wichtigste Entdeckung seit dem Stummfilm. Wenigstens behauptete dies alles die Presse.»

Horne, Billie Holiday. Manche heirateten einen Musiker aus der Band, ließen sich scheiden, heirateten erneut – sie waren «on the road». Sie mussten gut sein, um bestehen zu können. Statt fordernd-emanzipiert waren sie gleichberechtigt und wirkten kühl: Peggy Lee, Anita O'Day, Carmen McRae, Julie London. «Dass sie aus ihrer Rolle als wandelnder Kleiderständer heraus- und in einen Bereich hineinwuchsen, in dem Stimmbänder mehr wert waren als Strumpfbänder, sagt einiges aus – nicht nur über ihre unbestrittenen musikalischen Talente, sondern auch über ihre Fähigkeit, sich in einer Welt durchzusetzen, in der immer noch der Mann das Maß aller Dinge war», schreibt Roy Carr in seinem Buch «The Hip» und verleiht diesen Sängerinnen den Ehrentitel «Sophisticated Ladies».

In den fünfziger Jahren war in den Hitparaden wenig Platz für so stilvoll Gebrochenes wie die Stimme einer Julie London oder das verrauchte Timbre einer Carmen McRae. Jazzclubs und Hollywood-Studios wurden zum Exil für jene Ladies, die weder schwarzen Rhythm & Blues-Verschnitt noch weißen Kitsch präsentieren wollten. Frank Tashlins Film «The Girl Can't Help It» von 1956 bringt das Problem auf den Punkt. Ein whiskykranker Musikagent, alias Tom Ewell, zieht mit Jayne Mansfield durch die Rock-'n'-Roll-Läden der Stadt, um ihr zu zeigen, wie sie singen muss, wenn sie ihrem geliebten Mafia-Boss, gespielt von Edmond O'Brien, gefallen möchte. Ewell steht zwischen drei Lagern: Zu Hause erscheint ihm seine ehemalige Frau, die «sophisticated» Julie London, in Halluzinationen und wechselnden Abendkleidern und flüstert «Cry Me A River», in den Nachtclubs hat er Marilyn-Monroe-Kopien vor Augen und im Ohr eine Musik, die Männerphantasien besingt. «Be My Baby», dröhnte es später grandios von den Ronettes aus der schwarzen Ecke, «Will You Still Love Me Tomorrow» vom weißen Brill Building her. Songs für Mädchen, die ständig auf der Suche nach der neuesten Perücke waren, dem treuesten Boyfriend und dem sicheren Heim für die Zukunft, Mädchen, die entweder als «Baby» oder «Angel» besungen wurden. Die selbstbewussten Frauen mit der gepflegten Trauer in der Stimme waren aus dem Tagesgeschäft verschwunden.

Sieht man von den Girl Groups, Soulsängerinnen und den Folk-Ladies ab, dauerte es mehr als zehn Jahre, bis Frauen wieder in den hitnahen Bereichen der Popmusik auftauchten – obwohl sie doch vor 1955 ein Drittel der Top Ten belegt hatten –, nun aber als Mitglieder von Bands wie The Mamas and the Papas, Sonny & Cher oder Ike & Tina Turner. Rocksängerinnen wie Grace Slick oder Janis Joplin mussten erst die Männer imitieren, bevor sie als Frauen bestehen konnten.

«Ready, steady, go!» Der Umbruch kam Mitte der sechziger Jahre mit einer neuen Generation Mädchen, die in den Kriegsjahren oder kurz danach geboren und mit genügend Friedensmilch aufgezogen wurden, um ihre Eltern skeptisch und in Ruhe zu betrachten. Nicht mehr verängstigt, noch nicht politisiert und doch so hellsichtig, dass sie sich von der Versagens- und Leidensattitüde der Älteren absetzen konnten. Oft hatten sie gar nichts von dem, was man damals unter Sex-Appeal verstand, manchmal waren sie knabenhaft und kleinbrüstig, was den Kontrast zu den üppigen Lippen und großen, schwarz umrandeten Augen umso stärker hervorhob. Und nicht selten waren es kleine Engländerinnen, die auf coole Mod-Weise die Klassenschranken ignorierten.

Entscheidend war nicht mehr, woher jemand kam, sondern wie er aussah, Stil ging vor Herkunft; Adlige bemühten sich um die proletarischen Rock 'n' Roller, und die Middleclass-Jugend zog es über den Umweg der Kunstakademien ins Rockbusiness. Und dazwischen swingten jene «Chelsea Girls», die Mary Quant, Mini-Mode-Designerin und Twiggy-Schöpferin, so beschrieb: «Sie gehorchen ihren eigenen Wertmaßstäben, nicht den Werten und Standards, die eine vergangene Generation bestimmt hat, doch sie verspotten andere Standpunkte nicht. Militanz und Aggressivität finden sie ebenso lächerlich wie Koketterie und gewollte Verführung. Sie sind nicht anmaßend. Sex ist eine Selbstverständlichkeit. Sie sprechen offen über alles, ob über Pubertät oder Homosexualität. Die Mädchen sind auf seltsame Weise feminin, aber ihre Weiblichkeit spiegelt sich eher in ihren Meinungen als in ihrem Äußeren. Es ist völlig egal, ob sie Töchter von Grafen, Doktoren oder Dockarbeitern sind, Statussymbole interessieren sie nicht. Diese Mädchen mögen ihre Fehler haben, zu eigensinnig und zu extravagant sein. Aber die Hauptsache ist, dass sie lebendig sind – sie schauen, sie hören, sie sind bereit, alles Neue auszuprobieren.»

In England verkörperten Jane Birkin, Charlotte Rampling oder Marianne Faithfull diesen Typus, in den USA Annette Peacock, Cher oder Carla Bley. Die «typische junge Frau der Sechziger war eine diffuse Kombination von Fan, Freundin eines Popstars und Popstar, in exakt dieser Reihenfolge», wie Charlotte Greig in ihrem klugen Buch über die «Girl Groups from the 50's on» schreibt. Auch wenn man «Pop» gegen «Jazz» oder «Kunst» austauscht – es trifft Marianne Faithfull: «Die Rockmusik ist eine der letzten Bastionen des Chauvinismus.» Der Weg ins Bühnenlicht führte nach wie vor über einen

Mann, fast unausweichlich. Für Jane Birkin war es Serge Gainsbourg, Roger Vadim für Cathérine Deneuve, Mick Jagger für Marianne Faithfull, die Jazz-Größen Gary Peacock und Paul Bley für ihre gleichnamigen Komponistinnen Annette und Carla, Sonny Bono, Assistent von Phil Spector, für Cher und Ike Turner für Tina. Manche, wie Pina Bausch oder Laurie Anderson, schafften den Sprung ohne männliche Hilfestellung, andere wie Joni Mitchell, Patti Smith, Charlotte Rampling oder Nico tanzten mit vielen und doch keinem. Und für Yoko Ono gilt beides: Aus Ono und Lennon wurde Lennono.

Doch am Anfang war da noch ein zweiter Song – «Sophisticated Lady», von Duke Ellington und Irving Mills 1933 komponiert, von Mitchell Parish mit einem Text versehen, der wirkte, als sei das Wort vor der Musik gewesen. «They say into your early life romance came / and in this heart of yours burned a flame, / a flame that flickered one day / and died away.» Er erzählt von Vergangenheit, von der Gegenwart – «Smoking, drinking, / never thinking of tomorrow, / nonchalant» – und von einer Wahrheit, die nur dann zu sehen ist, wenn sich die «Sophisticated Lady» unbeobachtet weiß. «Is that all you really want? / No, sophisticated lady, / I know / you miss the love you lost long ago, / and when nobody is nigh / you cry.»

Das Album «Sophisticated Lady» von Julie London (1926–2000), erschienen 1962. «Das große Lexikon der Unterhaltungs-Musik» schreibt: «Der DJ William B. Williams vermutete, dass ihre Platten bei mehr Entjungferungen liefen als die von jedem anderen Gesangsstar – abgesehen von Frank Sinatra.»

Es bleibt allerdings nicht bei dieser Drei-Uhr-morgens-Bartheken-Psychologie, alles liegt in der unglaublich vertrackten Melodie der Ballade, die in ihrem chromatischen Auf- und Absteigen ebenso singbar wie abstrakt klingt, Trauer und Glück in der Schwebe hält, und genau das macht sie «sophisticated». Vom ungetrübten Glück konnte nicht die Rede sein, zerbrochene Illusionen gehörten auch zum Risiko der Chelsea und California Girls. All diese «Sophisticated Ladies» waren in ihrer Offenheit und Neugier mit den Maßstäben der alten Macho-Welt konfrontiert.

Sie waren einerseits zu spät geboren, um sich mit den «torch songs» ihrer älteren Schwestern zu identifizieren, andererseits zu früh, um sich feministisch als «Nigger Of The World» zu verstehen.

Die meisten von ihnen wollten vom Feminismus nichts wissen, schon gar nicht als Theorie oder Ideologie, sie haben ihre Befreiung selber erkämpft, Solidarität suchen sie eher in ihren Songs und Filmen, in ihrer Kunst und ihren Kompositionen als bei anderen Frauen. Und die meisten haben es satt, darauf angesprochen zu werden. Die Sängerin Joan Armatrading etwa, die regelmäßig als Inbegriff der emanzipierten Frau herhalten musste, die Pianistin und Komponistin Carla Bley, die als Frau im Jazz unter Artenschutz gestellt wurde, oder auch Joni Mitchell, die man aufs Blut beleidigt, wenn man sie als «einen der größten weiblichen Songwriter» bezeichnet. Dünnhäutig wurden sie alle, verständlich, wenn jedes Bild und jeder Ton zuerst einmal auf den weiblichen Gehalt geprüft wurde. «Ich widme diesen Song nicht der Women's Lib. Ich widme ihn Andreas Baader», rief Nico den Berlinerinnen zu, als diese wieder ein Symbol statt einer Sängerin beklatschten.

Sie mussten für den ewigen Zwiespalt bezahlen, Künstlerin und Frau – und das hieß damals wie zu jeder Zeit auch Mutter – zu sein. Patti Smith und Joni Mitchell gaben ihre Erstgeborenen zur Adoption frei, andere wie Carla Bley, Tina Turner, Annette Peacock, Jane Birkin oder Cathérine Deneuve zogen sie zwischen Studiokulissen und Musikbühnen groß, wieder andere wie Marianne Faithfull, Nico, Cher oder Yoko Ono verloren sie an die Väter, Kindermädchen und Großmütter. Und einige bekamen noch einmal Kinder, nachdem sich die ersten Stürme gelegt hatten. Verblüffend, wie wenige – etwa Laurie Anderson – mit ihrer Kunst allein geblieben sind. Karriere oder Kinder, das war kein Gegensatz, die meisten lebten beides. Die Pille, die «größte Erfindung des 20. Jahrhunderts für die Frauen» (Cathérine Deneuve), war bis weit in die sechziger Jahre hinein nur schwer erhältlich. Das Bewusstsein wartete noch auf das Sein.

Alt an diesen neuen «Sophisticated Ladies» war ihr Hang, es immer wieder mit Männern zu versuchen, obwohl sie immer wieder damit scheiterten. Neu war, dass sich ihr Selbstbewusstsein nicht

Die amerikanische Sängerin Peggy Lee (1920–2002). Der Jazzkritiker Leonard Feather schrieb Ende der sechziger Jahre: «Für Fernsehproduzenten ist sie eine der wenigen Frauen, die Farbe auf einen Schwarz-Weiß-Bildschirm zaubern können. Während sich die Musik um sie herum stürmisch verändert hat, ist Peggy Lee standhaft geblieben, ein kühler, ruhiger Punkt im Auge des Rock-'n'-Roll-Orkans.»

mehr aus der Beziehung speiste, sondern aus dem Vertrauen auf die eigene Vision. Natürlich stolperten sie regelmäßig über die Liebe. Die Sängerin und Komponistin Annette Peacock: «Man muss das Herz eines Akrobaten besitzen, um in diesen Zeiten zu überleben. Man will Nähe und Freiheit zugleich.» – Eine dünne Schicht von Desillusion filtert nun die Sehnsucht.

«Sophisticated» kann nur sein, wer mit Stil zu seinen Wahrheiten und Fehlern steht, wer stolz und ein bisschen gelangweilt das Gefühl genießt, nichts mehr beweisen zu müssen. Einige, wie Joni Mitchell oder Cathérine Deneuve, erreichten diesen Zustand früh, bei anderen, wie Tina Turner oder Marianne Faithfull, stellte er sich erst spät ein. Den Kultstatus einer Diva erlangten sie – glücklicherweise – selten, wenn auch Cathérine Deneuve oder Cher ihm manchmal nahe kamen. Doch zu einer glamourösen Kunstfigur fehlte ihnen die letzte Tragik, jene Selbstinszenierung, die in jedem Augenblick mit dem Öffentlichen rechnet. «Selbst in der intimsten, innigsten Situation fällt sie nie aus der Pose», schreibt Elisabeth Bronfen in ihrem Buch über Diven.

Wo die Diva als Auserwählte im Starsystem die Hoffnung auf Erlösung durch Identifikation verkörpert, vermitteln die «Sophisticated Ladies» eine Vorstellung davon, wie man der Welt mit Haltung gegenübertreten kann. Und wo die Diva unerreichbar göttlich erscheint – und die Femme fatale mörderisch –, da wirken sie auf eine kultivierte Art verletzlich, privat und daher menschlich. «And when nobody is nigh / you cry» – man sieht sie nicht öffentlich weinen, unsere Heldinnen. Welch eine Erholung in Zeiten der hemmungslosen öffentlichen Beichten, wenn hinter der Oberfläche das Private nur durchschimmert.

«Warum wollen Sie mich sprechen?», fragt Senta Berger, und schränkt ein: «Sie werden mich ja doch nie richtig kennen lernen. Das läuft immer auf das Gleiche hinaus: ‹Nehmen Sie Ihren Kaffee mit Zucker oder Milch oder keines von beidem?› Braucht man das?» Sehr sophisticated und wahr, denkt man an all die Halbstunden-Gespräche in Hotelzimmern und Cafés, in Lobbies und hinter Bühnen. Trotzdem versucht man es, hofft hinter ein paar Sätzen etwas zu bemerken, das ins Bild passt oder noch besser einen Lichtfleck setzt, den man vorher nicht gesehen hatte. Von Wahrheit ist dabei gar nicht die Rede, die verbirgt sich den Frauen selbst – auch wenn sie ihre Autobiographie schreiben.

Das Private soll hier also nicht intim werden und doch das Öffentliche nicht oberflächlich. Was möglich erscheint, ist die

Balance zwischen Realität und Image, der Blick in den öffentlichen Spiegel, in dem der Betrachter naturgemäß verschwommen im Hintergrund auftaucht. Bei manchen – wie Yoko Ono oder Laurie Anderson – ist unser Blick von Vorurteilen verstellt, man könnte fast ein Buch darüber schreiben, bei anderen genügt ein einziger, sympathisch offener Satz, und vieles wird klar. Uschi Obermaier, Pin-up der deutschen Achtundsechzigerszene: «Ich bin jetzt sechsundfünfzig, und ich find es faszinierend, dass ich noch so gut beieinand' bin. Dank guter Gene und attitude! Aber okay, wenn ich wegen irgendwas frustriert wäre, könnte ich mir ein Facelift vorstellen!»

«Einen Stil kann man nicht erfinden», sagt Juliette Gréco, eine jener «Sophisticated Ladies», die hier fehlen, «den muss man in sich tragen.» Und so sind in diesem Buch auch nicht die Frauen porträtiert, die mit Mitte fünfzig beschlossen, alterslos sexy zu werden, die nach dem Verlust ihrer Lover und Männer geläutert wieder auf-

Juliette Gréco (geb. 1927). «Könnt ihr euch vorstellen, wie es ist, wenn ich alt bin? Jedes Mal wenn ich aufwache und meine Hände betrachte, denke ich: Wie rein und weiß und schön seid ihr ... Ganz anders als Männerhände.»

erstehen und ein neues Leben beginnen. Eine erfreuliche und doch seltsame Entwicklung bahnte sich in den letzten Jahren an: Die schöne, selbstbewusste und begehrenswerte Frau über fünfzig wurde zum Inbild für die neue Wertschätzung des Alters, der Götze Jugend zeigte die ersten Risse. Doch zugleich kehrt sich die Emanzipation um. Ein Jugendlichkeitswahn erfasst nun die Fünfzig- und Sechzigjährigen und erklärt sie zur Speerspitze einer neuen Altenbewegung – Frauen, die als dynamische Berufsalte ungebrochen sinnliche Energie verströmen müssen. Die Titel der einschlägigen Literatur zum Thema «Innere Aufrüstung» klingen forsch und trotzig: «Älter werde ich später» oder «Alter ist nur eine Zahl» oder «Fühl dich 30 die nächsten 50 Jahre». Das Umkippen der Jugendeuphorie in eine Altenbewegung kam nicht unerwartet: Eine Generation, die sich über ein Bewusstsein von sich selbst definierte – politisch und gesellschaftlich –, lässt sich nicht die Chance entgehen, auch das Alter zu thematisieren. Und doch sollte man bei aller Begeisterung die negativen Seiten nicht vergessen: nachlassendes Sehvermögen, abnehmende Libido, verblassendes Gedächtnis – man muss nichts schönreden.

«In einem Song der Beatles», erzählt Laurie Anderson, «gibt es die Zeile ‹Sie war gerade 17, wenn du weißt, was ich meine›. Ich habe mich immer gefragt, was ‹wenn du weißt, was ich meine› heißt. Das Stück wurde 1963 geschrieben, also ist sie jetzt 57 (wenn du weißt, was ich meine).» Nicht leicht, das Verhältnis zwischen dem tatsächlichen und dem gefühlten Alter zu bestimmen, es entweder als Summe von zunehmenden Defekten oder als wachsende Freiheit von Verpflichtungen zu sehen. Cathérine Deneuve: «In meinem Herzen, in meinem Kopf fühle ich mich voller Energie und jung.» Oder mit Jean Cocteau: «Das Schlimme am Altern ist, dass man jung bleibt.»

Man kann die fünfzehn Porträts in diesem Buch auch als Kommentar zu einer biologischen Tatsache lesen, der man hilflos gegenübersteht. Von Anti-Aging ist das ebenso weit entfernt wie vom Kult um die neue reife Frau, die so sexy ist. Er erscheint nicht weniger dumm als andere Klischees. Die hier versammelten Frauen brau-

chen das nicht. Jeanne Moreau: «Wenn ich meine alten Filme sehe mit dieser Frau, dann stelle ich fest, dass ich es bin. Und doch bin ich es nicht mehr. Ich mag die andere, ich liebe sie, wie man ein Kind liebt.»

«Diamonds shining, / dancing, dining / with some man in a restaurant. / Is that all you really want? / So-phis-ti-ca-ted Lady» – allein diese fünf Silben sind fünf mögliche Töne für ein Wort, so raffiniert, dass es umkippen kann

Jeanne Moreau (geb. 1928) mit Journalisten, London 1962. «Von Kindheit an sagt man dir: In dem Alter macht man das, in diesem jenes. Man hat schon eine Lösung für jedes Alter und für jedes Individuum. Nein, sage ich, das Leben ist ein einmaliges Abenteuer, aufregend, überraschend.»

ins Affektierte, wenn man zu viel will mit den fünf Silbentönen. Keine Frage, diese Ladies lassen sich nicht einer uniformen Generation zurechnen – was sollte Tina Turner schon mit Charlotte Rampling verbinden? Sie alle aber haben eine Haltung gefunden, die sie schützt, ihnen die Möglichkeit gibt, sich zu entwickeln und doch dieselben zu bleiben. Verblüffend treu sind sich diese Frauen, anders als ihre männlichen Pendants, die im Alter verstärkt dazu neigen, konservativ und beschaulich zu werden und den Idealen ihrer Jugend abzuschwören. Manche erscheinen wie die guten Hexen aus dem Zauberland Oz, voller Weisheit, geheimer Stärke und künstlerischer Zauberformeln. Den Vorwurf, ein bisschen penetrant zu sein in ihrer Geradlinigkeit, lassen sie sich gern gefallen, denn den madonnahaften Wandel der Rollen und Posen beherrscht keine von ihnen. Sie erfinden sich nicht jährlich neu, sie bleiben und sie werden, was sie waren. Mit anderen Männern, mehr Falten, ohne schmerzhafte Illusionen, aber mit Visionen, moralisch, ohne sich einer Moral verpflichtet zu fühlen. Ihr Stil überwindet nicht das Alter, doch er gibt ihm eine Form, die es lebbar macht. Wie gesagt, mit einem Lächeln, auch wenn es manchmal wehtut. «Circle Game» heißt ein Song von Joni Mitchell über das Karussell des Lebens. «And the seasons go round and round / and the ponies go up and down.» Wer absteigt, an dem ziehen die Ponys immer wieder vorbei. Er muss nur stehen bleiben.

Mitte der neunziger Jahre betrat die Poetin und Sängerin Patti Smith nach langer Abwesenheit die Bühnen der Rockmusik. Es war eine jener gefürchteten Veranstaltungen, zu denen man die eigenen Kinder mitnimmt und sich dann schnell deren verwunderten Blicken ausgesetzt fühlt: Die gloriose Vergangenheit verwandelt sich in peinliche Gegenwart. Bei Filmen, die im Fernsehen wiederholt werden, kann man in diesem Fall leicht irritiert abschalten, Bücher verständnislos zuklappen, im Konzert entkommt man der Konfrontation mit der eigenen Geschichte nicht. Man ist im Heute angelangt, ohne große Erwartungen an die Zukunft und mit vorsichtigem Misstrauen der Vergangenheit gegenüber. Doch dann beginnt Patti Smith zu sprechen, mit diesem nasalen Mantra-Klang, und man spürt, dass sich nichts verändert hat. Irgendwann stößt sie die Faust in die Luft, die Töne leuchten, und die Begeisterung wird zum Frösteln, zum Stolz auf diese Frau, auf die Musik – und ein klein wenig auf sich selbst.

Es ist der Stolz, sein Vertrauen nicht enttäuscht zu sehen, wenn Charlotte Ramplings ungeschminktes Gesicht einen ganzen Film trägt, wenn Pina Bausch mit einer winzigen Drehung ihrer Arme Raum und Zeit vergessen lässt und Laurie Andersons weiße Geige zurückkehrt. Es ist die Freude, einen Klang wiederzuhören, wenn Marianne Faithfull zu ihrer jugendlichen Stimme findet, wenn Joni Mitchell nun mit dunklem Alt «A Case Of You» zu Streichern singt, Tina Turner mit einem lauten Lachen die Vergangenheit aufhebt und Cher unbeschwert «girl talk» zelebriert. Es ist das vertraute Gefühl, wenn Annette Peacock in ihren Liedern Zeit und Liebe gleichsetzt, Jane Birkin nervös lächelnd Serge Gainsbourgs Kompositionen ehrt, wenn Carla Bley ihre blonde Mähne über die Augen schiebt, Senta Berger ein spöttisches Heben der Augenbrauen genügt und Cathérine Deneuve sich für Björk ein Kopftuch umbindet und doch unerreichbar bleibt. Es ist schön, Yoko Ono zu sehen, wie sie stur und unbeirrbar höflich bleibt, wenn ihr nach zwanzig Jahren noch immer dieselben Fragen gestellt werden. Es ist die Möglichkeit, in fünfzehn Variationen davon erzählen zu können, wie man älter wird, ohne alt zu werden.

STARS & TRAMPS

CATHÉRINE DENEUVE
Passionen bekannt, Obsessionen privat
TINA TURNER
Du kriegst, was du siehst
CHER
Mama, bist du das?

CATHÉRINE DENEUVE
PASSIONEN
BEKANNT, OBSESSIONEN
PRIVAT

```
Er:    «Du bist schön, Helena.
       Es schmerzt, dich anzusehen, so schön bist du.»
Sie:   «Gestern sagten Sie, es wäre eine Freude.»
Er:    «Es ist Freude und Schmerz zugleich.»
                                    («Die letzte Métro»)
```

DAS LEBEN, EIN ADJEKTIV: geheimnisvoll, entrückt, wunderschön, eisig. Der Blick auf Cathérine Deneuves Geschichte lässt Eigenschaften zu einem einzigen Block verschmelzen: Unnahbarelegantstolzkühlblondperfekt. Wo andere sich in Handlungen aufspalten, in Affären und Geschichten, in politische Statements und private Bekenntnisse, präsentiert sich die Person und Schauspielerin Deneuve als Bündel von Oberflächenreflexen: Der Betrachter staunt, stammelt und sammelt, was die Leinwand widerspiegelt. Viel muss da nicht passieren. Oder mit den Worten ihres Regisseurs François Truffaut: «Jeder Film, dessen Heldin sie ist, kann im Grunde auf eine Story verzichten. Ich bin überzeugt, dass der Zuschauer schon glücklich wäre, sie einfach nur betrachten zu können, und dass allein diese Betrachtung ihr Geld wert ist.»

«Dornröschen mag mich nicht», giftet der Mann in «Ekel», als er mit Carols Schwester die Wohnung verlässt. Carol alias Cathérine Deneuve bleibt allein, ein bleicher Engel, der sich an der Spindel des

In Roman Polanskis «Ekel», 1965. Cathérine Deneuve: «Ich liebe melodramatische und bizarre Filme. Obwohl oder gerade weil ich selber eigentlich ein ganz normales Leben geführt habe – als Mutter und Frau.»

Lebens gestochen zu haben scheint. Regungslos, in ihre eigene Welt eingesponnen, sitzt sie auf ihrem Bett, wird sich die nächsten drei Wochen immer weiter verpuppen und schließlich den schrecklichsten alltäglichen Horror der Filmgeschichte zelebrieren. «Sind Sie eingeschlafen, mein Kind?», fragt eine Kundin die Maniküre Carol zu Beginn des Films, als diese mit somnambulem Blick ins Leere starrt und vergisst, die Fingernägel zu polieren. Roman Polanskis meisterliches Psychogramm «Ekel», 1964 in London gedreht, verleiht der einundzwanzigjährigen Cathérine Deneuve jenes Image der undurchdringlichen blonden Schönheit, das sie ewig verfolgen wird, das ihr Leben auf die Beschreibung eines Bildes einfriert.

Das Geheimnis dieser Frau liegt offensichtlich an der Oberfläche – und doch geht es beim Versuch, es zu erklären, unter die Haut. Nach über vierzig Jahren Kino und über achtzig Filmen fängt man wieder von vorne an, spürt dem gemeinsamen Vielfachen in all den Rollen nach, um damit den Kern einer privaten Person freizulegen, die auf der Leinwand schon alles war: Theaterdirektorin, Callgirl, Märchenprinzessin, Sängerin, Masochistin, Hausfrau, Hochstaplerin, Vampir, Gangsterbraut und Großbürgerschnepfe. Doch kaum hat man etwas erkannt und benannt, tritt sie einen Schritt zurück und ist wieder im Film verschwunden. Sie gibt der Rolle so viel wie dem Film, den Rest behält sie für sich, keiner bekommt sie ganz. «Meine Natur ist es eher, Kino zu machen, als Schauspielerin zu sein. Ich habe gelernt, das Kino zu lieben und nicht alle meine Energien auf die Figur zu konzentrieren oder auf die Darstellung.» Und so sind es ebenso Deneuve-Filme wie Polanski-Buñuel-Truffaut-Demy-Lelouch-Filme. Ihr Gesicht schiebt sich über den Film, wird damit identisch, ohne ihn zu beherrschen oder gar zu unterdrücken, wie es einst Greta Garbo zelebrierte.

«Stimmt, sie ist schön», antwortet Gérard Depardieu seinem Freund, als sie durch das Fenster des Cafés Marion Steiner, die Frau des Theaterdirektors, beobachten. «Aber sie ist nicht echt, diese Frau, sie hat irgendetwas Unechtes.» Es ist die große Kunst des Zauberers François Truffaut, wenn er in «Die letzte Métro» (1980) nicht nur seine eigenen früheren Filme zitiert, sondern zugleich mit der Rolle auch die Schauspielerin kommentieren lässt. Unecht, das meint in Deneuves Fall eine Person, die etwas vorgibt, ohne es zu sein, oder unter der etwas lauert, das alles in Frage stellt – die Wirklichkeit ebenso wie die eigene Wahrnehmung. Und wie sich das Äußere nur schwer mit dem Inneren in Einklang bringen lässt, so besteht ihr Gesicht immer aus zwei Teilen: Lächeln die Augen, bleibt der Mund streng, fragt der Mund, wissen die Augen Bescheid – der Mund sagt immer etwas anderes als die Augen.

Verständlich, dass jedermann herauszufinden versucht, was sich denn hinter diesen gleichmäßigen Zügen verbirgt – jeder Mann vor allem, die Frauen scheinen ohnehin um das Geheimnis zu wissen. «Sagen Sie nicht, es stecken zwei Frauen in mir», bittet sie Depardieu, als der ihr seine Faszination gesteht. «Doch, genauso ist es. In Ihnen stecken zwei Frauen», beharrt der junge Schauspieler und bemüht sich, sie zu erkennen und die Liebe zu ihrem Mann infrage zu stellen, der sich im Keller des Theaters vor den Nazis versteckt. Wie soll er sich auch einen Reim darauf machen, dass ihn Marion Steiner zu sich auf den Boden der Garderobe zieht und zugleich alles für ihren jüdischen Mann tut und tun wird. Während dieser, nur durch einen Luft- und Hörschacht mit der Welt verbunden, schon lange spürt, dass die Liebesszenen zwischen Marion und dem jungen Mann auf der Theaterbühne so unecht wirken, weil die Liebe echt ist. «Versuchen Sie nicht, es herauszufinden. Sie verstehen es nicht», warnt sie Depardieu vor einer Erklärung ihrer Gefühle. Doch der bleibt unbelehrbar – wie das Publikum.

Wer in Cathérine Deneuves Jugend nach Belegen der Spaltung sucht, wird nichts offensichtlich Zweideutiges entdecken. Geboren am 22. Oktober 1943 in Paris als dritte von vier Schwestern, führt sie das wohl behütetste Leben, das ein Schauspielerehepaar seinen Kindern bieten kann. Maurice Dorléac und Renée Somonot spielen am Theater, der Vater arbeitet pflichtbewusst und pünktlich wie ein Beamter, die Mutter kümmert sich tagsüber um die Töchter, steht abends auf der Bühne. Keine Spur von Boheme. Cathérines Ehrgeiz, dem Ruf der Kunst zu folgen, ist schwach ausgeprägt. Wäre da nicht die geliebte Françoise, die Zweitälteste, die Wunderschöne, die mit fünfzehn das Lyzeum verlässt, um an der Schauspielschule Unterricht zu nehmen. Als sie 1959 eine Filmrolle angeboten bekommt, ist der Part ihrer Filmschwester noch unbesetzt. Was liegt näher, als die echte Schwester, die achtzehn Monate jüngere Cathérine, vorzuschlagen?

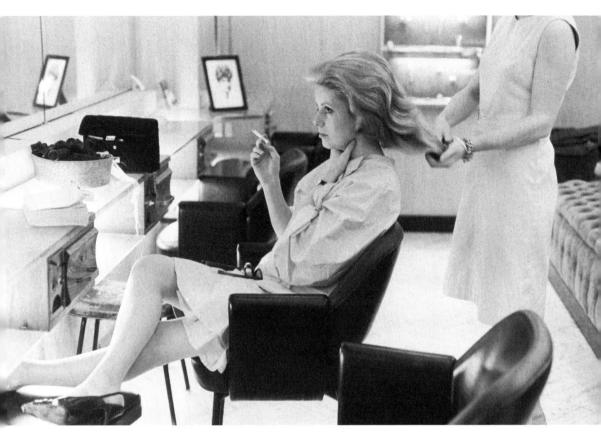

Der Regisseur André Techine: «Cathérine drückt mehr mit dem aus, was sie verbirgt, als mit dem, was sie zeigt.»

Als «Die kleinen Sünderinnen» stehen die beiden zum ersten Mal gemeinsam vor der Kamera, die siebzehnjährige Cathérine nennt sich nun Deneuve, nach dem Mädchennamen ihrer Mutter. Rein optisch wäre die künstlich blondierte Cathérine mit der dunklen Françoise kaum zu verwechseln gewesen – Françoise besitzt die Wärme, das Lächeln, die Sinnlichkeit und Lebendigkeit, die ihr fehlen. Zudem: «Françoise war viel entschlossener als ich. Sie wusste genau, was sie wollte, und packte alles mit Schwung an. Sie hatte das heilige Feuer. Ich nicht. Weder hatte ich ein festes Ziel noch eine besondere Neigung. Ich träumte ...»

Die Realität wird Tagtraum, als Cathérine den Regisseur Roger Vadim kennen lernt, er zweiunddreißig, sie siebzehn. Sie ziehen zu-

Mit ihrer älteren Schwester Françoise Dorléac während der Dreharbeiten zum Musical «Die Mädchen von Rochefort». Cathérine Deneuve: «Alle Schauspielerinnen singen gern. Selbst wenn sie es nicht können. Beim Reden wird man ständig an den Alltag erinnert. Beim Singen ist man ganz woanders.»

sammen, auch ohne Trauschein, die ungewöhnliche Freiheit eines Mädchens zu Beginn der sechziger Jahre. Er sucht nach einer Nachfolgerin für seine Ex-Freundinnen Brigitte Bardot und Annette Stroyberg, sie nach einer Liebe, Heirat ausgeschlossen, auch nachdem ihr gemeinsamer Sohn Christian 1963 geboren wird. Die Filme der beiden imitieren das Leben, ein Reigen verführerischer junger Mädchen, die durch Partys, Betten und Boutiquen tanzen, frech, sexy und sehr babydoll. Roger Vadims Geschmack wäre schon das Ende von Cathérines Karriere gewesen, hätte sie nicht der Nouvelle-Vague-Flaneur Jacques Demy, zusammen mit seiner Frau Agnès Varda, 1963 für «Die Regenschirme von Cherbourg» ausgewählt – ein französisches Musical, das in rosa und zartgrünen Farben und mit der Musik des Jazzpianisten Michel Legrand zu einem Filmklassiker wurde. Dass Agnès Varda Cathérine Deneuve dabei die Haare nach hinten kämmte und ihr Gesicht freilegte, soll ihr bis heute gedankt sein.

«Die Regenschirme von Cherbourg» macht die flatterhafte Gestalt der Deneuve in der Rolle der verliebten jungen Friseuse weltbekannt, obwohl ihre Stimme nicht die eigene ist – sie kann nicht singen. Sie ist jenes unbeschwerte Geschöpf, das Jacques Demy 1966 in «Die Mädchen von Rochefort» neu aufleben lässt, zusammen mit ihrer Schwester Françoise Dorléac, die im Film ihre Zwillingsschwester spielt. Das Musical gerät zum bitteren Nekrolog, als Françoise Dorléac im Sommer 1967 mit ihrem Wagen von der Straße abkommt, gegen einen Baum fährt und verbrennt. Zurück bleibt die vierundzwanzigjährige Cathérine – ihre bewunderte, beneidete, geliebte Schwester, ihr anderes Ich stirbt. Selbst Jahre später will sie «sterben» nicht einmal aussprechen: «Ich kann mich mit ihrem Tod nicht abfinden – und werde es nie können. Wir standen uns sehr nahe, waren miteinander verbunden. Ihr Verschwinden, für das es kein Wort gibt, hat mich völlig verändert.» Cathérine bleibt als Zwilling allein.

Als sei es Zufall, tritt sie nun in Filmen auf, die hinter dem ebenmäßigen Gesicht eine tiefe Melancholie ahnen lassen, Wahnsinn, Masochismus oder eine Liebe, die immer wieder zur Selbstverleugnung und Selbstbestrafung neigt. Es ist der Widerspruch zwischen dem Glücksversprechen, das dieses Gesicht verkörpert, und dem ständig drohenden Unglück, auf das sie zu warten scheint. «Wenn ich glücklich bin, denke ich immer, ich muss dafür bezahlen», gesteht sie 1985. «Das geht zurück auf meine katholische Erziehung.»

Und die private Seite findet ihr cineastisches Echo: «Sie sind eine Träumerin», meint Gérard Depardieu 1988 in dem Film «Drôle d'endroit pour une rencontre» von François Dupeyron, «und das ist keine Krankheit.» Verwirrt und dick eingehüllt in einen Pelzmantel, irrt sie nachts auf einem Autobahnparkplatz umher, nachdem sie von ihrem Mann aus dem Auto geworfen wurde. Hier trifft sie auf Depardieu, der sich von ihrer Verwirrung angezogen fühlt, der ihr aber lästig fällt, da sie nur auf die Rückkehr ihres Mannes wartet. Fortwährend gibt sie sich die Schuld an dem Vorgefallenen, versucht gutzumachen, was nicht mehr zu ändern ist, lebt in der Phantasiewelt einer Liebe, die nicht mehr existiert. Als sich Depardieu ihr nähern will, stößt sie ihn von sich. Es ist ein nach Bier stinkender, betrunkener Lastwagenfahrer, mit dem sie schließlich auf dem Rastplatz in die Lkw-Kabine steigt, Inbegriff all jener brutalen Männer, mit denen sie die Regisseure so gerne konfrontieren: die Schöne und das Biest.

«Verzeih mir bitte!», schreit Séverine verzweifelt, als ihr Mann sie von den Kutschern an den Baum binden und auspeitschen lässt. «Es ist erst mal genug», unterbricht dieser die Bestrafung, «jetzt könnt ihr euch bedienen.» Und die Kutscher öffnen ihre Hosen, während sie bittet: «Pierre, ich liebe dich!» Der Gegenschnitt zu Séverines lächelndem Gesicht, ihrem engelsgleichen Antlitz, das behütet und beschützt im großbürgerlichen Schlafzimmer auf dem Kissen ruht, ist einer der genialen Brüche in Luis Buñuels Film «Belle de Jour». «Woran denkst du, Séverine?», fragt sie ihr Mann, der im Schlafanzug Abendtoilette macht. «Ich habe an dich gedacht. An uns beide. Wir sind zusammen ausgefahren in einer Kutsche.»

«Belle de Jour» wird zum Synonym für ein Modell, mit dem der spanische Regisseur Buñuel 1966 sowohl der weiblichen sexuellen Emanzipation wie weiblichen Unterwerfungsphantasien ein janusköpfiges Denkmal setzte. Wenn die verheiratete Séverine ihren Mann umso inniger liebt, je öfter sie an den Nachmittagen in jenes Haus geht, wo sie als die «Schöne des Tages» die ausgefallenen Wünsche der Kunden befriedigt, dann befreit Buñuel die Frau vom Eunuchendasein und lässt sie zur autarken Sexualegoistin werden – und baut zugleich die Schauspielerin Cathérine Deneuve als Projektionsfläche unerfüllter Männerträume auf. Die Phantasie vom brodelnden Vulkan unter der eisigen Oberfläche wird ebenso bedient wie die masochistische Kehrseite der katholischen Sündenvergebung. «He, träum nicht!», und sie lässt sich mit Schlamm bewerfen, als Hure beschimpfen und vom fetten Japaner benutzen, der ihr in einem mysteriösen schwarzen Holzkästchen gezeigt hatte, was er will. «Manchmal ist es schon schlimm», bedauert sie anschließend die Haushälterin des Bordells. «Ach, was weißt du schon!», antwortet Séverine glücklich lächelnd. «Eines Tages muss ich für alles büßen.»

Schon mit vierundzwanzig Jahren hatte Cathérine Deneuve auf die Frage eines Journalisten nach dem Kern ihres Wesens geantwor-

In «Belle de Jour», 1966. Luis Buñuel: «Cathérine ist verführerisch wie die Sunde und kalt wie die Tugend.»

tet: «Das, was man sieht.» Sie erklärt die Oberfläche zum Inhalt, eine Aussage, die manchen Journalisten zu der irrigen und provokant klingenden Annahme verleitet, dahinter verberge sich möglicherweise doch nichts anderes als Leere. Es ist jene Oberflächenvibration, für deren Zustandekommen es unerheblich bleibt, was sich darunter befindet. Entscheidend ist nicht die Spannung zwischen Sein und Schein, sondern zwischen dem Schein und der Phantasie, die er entzündet – Kino eben. Als ein Bekannter von Séverine, der immer wieder versucht, sie zu verführen, im Bordell auf sie trifft und ihr Doppelleben aufdeckt, bietet «Belle de Jour» sich ihm an – «Machen Sie mit mir, was Sie wollen.» Sie wird zurückgewiesen. «Im Moment nicht. Was mich gereizt hat, war Ihre Unnahbarkeit. Sie waren eine sehr bürgerliche Frau. Aber das hat sich ja nun geändert. Entschuldigen Sie mein Versagen.» Séverine hält jetzt, was sie verspricht, und wird deshalb langweilig.

Das Motiv zieht sich durch ihre Filmkarriere, und die Deneuve hat alle Interviews voll zu tun, Cathérine säuberlich von Séverine zu trennen. Es wird ein langer Kampf, ihr Privatleben von ihren Rollen zu befreien, die Phantasien zurück auf die Filme zu verweisen. Im wahren Leben tauchen immer wieder Namen von Liebhabern auf, Namen wie Roger Vadim (mit dem sie einen Sohn hat), John Travolta, Serge Gainsbourg (mit dem sie auch sang) oder Marcello Mastroianni (mit dem sie eine Tochter hat). «Er behandelte mich sehr gut, aber, o mein Gott, er führte ein so ausschweifendes Leben.» Heirat lehnte sie ohnehin ab, seitdem sie 1965 ihren einzigen Gang zum Altar mit dem Modefotografen David Bailey getan hatte – der Trauzeuge im Swinging London, Mick Jagger, mag da kein Glücksbringer gewesen sein. 1967 trennten sie sich, 1970 ließen sie sich scheiden. Ein gebranntes Kind: «Es wurde mir klar, dass die Ehe nichts für mich ist.»

Nach zwei Jahren London kehrt sie nach Paris zurück, zieht ihren Sohn Christian allein auf, später – nach 1972 – auch ihre Tochter Chiara-Charlotte, pendelt zwischen Paris und Rom und bleibt doch Frankreich treu. Sie wandert auf dem schmalen Grat, sich öffentlich ständig im Film zu entblößen – und dies nicht nur seelisch –, ande-

Cathérine Deneuve mit ihrem Ex-Ehemann, dem Fotografen David Bailey, 1965. Bailey: «She's all woman, but temperamental as hell, like a Ferrari. She's going to be a very difficult bird to run.»

rerseits jenes Privatleben einzufordern, das gar nicht mehr möglich scheint. Zur Strafe erhält sie den «Prix Citron», den Preis für das unfreundlichste Verhalten gegenüber der Presse; ihre Sonnenbrille und der ungnädige, leicht arrogante Ton werden ebenso zu ihrem Markenzeichen wie der strenge Haarknoten, der immer mehr an die goldene Krone eines ungekrönten Stars erinnert. Sie entwickelt einen Stil, der – schnell und lebhaft gesprochen – bedeutungsvoll klingt, doch auf Papier gedruckt blass bleibt. Entweder blockt sie allzu intime Fragen ab, oder sie antwortet mit Gemeinplätzen, bei denen man höchstens wohlwollend und zustimmend nicken kann. «Ich bin keine Person der Herzensergüsse ... Ich hasse den Exhibitionismus im Schauspielerberuf und öffentliche Bekenntnisse. Ich mag keine Anstößigkeit.»

Es ging nicht nur um die Nacktfotos für den «Playboy», die David Bailey 1965 aufgenommen hatte und deren Nachdruck sie gerichtlich verfolgen ließ; es betraf auch Meldungen über ihr Privatleben, die sie als Verletzung ihrer Privatsphäre empfand – «Schauspieler sein heißt nicht, sich preiszugeben.» Nicht zuletzt die schlechte Erfahrung mit dem Regisseur Roger Vadim, der ihr in seinen Memoiren ungebeten erotische Fähigkeiten attestiert hatte, ließ sie davor zurückschrecken, ihre Autobiographie zu schreiben. «Das werde ich nie machen. Zum einen besteht ein Leben aus Beziehungen, und da ich es nicht fertig bringe, die Vergangenheit zu idealisieren, müsste ich über andere öffentlich urteilen, etwas, das ich mir nicht erlauben würde. Zum Zweiten halte ich es für äußerst gefährlich, eine allzu enge Beziehung mit seinem Publikum einzugehen, weil es dadurch die Möglichkeit bekommt, dich auf ganz ungute Weise in seine Phantasien einzubeziehen.»

Es ist die eigenartige Angst einer Schauspielerin, die als Sexsymbol, als «schönste Frau der Welt» bezeichnet wird und die sich problemlos nackt zeigt, wenn es die Rolle erfordert. «Film ist etwas anderes. Ein Film hat seine eigene Zeit, seine eigene Realität.» Und plötzlich wird ihr gutbürgerlicher Exhibitionismus deutlich, der den Körper sichtbar machen, aber ihn nicht – aus dem Zusammenhang des Films gerissen – angesehen wissen will. «Mich beunruhigt die Video-Revolution. Dass jeder jede Einstellung anhalten, zurückspulen und eine Szene immer und immer wieder betrachten kann, eröffnet Möglichkeiten sexueller Perversion, die ich mir nicht vorstellen mag.»

So entsteht das Bild einer Frau, die sich dem Voyeur präsentiert und doch selbst Voyeur bleiben will – ihre Blicke durch Fenster, Ritzen und Gucklöcher in Türen und Wänden zählen zum festen Repertoire ihrer Filme. Oder wie François Truffaut einmal schrieb: «Sie fürchtet sich nicht davor, angeschaut zu werden, sie hat Angst davor, enträtselt zu werden.» Sie braucht die Distanz, das schützende

Medium dazwischen. Ihre Unsicherheit hält sie auch davon ab, auf der Bühne aufzutreten: «Theater ist für mich ein schwarzes Loch. Das Publikum macht mir Angst. Ich scheue mich vor direktem Kontakt.»

Die gleiche Vorsicht bewegt sie dazu, in Gesprächen die kühle Diva zu inszenieren, um sich verbaler Zudringlichkeiten zu erwehren. «Ich bin bedeutend weniger eisig, viel weniger ‹sophisticated›, als die Leute denken. Ich empfinde mich als reserviert, aber wärmer, als Leute, die mich nicht kennen, denken würden. Meine Kälte ist – wie bei vielen anderen auch – eine Art Verteidigung. Oft wurde ich zum Opfer meiner Gefühle. Die Distanz hilft mir, mich zu schützen.» Also macht sie Konversation, plaudert über Katzen, ihre Faszination für Gartenarbeit und die Rosen in ihrem Landhaus in der Normandie, über den erfüllten Jugendtraum, einen Esel zu besitzen, gesteht, wie temperamentvoll sie privat sei, erklärt, dass sie die Erfindung der Pille als die größte Errungenschaft für die Frau im 20. Jahrhundert empfinde, erzählt, wie sie sich damals für das Recht auf Abtreibung eingesetzt habe. «Ich bin nicht ‹sophisticated›, ich sehe nur so aus.»

Und wieder ist es der Frauenregisseur Truffaut – schon 1969 hatte er im «Geheimnis der falschen Braut» ihre doppelte Ausstrahlung ausgenutzt –, der ihr 1980 in «Die letzte Métro» den passenden Dialog schenkt. Als der junge Schauspieler der bewunderten Marion Steiner gesteht, wie sehr sie ihn durch ihren strengen Blick eingeschüchtert habe, antwortet sie: «Ich war verunsichert durch Sie. Und da ich glaubte, dass mir das jeder am Gesicht ablesen konnte, bin ich so hart geworden.» Die Mischung aus Härte und überdeckter Unsicherheit durchzieht ihre Rollen von «Die schönen Wilden» über «Die Wahl der Waffen» bis zu «Place Vendôme». Selbst als sie eine Alkoholikerin darstellt, bewahrt sie eine Kontrolle, die ihr das zweifelhafte Kompliment des «Männlichen» einbringt. Gérard Depardieu, gleichwertiger Partner in mehreren Filmen, sagt: «Cathérine ist der Mann, der ich gern wäre», und fügt dann jenen zweiten Satz hinzu, der meist unzitiert bleibt: «In ihr herrscht völlige Harmonie zwischen Männlichkeit und Weiblichkeit.»

Mit François Truffaut bei den Dreharbeiten zu «Das Geheimnis der falschen Braut», 1968. «Sie hat das Naturell der Nachkriegsmädchen, die durch nichts zu beeindrucken sind und eine gewisse Scheu besitzen. Das macht es ihnen unmöglich, sich völlig hinzugeben.» (Truffaut)

Sie wird zur staatstragenden Ikone – ihre Gesichtszüge dienen als Vorbild für die französische Marianne, als die sie jahrelang in den Rathäusern zu bewundern war –, und doch, völlig unerwartet und querköpfig, entscheidet sie sich immer wieder für Regisseure und Themen, die dem Image des etablierten Stars zuwiderlaufen. Ob es ihre Kopftuchrolle in Lars von Triers «Dancer In The Dark» neben Björk ist, ihre «Hunderolle» in Marco Ferreris «Liza» oder die Darstellung des Vampirs in Tony Scotts «Begierde» von 1983. «Ich liebe Vampirfilme. Sie sind sehr erotisch», räumt sie ein und gesteht ihre Vorliebe für Horrorgeschichten und Cartoons, die schon aus ihrer Kindheit stammt, für erotische Fotografie und eine gehörige Portion an Schuh- und Fußfetischismus: «Meine Obsessionen sind privat, meine Passionen bekannt.» Als David Bowie, ihr Geliebter in «Begierde», rasend schnell zu altern beginnt und vor ihren Augen förmlich zerfällt, zieht sie die Ärztin Susan Sarandon in ihren Bann und macht sie – in einer Aufsehen erregenden lesbischen Liebesszene – zu ihrer blutigen Gefährtin des Todes. «Forever and ever» lautet der Liebesschwur des unendlich jungen Vampirs aus ägyptischer Vorzeit, bei dem die kalte Schönheit ewig währt.

«Alle Frauen, die behaupten, es störe sie nicht, dass sie älter werden, lügen.» Cathérine Deneuve, über die Truffaut einst sagte, sie sei «zu schön», ist der ideale Mittelpunkt jeder Diskussion, die noch einmal hören will, was

Cathérine Deneuve mit Lars von Trier. «Ich fühle mich noch gar nicht so alt. Aber alles in allem läuft die Zeit gegen mich ... Heute hat man glücklicherweise das Recht, langsamer zu altern. Trotzdem: Für Glamour gibt es ein Verfallsdatum.»

man ohnehin sieht. Und nicht erst ihr Erscheinen in François Ozons Film «Acht Frauen», der sie als leicht matronenhaftes Zitat ihrer selbst zeigte, macht deutlich, welches Thema sie seit zehn Jahren besonders beschäftigt. «Manchmal sage ich ‹Es ist nicht einfach› mit einem Lächeln, manchmal sage ich ‹Es ist nicht einfach› mit ziemlich viel Angst. Es ist schwer zu akzeptieren, dass Dinge gegen deinen Willen geschehen. In meinem Herzen, in meinem Kopf fühle ich mich voller Energie und jung. Und gleichzeitig hinterlässt die Zeit ihre Spuren. Heute hat man glücklicherweise das Recht, langsamer zu altern. Im französischen Kino kann eine fünfzigjährige Frau noch eine Liebesgeschichte haben. Trotzdem: Für Glamour gibt es ein Verfallsdatum.»

Die Schriftstellerin Fay Weldon schrieb ihr zum fünfzigsten Geburtstag und zur Oscar-Nominierung für die Rolle der Elaine in «Indochine» von 1992 – einen Oscar bekam sie bis heute nicht – den schönen Schlusssatz zur Hommage: «Wenn Frauen altern, streifen die Augen der Welt über sie, an ihnen vorbei, um ja nichts zu sehen. Es sei denn, die Persönlichkeit stellt im Laufe des Lebens die Frau in den Schatten. Das hat Cathérine Deneuve geschafft.»

Tristana beugt sich über den marmornen Leichnam des Bischofs auf dem Sarkophag und scheint ihn küssen zu wollen. In Luis Buñuels gleichnamigem Film von 1970 nähern sich der Tod und das Mädchen immer mehr an – es ist das Motiv der großen Deneuve-Filme. Ob die Frau auf dem Kosmetiktisch in «Ekel» wie eine einbalsamierte Leiche vor ihr liegt, Susan Sarandon sie in «Begierde» mit den steinernen Büsten in der Vorhalle vergleicht oder sie in «Belle de Jour» im Sarg zum Objekt der nekrophilen Lust wird, Schönheit und Liebe gleichen dem Tod, sie haben nur eine andere Farbe.

«Die Heldinnen», sagt Cathérine Deneuve, «denen ich mich nahe fühle, sind Tristana und Carol, das junge Mädchen aus ‹Ekel›. Dagegen ist es mir unmöglich, mich mit ‹Belle de Jour› zu identifizieren. Bestimmt enttäusche ich jetzt viele Leute ...» Verwirrung wäre eher angebracht: Tristana und Carol rächen sich an Männern, wollen sie dafür strafen, dass diese ihrer Schönheit verfallen sind, dass sie ihrer Oberfläche geglaubt haben. Die Frauen wollen nicht erkannt, sie wollen betrachtet werden. «Je aufmerksamer er ist, desto mehr verachte ich ihn», sagt Tristana über ihren alten Mann Don Lope, den sie hasst, weil er sie als Frau nahm, wo sie nur Jugend und Schönheit sein wollte. Ist sie allein, zieht sie sich aus, verbirgt ihren Körper unter einem Morgenmantel und geht auf den Balkon, um sich dem taubstummen Jungen im Hof nackt zu zeigen – unerreichbar.

«Sie ist schön wie der Tod, verführerisch wie die Sünde, kalt wie die Tugend», fasste Luis Buñuel sein Bild von Cathérine Deneuve zusammen und vergaß zu erwähnen, dass dies die drei Dinge sind, die wir von ihr wissen wollen.

TINA TURNER
DU KRIEGST, WAS DU SIEHST

«ICH HOFFE, IHR HABT ES NICHT BEREUT ZU WARTEN», meint sie grinsend am Ende des Konzerts, dreht dem tobenden Publikum ihre linke Seite zu und trägt ein von oben bis unten riskant offenes, fleischpralles Lederkleid, nur von großen Ringen zusammengehalten. «Ich habe mir gedacht, es ist keine schlechte Idee, mich nach der ganzen Arbeit ein bisschen hübsch für euch zu machen.» Das augenzwinkernde Lächeln gehört dazu. Jeder weiß, dass es so und doch genau so gemeint ist. Tina Turner steht 1987 auf der Höhe ihres neuen Ruhms, auf einer Bühne in Europa, zehn Jahre nachdem sie schon ausgezählt war, nach einer Scheidung, die ihr zwar die Freiheit brachte, aber ebenso Schulden und den Zwang, mit ihrer Show durch zweitklassige Clubs zu ziehen. «This is a song David Bowie and Iggy Pop wrote a time ago ... And I want you to sway with me.» Und die Arme von Tausenden gehen nach oben, schwingen im Takt des dumpfen Reggaerhythmus hin und her – «... Wonderful!» –, und sie öffnet ihren riesigen roten Mund zur schunkelnden Hymne des Glücks: «Everything will be alright ... tonight!»

«Es gibt keine Botschaft in meiner Musik oder irgendetwas Ähnliches», sagt sie zehn Jahre später. «Man soll lachen, sich amüsieren, tanzen und alles tun, was aufregend ist.» Keine allzu verblüffende Maxime für eine Rocksängerin, und dennoch schimmert bei jedem ihrer Lieder und Konzerte ein dunkler Hintergrund durch, die Geschichte von Anna Mae Bullock. Man erinnert sich an sie, auch wenn man die Einzelheiten vergessen hat – es geht um jenes ‹Dennoch›. Tina Turner ist mehr als eine Sängerin, sie hat sich zum Prototyp des unzerstörbar Weiblichen erhoben. In ihren eigenen Worten: «Ich bin geschieden, gefallen, habe für mein Single-Leben hart gekämpft, bin wieder aufgestanden, habe meinem Alter getrotzt und alle Naturgesetze widerlegt.»

Bei mancher hätte schon die Geschichte ihrer Jugend für mildernde Umstände ausgereicht. Als sie am 26. November 1939 in Brownsville geboren wurde, wollte sie weder ihr Vater noch die Mutter. Die beiden waren viel zu sehr damit beschäftigt, sich gegenseitig zu bedrohen, zu beschimpfen und zu schlagen: Zelma, die aufsässige, indianischstämmige Mutter, und Richard, schwarzer Aufseher über die Schwarzen des Poindexter-Anwesens in Nutbush, Tennessee, einer unauffälligen Zweihundert-Seelen-Ansiedlung an der Grenze zu Arkansas. Als Anna Mae drei Jahre alt ist und ihre geliebte Schwester Alline sechs, ziehen die Eltern wegen eines Jobs nach Knoxville und verteilen die Töchter auf die Großeltern: die Curries, den mütterlichen, geselligen Zweig, und die Bullocks, den väterlichen, streng baptistischen Teil. Anna Mae erwischt die Bigotten.

Die Ehe der Eltern war brüchig und die Gleichgültigkeit der Mutter offenkundig. «Sie wollte mich einfach nicht. Aber sie war meine Mutter, und ich liebte sie.» Als Anna Mae zehn ist, verschwindet die Mutter nach St. Louis, dann der Vater nach Detroit, mit vierzehn hat Anna Mae drei Städte hinter sich, lebt mit ihrer Schwester Alline in Ripley und arbeitet bei einer weißen Familie, in der sie eine ungewöhnliche Zärtlichkeit beobachtet. Die weiße Familie bleibt ein lebenslanges Ideal. «Ich war bisher nicht von Menschen umgeben, die sich liebten. Das war etwas, so schien es, das es nur bei Weißen gab – aneinander geschmiegt sitzen, verliebt sein. So etwas habe ich damals bei Schwarzen nicht gesehen. Bei denen, die ich kannte, nun, da wurde einem sofort bewusst, dass Liebe etwas Sexuelles war, etwas, das heimlich geschah – immer schlich man zusammen weg und verschwand in einem Schuppen. O ja, diese Schuppen.»

«Everyone will be alright – tonight.» Die zweite Strophe kommt aus dem Nebel. Wie ein Deus ex Machina erscheint David Bowie am

«Church-house, gin-house / school-house, out-house / On highway number 19 / the people keep the city clean / They call it Nutbush / oh, Nutbush / call it Nutbush city limits.»

Bühnenhimmel, hält das Mikrophon distinguiert mit spitzen Fingern und schreitet langsam die Treppe nach unten – Gott und Göttin. Im weißen Jackett steht der «Thin White Duke» dem schwarzen Vulkan gegenüber, zwanzig Bühnenmeter trennen sie: «No one moves / No one talks / No one thinks / No one walks tonight – tonight.» David Bowie war der entscheidende Anstoß für die zweite Karriere von Tina Turner. Als man 1982 nur noch in England an sie glaubte, und die Masterminds der Popgruppe Heaven 17 Tina Turners Stimme mit einem Schwall synthetischer Musik konfrontieren, sind zwar das britische Label EMI und die europäischen Fans von ihrer Version von «Ball Of Confusion (That's What The World Is Today)» begeistert, die amerikanische Plattenfirma Capitol aber reagiert distanziert. Mochte sie auf der Bühne mit der Rockband, die ihr der neue Manager Roger Davies verordnete, wieder Erfolge feiern und als Vorgruppe der Rolling Stones im Rampenlicht stehen – einer heißen Rhythm & Blues-Sängerin inmitten der kühlen Zeit des New Wave einen Plattenvertrag zu geben, das war eine andere Sache.

Die Wende kam durch Bowie, den Märchenprinzen, der zur Unterzeichnung seines neuen Plattenvertrags – es ging um «Let's Dance» – in New York weilte und den sechzig Abgesandten von EMI America, dem Ableger von Capitol, erklärte, er würde sich am Abend seine «Lieblingssängerin» anhören, die im «Ritz» auftrat. Bowie brachte nicht nur Keith Richards, Susan Sarandon und John McEnroe mit ins Konzert, hinter ihm standen plötzlich sechzig Gefolgsleute auf der Gästeliste. Dennoch stieß die Aufnahme des kommenden Albums «Private Dancer» in London bei den amerikanischen Marktstrategen auf Skepsis; selbst als die Single «Let's Stay Together», ein Remake des Al-Green-Songs, im Dezember 1983 in Europa zum Hit avancierte, sperrte sich Capitol gegen eine Veröffentlichung in den USA. Ein «High-Tech-Tanzrock-Album» passte nicht zum Image einer Frau, die man als «Sexy Ida» unter der Akte «Nutbush City Limits» abgelegt hatte.

Tina Turner 1973. «In diesem Jahr erschien ‹Nutbush City Limits›, und ich wurde vierunddreißig Jahre alt. Ich begann, über meine Karriere nachzudenken, an der so gar nichts Glamouröses war … Ich hasste damals mein Leben.»

«Ich bin zwar Amerikanerin, aber Europa ist die Wiege meines Erfolgs», sagte Tina Turner im Jahr 2000, und dies galt schon 1966, als «River Deep – Mountain High», jener Jahrhundertsong von Phil Spector, in den USA unterging, während er in Europa begeistert aufgenommen wurde. «Für die Pop-Sender war er zu schwarz, und für die schwarzen Sender war er zu viel Pop», analysierte sie später den Misserfolg in ihrer Heimat und erfasste damit zugleich das Geheimnis ihres Triumphzuges der letzten zwanzig Jahre. Sie ist Pop genug, um den schwarzen Universitätsdozenten wie die weiße Friseuse zu erreichen, und schwarz genug, um den Weißen und ihrer Gefühls-

seligkeit Dampf zu machen. Wen wundert's, dass sie in Übersee bei manchen in Ungnade fiel. Mit ihrem «crossover act», beklagt die «New York Times», habe sie ihre Persönlichkeit verraten: «Tina verlor einen großen Teil ihres schwarzen Publikums nicht zuletzt deshalb, weil sie von ihren weißen Fans als exotisch konsumiert wird – und weil sie sich als Euro-Diva präsentiert: ohne jedes Interesse für ihre Herkunft und Wurzeln.»

Vielleicht hatten sie ihr nie richtig zugehört, ihre Geschichte nie mit Respekt gelesen. Schon die junge Anna Mae hatte das Leben und die Wertvorstellungen der Weißen verinnerlicht und auf ihre naive Weise glorifiziert. Da waren die Poindexters, auf deren Land die Bullocks lebten und deren Haus dem Mädchen immer offen stand, da war die weiße Musterfamilie Henderson. Die Weißen seien «immer freundlich zu Kindern» gewesen. «Nun ja», schränkt sie in ihrer 1986 erschienenen Autobiographie «Ich, Tina» ein, «sicherlich lag es auch daran, dass die Farbigen wussten, ‹wo sie hingehörten›, nicht wahr? Es herrschte eine gewisse Harmonie. Die Weißen hatten den Farbigen eine allgemeine Angst anerzogen, sodass sie sie unter Kontrolle und in respektvollem Abstand halten konnten.» – Yes, Ma'am! Yes, Sir!

Wer auf eine politische Tina Turner hofft, wird enttäuscht. Sie bleibt, selbst in den bewegten Zeiten, in denen man «Black is beautiful» skandierte, seltsam vorsichtig und reserviert, zählt zu jenen Aufsteigern, für die gesellschaftliche Gerechtigkeit und politische Gleichheit ihren höchsten Ausdruck in einem repräsentativen Wohnzimmer finden, in einem perfekt eingerichteten Haus im richtigen Wohnviertel. Und wenn sie, selten genug, das Rassenthema kommentiert, tönt da eher das weiße protestantische Arbeitsethos durch als Solidarität mit den Brüdern und Schwestern: «Als Schwarzer ist jeder ein Opfer und geschlagen. Du musst schauen, wie du da rauskommst. Ich habe mein Schicksal selbst in die Hand genommen und bin eine andere, eine bessere Frau geworden. Andernfalls wäre ich heute in einem Heim für misshandelte Frauen – oder tot.»

Zwanzig Meter stehen Tina Turner und David Bowie voneinander entfernt, und in diesem Abstand steckt alle Spannung und Liebe der Welt. «I'm gonna love you till the end / I will love you till I reach the end» – sie gehen aufeinander zu, umarmen sich vorsichtig und relativieren die Zeilen, ohne das Versprechen lächerlich erscheinen zu lassen. Er flüstert ihr etwas zu, sie flüstert ihm etwas zu, und beide lachen, halten sich umarmt, in knisternder Distanz. Und während sie sich langsam drehen, spielt Tina Turners muskelgestählter Tenorsaxophonist zum Tanz auf, bläst er die brünstige Melodie, übernimmt er den eindeutigen Teil, schiebt den Unterkörper vor und zurück, stößt in jene Richtung, die Tina Turner sich und ihren Background-Sängerinnen abgewöhnt hatte. Nach links und rechts sollten sie das Becken schwingen, nicht nach vorn und hinten.

Es war ein langer Weg, den Tina Turner zurückzulegen hatte vom Sexsymbol bis zum Inbegriff der Sinnlichkeit, und heute schließt jede ihrer Gesten den ironischen Kommentar gleich mit ein. Als sie mit ihrem Mann Ike Turner und den Ikettes 1966 in England auftritt, holt sie nicht nur den großen Rockchronisten Nik Cohn von den Beinen: «Ich stand direkt unter der Bühne. Und Tina fing an zu wirbeln und zu stampfen und zu kreischen, steigerte sich von Sekunde zu Sekunde, und plötzlich donnerte sie über mich herab wie eine Lawine, mit dem Hintern zuerst, und all dies Fleisch zitterte und sprang mir ins Gesicht. Ich lehnte mich weit zurück, Notwehr, alle in den ersten Reihen taten dasselbe, aber dann fiel jemand hin, und plötzlich fielen wir alle übereinander in einem wüsten Haufen, fluchend und verzweifelt kämpfend, zuckend wie Fische in einem Eimer. Als wir wieder aufsehen konnten, da war Tina noch immer über uns und shakte, ihr Hintern zuckte, und sie sah triumphierend zu uns herab. So unverschämt, so selbstgefällig, so böse. Sie hatte ihren Arsch als Bowlingkugel benutzt und uns als Kegel, und sie hatte einen Strike gelandet. Smarte Frau: Die Konturen ihres

«Tonight» mit David Bowie, 1988: «Everything will be alright tonight / No one moves / No one talks / No one thinks / No one walks / Tonight // I'm gonna love her / To the end / I will love her / 'till I die / I will see her / In the sky / Tonight.» (Iggy Pop / David Bowie)

Tina Turner, live 1975. «Rock 'n' Roll hat nun mal viel mit Sex zu tun, und mir wäre nie eingefallen, wie eine Nonne zu singen. Dennoch, vulgär war ich nie. Die Männer sehen mich da oben und denken, dass ich für jeden zu haben sei. Bin ich aber nicht, bin ich nie gewesen.»

Körpers verschwammen, und ihr Haar flog, und ihre großen männerfressenden Zähne blitzten. Sie aß uns alle zum Frühstück.»

Als sie mit fünf Jahren zum ersten Mal in einen Gottesdienst der Pfingstbewegung gerät, mit all dem ekstatischen Tanzen der Holy Rollers, den Krämpfen und Zuckungen, ist sie zwar leicht irritiert, im Tiefsten aber erweckt: «Ich dachte nur: Die scheinen richtig glücklich zu sein.» Und Jahr um Jahr vervollständigt sich jenes Puzzle aus Musik und Tanzen und Sex, bis die Sechzehnjährige mit ihrer Schwester Alline in einen Club in East St. Louis geht, um sich einen heißen Typen mit seiner Band anzuhören – den schmierigen Ike Turner und die Kings of Rhythm. «Jesus, ich möchte bloß wissen, warum die Frauen so scharf auf ihn sind. Er ist wirklich hässlich. Aber ich hörte und schaute zu, und dabei geriet ich fast in Trance.»

Eine Geschichte beginnt – Dutzende Male detailliert erzählt und wiedergekäut und verfilmt: Ein dünnes Mädchen klettert irgendwann zwischen zwei Sets auf die Bühne und singt mit gewaltiger Stimme, wird aber von den anderen Mädchen, die um die Band herumschwärmen, nicht als Konkurrenz empfunden, da sie weder einen großen Arsch noch große Brüste hat, nichts also, was große schwarze Jungs scharf macht. Sie singt, wird schwanger, singt, wird schwanger, hat mit einundzwanzig zwei Söhne von zwei Männern, nimmt die erste Stelle im Harem von Ike Turner ein, wird wieder zurückgestuft, das übliche Spiel, bis Ike Turner merkt, dass sein erster großer Hit, «Fool In Love», nicht von seiner Komposition, sondern ihrer Stimme lebt. Sie wird unersetzbar. Zumindest als offizielle Ehefrau, der er den Namen Tina Turner schenkt, und als Frontsängerin vor den tanzenden Ikettes, die ihm als Fundus dienen, um sich Geliebte zu rekrutieren.

Als wegen der Geburt ihres gemeinsamen Sohnes Ronald Renelle Konzerte ausfallen, treibt Ike Tina schon kurz nach der Entbindung wieder auf die Bühne – «Ich blutete ziemlich stark bei den hohen Tönen.» Es war der Beginn eines sechzehnjährigen Leidensweges, auf dem Täter und Opfer eine merkwürdige Symbiose eingingen, ein Weg, den man nur fassungslos verfolgen kann. Tina Turners Erklärungen überzeugen nicht immer: «Damals wäre ich ohne ihn verloren gewesen, will sagen, ich hätte zwei Dinge tun können: entweder in einem Krankenhaus arbeiten oder in Ikes Band singen. Sonst konnte ich nichts; ich kannte auch niemanden. Und ich wollte singen.»

«Fool In Love», «I Idolize You», «Crazy 'Bout You Baby» – immer sang sie die Lieder des Mannes mit der starken Stimme einer schwachen Frau. Sie erträgt die hundert Freundinnen Ikes, mit denen er sich im Hotelzimmer nebenan, im Apartment gegenüber oder in ihrem gemeinsamen Haus trifft, sie ist ihm zu Diensten, massiert ihn, poliert ihm Fuß- und Fingernägel. Er stopft eine brennende Zigarette in ihr Nasenloch, prügelt sie mit dem Schuhspanner, mit Kleiderbügeln – das Vorspiel zum anschließenden Sex. Fast täglich ist er voll Kokain gepumpt, und seine Brutalität wird immer unberechenbarer. Als sie einen Selbstmordversuch unternimmt, steht er an ihrem Krankenbett und zischt: «You motherfucker, you better not die. I'll kill you!» Anfangs war es möglicherweise ihre Liebe, die sie das alles ertragen ließ, dann die Angst um ihre Karriere, dann die Sorge um ihre Kinder, dann das exzessive Shopping, mit dem sie seiner Welt zu entkommen versuchte – am Ende bleibt jener schale Geschmack vom Opfer Tina, das zu lange mitgespielt hat. Zu perfekt gab sie abends auf der Bühne zähnefletschend das Sexsymbol, während sie am Tage die Rolle der misshandelten schwarzen Frau erfüllte – «It takes two, baby / just you and me.»

Die Ike & Tina Turner Revue wird immer mehr zum Abbild ihrer privaten Show, das Böse alias Ike an der Gitarre lässt die Puppen tanzen. Tina und die drei weiblichen Ikettes – passenderweise alle mit schwarzen, langen Perücken ausgestattet – stacheln die Männerphantasien an, und als Tina Turner den Song «I've Been Loving You Too Long» ins Programm aufnimmt, ist die musikalische Pornographie bühnenreif – «Für eine gute Show mache ich alles.» Ihre Hände flattern am Mikrophon auf und ab, streicheln und reiben es, während Ike im Hintergrund stöhnt und ächzt. «Peinlich, peinlich», kommentiert sie in ihrer Autobiographie etwas verlegen die Pantomime, «aber die Leute liebten das.»

Doch irgendwann zeigte der tägliche Horror aus Tourneen, Aufnahmen, Demütigungen und Misshandlungen endlich Wirkung. Im Wagen, auf der Fahrt zum Hilton in Dallas, schlägt Ike sie wieder, es ist das letzte Mal. Im Hotelzimmer massiert sie ihn wie üblich, bis er einschläft; dann ruft sie sich ein Taxi. An diesem Tag im Juli 1976 verlässt sie ihn. Als ein befreundeter Fotograf später mit Ike Turner spricht, merkt er, dass Ike nicht verstand, warum sie plötzlich anders behandelt werden wollte. «Er sagte, er habe Frauen bisher nur als Sexobjekte benutzt und vielen habe es offenbar gefallen. Er sagte, Tina habe nie den Eindruck erweckt, dass sie sich nicht wohl fühle, und überhaupt – so sei das eben mal mit den Männern. Er kapierte es einfach nicht.»

Sie kapierte es ebenso wenig, sie spürte nur den Abgrund, an dem sie stand. «Von Frauenbefreiung hörte ich das erste Mal, als das Magazin ‹Time› ein Titelfoto von diesen Frauen brachte, die ihre Büstenhalter in der Luft umherschwenkten, ein tolles Bild, aber ich begriff es nicht. Sollte das heißen, dass man, wenn man seinen Büstenhalter auszog, sein Gehirn benutzte? Irgendwie konnte ich mich dieser Bewegung nicht anschließen. Sie redeten von ‹Befreiung› – aber Befreiung wovon, von der Hausarbeit? Das war das geringste meiner Probleme. Bei mir ging es einfach nur ums Überleben.» Sie hat es nie verstanden und musste es nie verstehen, sie hatte es erfahren. Später nimmt sie begeistert ein Angebot an, in dem Film «Mad Max III» mitzuspielen, die Rolle in «Die Farbe Lila» lehnt sie ab: «Das habe ich selbst erlebt.»

Als der legendäre Produzent Phil Spector sie 1966 zur Aufnahme des vermutlich größten Rock-'n'-Roll-Songs «River Deep – Mountain High» einlädt, fühlt sie sich erkannt und tief geschmeichelt, weil endlich ihre Stimme wahrgenommen wird. Sie muss nicht kreischen, sie darf singen. «When I was a little girl I had a rag doll ...» – und dann bricht eine Sturzflut aus Streichern, Bläsern und Schlagzeugen über sie herein, sie muss mit aller Inbrunst dagegenhalten, gegen den Chor, jene «wall of sound», die als Markenzeichen des visionären Pop-Wagnerianers gilt. Nachdem sie stundenlang immer wieder zu den Musikspuren auf Band ihr «When I was a little girl ...» gesungen hat, zieht sie, völlig verschwitzt, die Bluse aus und sitzt im BH im Studio – die Geschichte will es so. Den Büstenhalter hätte sie nie geschwenkt, dazu war sie privat viel zu schamhaft. Die Rückseite der Langspielplatte, auf der die Dreieinhalb-Minuten-Single später mitveröffentlicht wird, ziert dann ein Foto mit Ike Turner, obwohl dieser Studioverbot hatte, eine Vertragsklausel von Phil Spector: Er wollte nur die Stimme Tina Turners. Das Foto von Dennis Hopper zeigt Ike am Klavier, Tina Turner steht dahinter am Waschtrog und schrubbt fröhlich singend Wäsche – die Verhältnisse waren schnell wieder zurechtgerückt. Phil Spectors Würdigung, die er dreißig Jahre danach zu ihrer Werkschau auf der CD «Sixties To Nineties» beisteuerte, war so tief empfunden wie entlarvend zweischneidig. Er vergleicht sie mit einem Edelstein, einem Rohdiamanten, und schließt am Ende: «Sie bedeutet alles, sie kann alles, sie ist das perfekte Instrument.»

«River Deep – Mountain High», 1966. Nik Cohn, Chronist des Rock 'n' Roll: «Es war totale Gehirnwäsche – Phil Spector war lauter und mörderischer als je zuvor, und Tina Turner kam ihm gleich, die große Erdfrau, ein einziger Schrei von unendlicher Kraft. Bang! Damit endet die Welt!»

Die Unterschiede waren nur graduell: «Es waren Ikes Songs, und sie behandelten Ikes Leben – und ich musste sie singen. Ich war nur sein Werkzeug.» Sie entspricht ganz dem traditionellen Frauenbild, ist dem Mann treu, sexuell zu Diensten, spielt auf der Bühne die Hure und zu Hause die Mutter, nimmt es hin, geschlagen zu werden, um sich dann nach 293 Seiten ihrer Autobiographie dafür zu entschuldigen, dass sie ihn schließlich verlassen hat. Was sie gelernt hat: so gut auszusehen wie möglich, sich selbst zu gefallen, um sich zu schützen. Und sie ist schonungslos in ihrer Selbsteinschätzung: «sehr gedrungener Nacken, sehr lange Arme und Beine, während der Körper selbst kurz ist – fast wie ein Pferd.» Die nur einen Meter sechzig große Tina Turner steht auf hochhackigen Schuhen, geht nur auf den Ballen, den Rest erledigt die hochtoupierte Frisur. Als man ihre Autobiographie verfilmt, ärgert die Perfektionistin vor allem eins: dass man die falschen billigen Kleider und Schuhe verwendet, dass man nicht auf die Einzelheiten geachtet hatte. «Ich hasste damals mein Leben. Das Einzige, worauf ich stolz war, waren die Details.»

Mit siebenunddreißig beginnt sie ein Leben, das sich mittlerweile zu einem eigenen Genre entwickelt hat: das der Rock-'n'-Roll-Urmutter. Eine Frau, die mit jeder Niederlage stärker wird, bei der Sex und Weiblichkeit ganz selbstverständlich erscheinen und das Alter erotische Würde hat – schaut mich an, ich bin's! «I'm Rock 'n' Roll and I'm a woman.» Seit 1978 arbeitet der Australier Roger Davies als Manager für Tina Turner – sie verstehen sich «wie Bruder und Schwester» –, seit 1984 lebt sie mit dem vierzehn Jahre jüngeren Deutschen Erwin Bach zusammen. Sie zog von den USA nach London nach Köln nach Zürich, hat dort ein Haus gemietet und in Südfrankreich eines gekauft. Ein weiter Weg von Tennessee. «Zürich ist überschaubar. Und ich mag die Distanz. Die Schweizer sprechen mich selten an. Höchstens mal, um mir zu sagen, wie stolz sie darauf sind, dass ich nun hier lebe.» Wer in seiner Kindheit so wenig geliebt wurde wie Anna Mae, der darf sich jetzt als Tina lieben lassen und in die Arme von Millionen werfen. Nicht, dass einer ihr zu wenig wäre – nur zu unsicher und gefährlich. Er könnte verschwinden oder sie verschwinden lassen. Wir bleiben ihr.

Unten, auf der Bühne: ein silbern blitzender Tina-Turner-Punkt. Oben auf der Leinwand: das riesige Duplikat. Nach kurzer Zeit verschieben sich Original und Kopie, und man verzichtet darauf, SIE zu suchen, wir sehen sie lieber fern – mitten im Konzert. Als sie 1999 ihre dritte und vorläufig letzte endgültige Abschiedstournee gab und sich nach vierundvierzig Jahren Bühne vom Rockzirkus zurückzog, hatte sie wieder Maßstäbe gesetzt. Mit fünfundneunzig Konzerten allein in den USA belegte die Sechzigjährige Platz 5 der umsatzstärksten Tourneen aller Zeiten; die 180 000 Zuhörer im Maracana-Stadion in Rio de Janeiro sind noch immer Guinness-Zuschauerrekord für eine Einzelkünstlerin; und die etwa fünfunddreißig Millionen verkauften Platten seit 1982 verteilen sich auf zehn Alben, von «Private Dancer» bis «Twenty Four Seven».

Liest man die Zahlen, könnte die Musik verschwinden, doch auf der Bühne ist zu sehen, was man weiß, was man hört, was man kennt – «What You See Is What You Get». Und es ist diese Verbindung aus Professionalität und Lust am Leben, die sie unwiderstehlich macht. Zu sehen sind: ihr Minikleid, das schwarze Korsett, strahlend weiße Zähne, lange Beine, die Pos der Tänzerinnen, Tinas Stöckelschuhe, die glänzenden Muskeln des Saxophonisten, Filmausschnitte aus ihren Auftritten in «Golden Eye» und «Mad Max III», wieder lange Beine, Bilder von einsamen Stränden, Tinas Lippen, Tinas Haarpracht, Tinas Lachen.

Zu hören ist ein Verschnitt aus Rhythm & Blues und Rock, aus Dancefloorhip und Schlafzimmerhop, eine Mischung, die nur Leben gewinnt, wenn ihre Stimme einsetzt. Diese enthält auch immer die andere Seite: Zieht sie nach oben, weist sie zugleich in die Tiefe, ist sie laut und drängend, bleibt sie intim, scheint sie klar, schimmert das Raue durch. Dass sie ihre Stimme manchmal zu billig verkauft, stört möglicherweise nur die verflossenen Liebhaber, die eigentlich Rhythm & Blues hören wollen und sich irritiert umsehen, wenn Spaniencamper und Dänemarktramper das Stadion füllen, ausgerüstet mit Wunderkerzen und dem unerschütterlichen Vorsatz, an einem historischen Augenblick teilzuhaben. Sechzigjährige Damen und zwölfjährige Mädchen, Sitz an Sitz – die Integrationsfigur Tina muss wahrlich ein Gespür für die größtmögliche Schnittmenge haben: «Simply The Best». Sie setzt sich auf einen Barhocker, die Band bildet einen Halbkreis, intoniert «Let's Stay Together» und «I Can't Stand The Rain» – Spannung und Entspannung, die Beine Tina Turners zucken, sie will aufspringen, tanzen, tut es nicht und strahlt in diesem Zögern mehr Erotik aus als kurz danach, da sie ihren größten Erfolg beineschwingend dem Humpa-Bumpa-Klatschen der fünfzigtausend ausliefert – «What's Love Got To Do With It».

Sie hasste dieses Stück und ließ sich dennoch von ihrem Manager dazu überreden, es aufzunehmen, eine Präventiv-Hymne gegen

die tödlichen Folgen der Liebe – «who needs a heart when a heart can be broken». Sie hat ihn also doch gesungen, jenen Befreiungssong der selbstbewussten Frau, hat die Emanzipation in einen Coiffeur-Slogan verwandelt: «Ich habe meinen Traumtyp gefunden – mich.» Der Rest klingt nach einem märchenhaften Ende. Ihr Anwesen in Südfrankreich ist nach zehnjährigem Umbau endlich vollendet, als Modejunkie kauft sie ganze Armani-Kollektionen in allen lieferbaren Farben – «Mir waren schöne Kleider und ordentliche Manieren im-

Marlene Dietrich: «Es gibt nur eine, die ich wirklich bewundere – Tina Turner. Sie hat die Beine, sie hat die Stimme, sie hat einfach alles.»

mer wichtig. Ich bin Rock 'n' Roll, aber jeder soll kapieren, dass hinter alldem eine Lady steckt» –, sie wurde in den USA von Hanes, dem größten Strumpfwarenhersteller, gesponsert, Reportagen über sie erscheinen inzwischen eher in «Harper's Bazaar» und «In Style» als im «Rolling Stone» oder «Mojo». Sie pflegt ihren Kaufwahn – «Ich gebe gern Geld aus. Das kann teuer werden» – und weiß genau, was sie tut: «Also, was ich mir gekauft habe ...? Ich habe mir meine Freiheit gekauft.» Sie unterstützt noch immer ihre inzwischen vierzigjährigen Söhne, über die sie lieber schweigt – «Ich stehe meinen Söhnen nicht besonders nahe, da ich elf Monate im Jahr weg war. Ich bedauere das sehr.» Sie hört privat kaum Musik, liest Anne Rice und «Conversations with God», pflegt die Rezitationen des

«Ich gebe gern Geld aus. Das kann teuer werden. Ich habe auch gelernt, wie man sich selbst glücklich macht, ohne von einem Mann abhängig zu sein. Mein Erfolg hat mich glücklich gemacht. Ich glaube kaum, dass das ein Partner könnte.»

Buddhismus, behauptet, glücklich zu sein und den Rock 'n' Roll nicht zu vermissen. Das klingt nicht gut.

Wir stellen uns das anders vor. Dass sie zurückkehrt in kleine Säle, auf einem Hocker sitzt, von Eric Clapton oder Mark Knopfler auf der akustischen Gitarre umspielt. Sie könnte «When I was a little girl ...» singen, Balladen und auch den Blues, vielleicht im Duett mit Rod Stewart, und mal kurz mit den langen Beinen wippen. Am Ende käme dann David Bowie aus dem Hintergrund, und sie würden Wange an Wange «Tonight» tanzen. Auch als Anna Mae würde sie eine großartige Figur machen.

CHER

MAMA, BIST DU DAS?

DEN WITZ ERZÄHLT SIE LIEBER SELBST, bevor ihn ein anderer bringt. Und sie erzählt ihn oft, in einer Mischung aus Stolz und präventiver Selbstverteidigung: Es gebe nur zwei, die einen Atomkrieg überleben würden – die Kakerlake und Cher. Ihr Name ist zum unzerstörbaren Markenzeichen geworden, wie Elvis, wie Madonna, wie Prince; die Person ist das Genre, und das Genre heißt Kampf, ewige Jugend und Überlebenswille. Sie hat alles getan, um dieses Image zu pflegen, im Guten wie im Schlechten: «Es ist manchmal ein lächerlicher, dreckiger Job, Cher zu sein. Aber einer muss ihn ja machen.» «Cher sein», das klingt nach Provokation, einer Menge Spaß und – trotz aller Männer – Alleinsein.

«I gotta go on my way by myself», setzt ihre Stimme über den hämmernden Rock-Akkorden des Klaviers ein, «because this is the end of romance», und das Schlagzeug knüppelt dumpf den jaulenden Gitarren hinterher. Doch da fehlt jede Weinerlichkeit im Klang, das ist pure Energie, von den Tiefschlägen des Lebens unterlegt, diese Art von Durchhaltepathos, das einen dazu bringt, wieder aufzustehen und rauszugehen – «and teach my poor heart how to sing ..., just like a bird on a wing». Fast könnte man über den zahllosen Skandalen und Boulevardgeschichten vergessen, dass die Sängerin Cher eine der prägnantesten Stimmen der Rockmusik besitzt, dass all ihre verschiedenen Leben auf jenem dunklen Klang beruhen, den man beim Duo Sonny & Cher schon früh dem langhaarigen Mädchen zuschrieb; «I Got You Babe» – da sang eindeutig Cher. Als sie 1973 ihr «All By Myself» auf der grandiosen LP «Bittersweet White Light» veröffentlichte, war sie siebenundzwanzig Jahre alt und hatte ihre erste Karriere als weibliche Hälfte von Sonny & Cher hinter sich. Sie verließ ihren Mann Sonny Bono, mit dem sie neun Jahre zusammen war, und lernte, ihren ersten eigenen Scheck auszustellen.

Es war das alte Märchen der sechziger Jahre: vom Aschenputtel, das auszog, im Königreich des Showbiz zu leben, das seinen Prinzen traf und begann, mit ihm das Land der Hitparaden zu regieren. Prinz Sonny diente zu dieser Zeit beim Pop-Tycoon Phil Spector als Mann für alle Bereiche, die sechzehnjährige Cherilyn Sarkisian La Piere hatte ihr Zuhause verlassen und wohnte in Los Angeles bei einer Freundin. Die Liebe auf den ersten Blick blieb einseitig, das Interesse des beatlehaarigen schlanken Sonny Bono richtete sich vorwiegend auf Chers Mitbewohnerin Melissa. Erst als diese Cher an die Luft setzte, da sie ihre Miete nicht bezahlen konnte, regte sich Mitleid.

Cher, Mitte der sechziger Jahre: ein Aschenputtel, das auszog, im Königreich des Showbiz zu leben, seinen Prinzen traf und begann, mit ihm das Land der Hitparaden zu regieren.

«Ich finde dich nicht besonders attraktiv», meinte der Prinz, «aber du kannst bei mir wohnen. Halte mir das Apartment sauber und koche mir auf!» Cher tat, wie ihr geheißen, doch als sie eines Nachts einen Albtraum hatte, kam sie an sein Bett und bat um Schutz. Und er sagte: «Ja, aber belästige mich nicht.» So ging es Monate, bis Cher schließlich auszog und der Prinz erkannte, dass er ein Frosch gewesen war. Also bat er sie um ihre Hand, kreuzte Folk und Rock, und das Duo Sonny & Cher war geboren: «I Got You Babe» wurde 1965 veröffentlicht und verkaufte sich vier Millionen Mal.

Dass sie eigentlich Schauspielerin werden wollte, hatte den Prinzen kaum interessiert: «Sonny fand den Schauspielerberuf blöde. Deshalb hörte ich damit auf.» Die Erfolge häuften sich: Nach «Little Man» kam «The Beat Goes On», dann «Bang Bang» und «All I Really Want To Do». Das ausgeflippte Paar aus Kalifornien mit den Eskimostiefeln, Schlaghosen und Pelzwesten galt vielen als hip und hippie, andere aber hielten es für verlogen. Der Schafspelz war nicht lange als Revolution zu verkaufen. Als sie alle wie Sonny & Cher aussahen, war die Rebellion zu Ende. Das Märchen schien keinen guten Ausgang zu nehmen.

Nachdem die beiden ihre Gefolgschaft verloren hatten und die Goldkammer leer war, beschlossen sie, im Nachtbar-Reich auf Tour zu gehen. Mit ihrem Baby Chastity im Korb und zusammen mit einer Band tingelten sie von Club zu Club und spielten vor einem Publikum, das sie nicht wollte oder mehr Fleisch erwartete. Gelangweilt, wütend und manchmal vor nur zwei, drei besetzten Tischen auftretend, fingen sie an herumzualbern, sich gegenseitig hochzunehmen – dazwischen sangen sie mal ein paar Lieder. Sonny war der «charmante Clown, ich das glamouröse Luder», schreibt Cher in ihrer 1998 erschienenen Autobiographie «The First Time». Sie trainierte, was Sonny ihren «smart mouth» nannte, ihre Klugscheißerei konnte er eigentlich nie ausstehen. Sie lästerte über seine Mutter, seine Größe oder seine lausige Stimme, er über ihren knochigen Körper oder ihre große Nase.

Der Nebenschauplatz, dieses Spiel mit dem Publikum, geriet immer mehr zur Hauptsache. Als Fred Silverman von CBS die beiden

Sonny Bono und seine Cher, 1966. «Die sechziger Jahre waren für Frauen im Musikgeschäft eine grauenhafte Zeit. Alle Jungs liebten dich und fanden dich anbetungswürdig, aber an deiner Meinung waren sie weniger interessiert. Ich war nie bei den Vertragsverhandlungen dabei. Ich durfte nur hinterher unterschreiben.»

sah, verpflichtete er sie für eine Show, die ab 1971 zu einer der erfolgreichsten wöchentlichen TV-Sendungen wurde – «The Sonny and Cher Comedy Hour», ein Treffen für die ganze Familie. Das Märchen schien doch gut zu enden – bis Cher sich 1974 unerwartet verabschiedete, von der Show, von ihrer Verzweiflung über eine gescheiterte Ehe, und den Prinzen wieder in einen Frosch zurückverwandelte. Von Sonny & Cher blieb nur Cher, von nun an sang sie gemeinsam mit sich selbst, sie war ihr bester Partner, die Tochter Chastity im Gepäck. Sonny eröffnete ein Restaurant in Hollywood und nannte es «Bono».

1974 wog Cher noch einundvierzig Kilo, sie besaß fünfhundert Paar Schuhe und circa tausend Kleider, war medial omnipräsent, sie «sprach den Junk-Geschmack an, den jeder in sich spürt», wie die Zeitschrift «Rolling Stone» 1984 befand. Der Trost der Männer stellte sich zwanglos ein. Doch David Geffen, späterer Schallplatten- und Produzentenmogul, den sie liebt und verehrt, erinnert sie zu sehr an Sonny, ihre Beziehung zu Gene Simmons von der züngelnden Rockband «Kiss» ist ebenso kurzlebig wie ihr Verhältnis mit dem Gitarristen Les Dudek, der sie zur Rocksängerin machen will. Als folgenreicher erweist sich die Begegnung mit Gregory «Gregg» Allman, drogensüchtiger Organist der Allman Brothers, den sie schnell heiratet; neun Tage nach der Eheschließung reicht sie die Scheidung ein, sie versöhnt sich, dann reicht er die Scheidung ein, sie versöhnen sich und lassen sich – ein Jahr nach der Geburt ihres gemeinsamen Sohnes Elijah Blue – schließlich legal scheiden. Die drogenfreie Sängerin konnte die Ausfälle des schwankenden Musikers nicht mehr ertragen. Als er in einem Restaurant während des Essens mit dem Gesicht in den Spaghettiteller klatscht, ist sie von ihrer Faszination endgültig geheilt. Sein Horizont war ohnehin begrenzt: «Für ihn hatten Frauen zwei Aufgaben: das Bett zu machen und es im Bett zu machen.»

«Mama, bist du das?», fragt ihr kleiner Sohn Elijah, als er sie – nach Sonny, nach David, nach Gregg – zum ersten Mal in ihrem vollen Las-Vegas-Outfit sieht. Als Cher, die ihren Namen amtlich auf diesen Qualitätsbegriff verkürzen ließ, ihre Garderobe samt Stimme

1981 solo im Caesar's Palace in Las Vegas vorträgt, hat sie es geschafft und ist zugleich am Ende. 325 000 Dollar erhält sie pro Woche, und das zwanzig Wochen im Jahr, dazu das Prädikat «Singender Kleiderständer». Elfmal wechselt sie während ihrer Show die Kleider, singt ihre Mischung aus Popsong, Hollywood-Hymne und Rockballade, wird zur «glitz queen». Später wird sie Vegas als «Hölle» bezeichnen. «Ich wurde von keinem respektiert, den ich respektierte.»

Und doch legt sie zu jener Zeit, in den frühen achtziger Jahren, ihr Rollenmodell fest. Sie trägt nichts, was der Mode entspricht, sie trägt nur, was ihr Spaß macht, was allein sie tragen kann. Oder wie Bob Mackie, ihr Modeguru aus den TV-Comedy-Zeiten, bemerkte: «Cher trug meine Kleider, als seien es Jeans. Wenn eine andere diese Kleider getragen hätte, wäre die Wirkung völlig anders gewesen. Keiner besitzt Chers Unbeschwertheit.» Das Glamouröse behält jene Leichtigkeit, die es vor der ständig drohenden Lächerlichkeit bewahrt, das Sexuelle jenen Witz, der es anzüglich, aber nie billig werden lässt. Wäre Mae West fünfzig Jahre später geboren worden, hätte sie in Cher eine Schwester gefunden.

Es begann mit dem alten Protestlied eines jungen Mädchens: «Sogar zu Hause hatte sie ihre Sonnenbrille auf», erzählt Chers Mutter, Georgia, selbst Model und Gelegenheitsschauspielerin. «Ich wurde immer wieder zum Schulleiter gebeten, wegen irgendetwas, das sie angestellt hatte. Sie passte sich nie an.» Cher wählt, was schockiert, hält diese Edel-Punk-Attitüde ihrer Jugend jahrelang durch, von der Hippie-Ära über den Las-Vegas-Trip bis zum Disco-Fieber. «Es gibt da diese Teenager-Haltung bei ihr», meint Bob Mackie. «Wenn du ihr sagst, dieses Kleid könne sie unmöglich tragen, dann darfst du ziemlich sicher sein, dass du sie am nächsten Tag genau in dem Kleid in jeder Zeitung siehst.» Cher wurde am 20. Mai 1946 in El Centro, Kalifornien, geboren – selten, dass sich die autoritätsfeindliche Achtundsechziger-Generation in Gold und Lamé verwirklicht. «Ich bin eigentlich nie ganz erwachsen geworden.»

Das Spiel nimmt sie so ernst, dass es ins Absurde kippt: 1988, am Tag ihrer Oscar-Verleihung, versteckte sie sich vor dem Shrine Auditorium in Los Angeles in einem Lieferwagen und beobachtete im

Fernsehen die Live-Übertragung der Ankunft der Stars. Erst als die letzte potenzielle Konkurrentin vom roten Teppich verschwunden war, entschied sie sich für eines ihrer zehn mitgebrachten Kleider. Sie war – natürlich – unvergleichlich.

Mit ihren Freundinnen klatscht sie noch immer teenagergleich über Männer und Figurprobleme, verlässt während einer Tanzprobe auf der Stelle das Studio, wenn sie erfährt, dass in ihrem Lieblingsschuhladen auf dem Rodeo Drive «SALE» angekündigt ist, und kauft, Krönung weiblicher Allmachtsphantasien, ein Rudi-Gernreich-Kleid «in allen Farben», ohne es anzuprobieren. Sie hatte sich über die miserable, gleichgültige Verkäuferin geärgert.

«Ich verkaufe meinen Arsch im übertragenen Sinne. Es ist ein Weg, die Menschen zu den Konzerten zu locken. Ich fände es viel schöner, in Jeans auf die Bühne zu gehen. Dann müsste ich nicht ständig meinen Hintern für diesen Erotikkrempel trainieren.»

Cher übererfüllt alle Männerträume vom weiblichen Schmuckstück, malt sie in umwerfenden Farben aus – und lässt sie genussvoll platzen. Madonna konnte sich ihr Beispiel nehmen.

Kleider werden ihr – wie ihre vielfarbigen Perücken – zur «Feier», aber auch zu «einer Möglichkeit des Ausdrucks, wie ein Gemälde. Selbst wenn ich völlig abgerissen aussehen will, überlege ich lange, wie abgerissen. Kleidung ist eine Form, mich auszudrücken, entweder dramatisch oder außergewöhnlich witzig oder sexy.» Und sie verwandelt sich bei ihr zugleich in eine Waffe: in ein Lockmittel, in Abwehr, Provokation oder Protest. Wie an jenem Abend einer Oscar-Verleihung, als sie im Vamp-Look einer extraterrestrischen Kampftruppe erschien, um ihre Wut über ihre Nichtnominierung zu demonstrieren. «Solche ausgeflippten Sachen mache ich, weil ich Autoritätsprobleme habe.»

Als Cherilyn ihren Vater John Sarkisian, der kurz nach ihrer Geburt verschwunden war, im Alter von elf Jahren zum ersten Mal sah, mochte sie ihn – «etwa eineinhalb Minuten lang». Sie fand ihn zu charakterlos. «Obwohl er nett und liebenswert sein konnte, besaß er kein Rückgrat. Ich hatte keinen Respekt vor ihm.» Ihre Mutter war da anderer Ansicht. Sie heiratete den gut aussehenden armenischen Lastwagenfahrer sogar zweimal – und ging noch sechs weitere Ehen ein. Doch lediglich zwei davon waren bemerkenswert: «Die meisten Ehen schloss meine Mutter, als ich noch sehr klein war, deshalb fällt es mir schwer, mich daran zu erinnern. Nun, meine Mutter war achtmal verheiratet, aber die Männer zogen nie bei uns ein. Nur mein Stiefvater Gilbert hatte einen großen Einfluss auf uns alle, auch wenn er nicht mehr als zwei Jahre blieb. Und dann war da noch der Schauspieler John Southall, der Vater meiner Schwester Georganne. Und damit hatte es sich schon.»

1961 heiratet der Bankdirektor Gilbert La Piere ihre Mutter und adoptiert die Schwestern – die rebellische Fünfzehnjährige wird offiziell zu Cherilyn Sarkisian La Piere, die jedoch jeder weiter Cher nennt. Folgt man ihrer Autobiographie, dann hatte ihre Jugend jenen schönen Reiz des ewigen ersten Mals, liest man zwischen den Zeilen, dann kippt das Bild: «Ich glaube an die Theorie, dass Kunst aus dem Leiden kommt. Ich denke, du musst irgendein Unglück erlebt haben, das den Samen aufbrechen und die Pflanze wachsen lässt. Leute, die ein glückliches Leben führen, müssen nichts überwinden. Die meisten Künstler, die ich kenne, hatten jedoch eine schlimme Kindheit. Die mussten etwas überwinden, um sich zu beweisen, das sie etwas wert sind. Oder sie brauchten besonders viel Liebe. Aber wenn du einmal gelernt hast, dich auszudrücken, dann musst du nicht den Rest deines Lebens leiden, um etwas zu schaffen.»

Als sie ihren elf Jahre älteren Mann Sonny Bono verließ, sang sie auf der Langspielplatte «Bittersweet White Light» die großen amerikanischen Standards von «The Man I Love» bis zu «Am I Blue», Kompositionen Al Jolsons, Duke Ellingtons und George Gershwins. Die Aufnahme wird zu einem der seltenen Momente, da Hollywood-Jazz und Pop und Streichorchester eine Magie erzeugen, die zwischen Melodram und Realismus changiert, die ebenso viel Kraft wie Trauer verströmt. Sonny Bono schreibt einen kurzen Text zu der LP, es ist ihr und sein Credo: «Ein Sänger sollte dich etwas fühlen lassen. Jedes Mal, wenn ich Cher auf diesem Album singen höre, fühle ich Trauer, fühle ich Glück, fühle ich Einsamkeit, fühle ich Liebe. Aber vor allem fühle ich. Seit ich Cher kenne, ging es ihr immer darum, die Menschen etwas fühlen zu lassen. Das hat sie hier geschafft. Sie hat diesmal alles geschafft.»

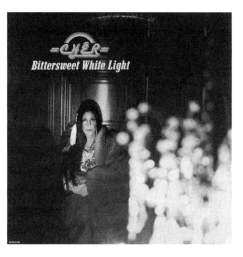

«Bittersweet White Light», 1973. Cher verließ ihren Mann Sonny Bono, mit dem sie neun Jahre zusammen war, und lernte ihren ersten eigenen Scheck auszustellen: «I gotta go on my way by myself, because this is the end of romance.»

Nichts scheint im Rückblick verblüffender als der Schritt, den Cher 1983 macht, nach Sonny & Cher, nach der Comedy-Show, nach Las Vegas, nach all den Provokationen, die Amerika so wohlig entsetzt aufstöhnen ließen («Da ist ein Mann. Fangt ihn, wascht ihn und legt ihn mir ins Bett! Ich bin Cher und habe seit achtzehn Monaten keinen Mann mehr gehabt.»). Sie verlässt Vegas, geht nach New York und nimmt eine kleine Rolle in einem Broadway-Stück von Robert Altman an: «Come Back To The Five & Dime, Jimmy Dean, Jimmy Dean». Jahrelang hatte sie vergeblich versucht, als Schauspielerin verpflichtet zu werden. Doch aufgrund ihres Images schien sie ungeeignet. Oder wie es Lee Strasberg, der New Yorker Theaterguru, vornehm formulierte: «Ich kann dir nichts beibringen. Du weißt schon zu viel.»

Und plötzlich spielt Cher neben Karen Black und Sandy Dennis eines der Kleinstadtmädchen, die auf den Jungen warten, der eines Tages als Star zurückkommt. Sie ist so ungewöhnlich intensiv in diesem wunderbaren Stück, dass es nicht erst der Verfilmung durch Robert Altman bedarf, um die vierte Karriere der unzerstörbaren Cher zu beginnen. Der Regisseur Mike Nichols, der sie einst abgelehnt hatte («Es gibt nur zwei Arten von Frauen: die man ficken will und die anderen. Die Rolle, um die es geht, betrifft die zweite Kategorie. Sorry, Cher.»), bietet ihr an, neben Meryl Streep in seiner Verfilmung des Lebens der Gewerkschafterin Karen «Silkwood» zu spielen, Peter Bogdanovich besetzt sie als Mutter eines körperbehinderten Kindes in «Mask». Was undenkbar schien, wird jetzt sichtbar: Die Glamour-Queen überzeugt in Pullover-Rollen, schneidet sich die Haare kurz, spielt eine Pflichtverteidigerin für Obdachlose («Suspect») und eine Abtreibungsärztin in einem Film, bei dem sie auch selbst Regie führt («Haus der stummen Schreie»). Keine Frage, es fällt ihr schwer, schlecht auszusehen, immer wieder schminkt sie sich heimlich schön und findet doch mit der Zeit Geschmack daran, auf ihre Masken zu verzichten. «Ich sehe mich gern herausgeputzt als schillernde Erscheinung. Aber die anderen Figuren machten mir mehr Spaß, weil ich nicht hübsch sein musste.» Während viele Schauspielerinnen in ihre künstlichen Traumrollen schlüpfen, findet Cher über die Filme aus ihrem Traumimage heraus. Die Filme verwandeln sie wieder in eine Sterbliche.

Man hatte es lange unter der Schminke nicht vermutet: Chers dezidiert politische Meinung und gesellschaftspolitisches Engagement. Den Demokraten stand sie stets näher als den Republikanern, ob es darum ging, Jimmy Carter zu preisen und die Panama-Affäre zu geißeln, Bill Clinton zu verteidigen oder die Behandlung von Veteranen, alten Menschen und Kindern an den Pranger zu stellen. «Die wirklich großen Skandale passierten immer, wenn die Republikaner an der Macht waren. Teapot Dome, Watergate, Iran-Contra … Es scheint den Republikanern reichlich egal zu sein, welches Gesetz sie brechen müssen, um das Weiße Haus demokratenfrei zu halten.» Eine Sicht der Dinge, die sie in ihren Memoiren zwar unterstreicht, am Ende aber doch – «altersweise» – relativiert: «Vielleicht bin ich zynisch. Ich bin eine enttäuschte Idealistin. Und es gibt keinen Typus, der mehr Ärger verspüren könnte. Ich habe immer geglaubt, dass die Republikaner die Bösen und die Demokraten die Guten seien. Nun bin ich da nicht mehr so sicher. Möglicherweise sind die Demokraten nur besser gekleidet und haben den besseren Humor.»

Was sie ihrem Koautor Jeff Coplon so frank und frei ins Aufnahmegerät spricht, besitzt jene Motherfucker-Qualität, die einst die Erinnerungen von Miles Davis auszeichneten. Da wimmelt es von «ass», «shit», «tits» und «fuck», amerikanische Zeitungen und Magazine müssen bei Cher meist ihre Fünf-Punkte-Regel oder Sonderzeichen bemühen: ob «f…..g» oder «$#%&ing». Es ist ihre Form von Direktheit, wenn sie Bill Clinton attestiert, er «regiere das Land besser als seinen Schwanz». Keine Frage, auf welcher politischen Seite sie in der Lewinsky-Affäre stand. «C'mon Monica, didn't anyone ever tell you …»

Ein Regisseur nannte Cher einmal die «schizophrenste Persönlichkeit», die ihm je begegnet sei. Empfindet man die Krankheit als Kompliment, dann widerspricht Chers Schein dem Sein aufs angenehmste. Und es ist wahrlich erstaunlich, wie uramerikanisch sie Sex mit Scham verbindet. Als jeder erwartete, ihre Filmrollen würden zu einem Abbild ihres männermordenden Images, wählte sie fast ausschließlich Drehbücher, die zwischen Komödie und Gesellschaftskritik pendelten. Taucht sie einmal verhuscht im Bett auf, trägt sie einen Bodystocking, und Intimitäten vermeidet sie, wo sie nur kann. Küsst sie einen Mann – wie Nicolas Cage in «Mondsüchtig» –, dann fällt das eher schwesterlich, wie eine Pflichtübung aus. «Ich will keine Filme machen, die sich um Sex drehen. Ich bewun-

«Mondsüchtig», 1987 mit Nicolas Cage. «Ich glaube, dass sich ein roter Faden durch meine Filme zieht. Die Personen, die ich spiele, haben alle ziemlich altmodische Moralvorstellungen.»

dere Frauen wie Kathleen Turner, die einfach küssen oder sich ausziehen können oder sonst was. Ich habe damit Schwierigkeiten ...»

Und dann klagt sie über den Verfall der Werte und der Moral und sieht doch, dass sie daran nicht unbeteiligt ist. «Ich bin gleichzeitig Opfer und Schuldige.» Man muss sie nicht erst an ihr Video zu «If You Could Turn Back Time» erinnern, in dem sie nur mit Seidenstrümpfen und Lederjacke bekleidet auf dem Kanonenrohr eines Schlachtschiffes reitet und tausend Matrosen angeregt in Reih und Glied stehen. Da passt es auch ins Bild, dass sie es in Ordnung findet, wenn MTV dieses Video nur nach 21 Uhr ausstrahlt – «es ist für kleine Kinder vielleicht nicht angemessen». Ebenfalls wundert es nicht, dass sie Aufkleber auf CDs befürwortet, die Eltern vor obszönen Texten warnen. Cher ist handfest, und Cher ist moralisch.

«Because usually I like them before I fuck them», kommentiert sie ihre Tendenz, auch nach der Trennung von einem Mann mit ihm befreundet zu bleiben. «Ich bin monogam, ich habe Beziehungen, keine Liebhaber. Ich bin nicht leicht zu haben.» Lässt man ihre Männer der letzten fünfzehn Jahre Revue passieren, dann zeichnen sie sich durch zwei Dinge aus: Sie sind meist erheblich jünger als Cher und haben Schwierigkeiten damit, Mr. Cher zu sein. Die Folge: Sie lebt meist allein, mit all den Vor- und Nachteilen einer Fünzigjährigen, deren Ruhm überlebensgroß erscheint und Männer abschreckt. Griffige, zitierfähige Sprüche wie «Männer sind Luxus, aber sie machen eine Menge Spaß» gehören inzwischen der Vergangenheit an, sie werden differenzierter, wenn auch weniger anschaulich: «Als Single muss ich mir abends nicht mehr die Zähne putzen, brauche mir wochenlang die Beine nicht zu rasieren und kann nach Belieben kommen und gehen. Aber es gibt auch keinen, der dir sagt, wie wunderbar du bist, der dir über den Kopf streicht und bei einer Pressekonferenz irgendwo hinten an der Wand lehnt und dir zuwinkt, sodass du weißt: ‹Das hier stehe ich auch noch durch.›»

«Sind alle Amerikanerinnen so aufregend wie Sie?», fragt der junge, gut aussehende Italiener die extravagante Kunstsammlerin Mrs. Morgenthal, die in Florenz auf Gemäldereise Halt macht. «Leider nicht», antwortet Cher und schenkt ihm ein exquisites Lächeln. In Franco Zeffirellis Film «Tee mit Mussolini» aus dem Jahr 1998 darf sie zum ersten Mal wieder jene Kleider tragen, die ihre Achselhöhlen zur Geltung bringen («Selbst wenn da nichts anderes wäre, ich würde sie wegen ihrer Achselhöhlen engagieren.» – Bob Mackie), doch vor allem spielt sie jene Rolle, die sie immer angemahnt hatte: die Geliebte. «Normalerweise kann ich nur die Mutter oder Oma als

Hauptrolle spielen. Ab fünfundvierzig darf eine Frau nicht mehr die Geliebte mimen. Du siehst mit fünfundvierzig einfach älter aus, und alles, was du tun kannst, ist, ‹gut für dein Alter auszusehen›. Du musst einige Jahre warten, bis du diese Shirley-MacLaine-Anne-Bancroft-Rollen spielen kannst. Also, was soll ich machen? Die nächsten zehn Jahre campen gehen?» Oder anders: «Ich bin zu alt für eine junge Frau und zu jung, um alt zu sein.»

Wer Cher sagt, muss von Jugend reden, von ewiger Jugend, von künstlicher Schönheit. Als «Silikonwerdung des Menschen» wurde sie bezeichnet, ihre Schönheitsoperationen listete man akribisch auf. Die deutschen Boulevardblätter waren dabei federführend: von silikonverstärkten Wangen, fettabgesaugten Oberschenkeln, minimiertem Bauch und Po war die Rede, von aufgespritzten Lippen und entfernten Rippen, um die Taille schlanker zu machen. Unsinn, ließ Cher dementieren und bestätigte nur drei Operationen ihrer Wahl – «ich habe die plastische Chirurgie etwas bemüht: die Straffung des Busens nach der Geburt meiner Tochter, die gerundete Nase und die Korrektur der Zähne.» Aber, so führt sie ins Feld, sie rauche und trinke nicht, nehme keine Drogen – «dagegen habe ich eine regelrechte Aversion».

Und doch, als sie 1999 auf ihre bislang letzte «Do You Believe»-Tournee geht, wirkt sie wie das Zitat einer Frau, acht Kleiderwechsel in neunzig Minuten, trainiert wie ein Boxenstopp bei einem Formel-1-Rennen. Sie musste zu «Believe» lange überredet werden, ihre Stimme vom Vocoder verzerrt, doch der Disco-Hit wurde zum größten Erfolg ihrer musikalischen Karriere. Mit der Musik hatte sie nach den enttäuschenden Verkaufszahlen von «It's A Man's World» von 1995 schon abgeschlossen, hatte sich auf ihre Filmkarriere konzentriert, die ihr 1988 einen Oscar für die liebenswerte Komödie «Mondsüchtig» einbrachte.

Als ihre Mutter der jungen Cherilyn einst einen guten Rat mitgeben wollte, sagte sie: «Vielleicht bist du nicht die Schönste, die Intelligenteste, die Witzigste, die Talentierteste, aber wenn du alles zusammennimmst, was du hast, dann bist du etwas ganz Eigenes.» Es ist diese Idee vom Gesamtkunstwerk – «the sculpture and the sculp-

Cher in «Tee mit Mussolini», 1998. Mit fünfzig sagt sie: «Ich bin zu alt für eine junge Frau, und zu jung, um alt zu sein.»

tor» –, die jeden Teil ihres Wesens erfasst und der sie ihre unglaubliche Energie widmet. Sie ist die verkörperte Öffentlichkeit und hat dazu eine Form der Ehrlichkeit entwickelt, die man sehr leicht mit Wahrheit verwechseln könnte. Hier ist mein Job, und hier ist meine Person. Wie ein Chamäleon verändert sie sich und bleibt doch dieselbe. Glaubt man, man habe die Oberfläche durchdrungen, taucht man, wie bei einem gläsernen Modell, auf der anderen Seite wieder auf. «Du kannst alles fragen, und ich werde darauf antworten», sagte sie 1985 in einem Interview. «Aber es bedeutet mir nichts. Du wirst mich nie kennen, und meine Antworten werden dir nichts von mir offen legen. Du wirst nicht meine Seele aufzeichnen. Manche afrikanische Stämme glauben, dass ihnen die Seele genommen wird, wenn man sie fotografiert. Aber mir nehmen alle diese Interviews kein Stück weg. Das ist mein Beruf ...»

Als 1998 ihr früherer Mann Sonny Bono bei einem Skiunfall stirbt, bricht Cher zusammen. Er war alles für sie, mehr als sie gedacht hatte. Sie hält die Grabrede, die Zeremonie wird von CNN live übertragen. Die Presse wirft Cher vor, die Beerdigung als Inszenierung missbraucht zu haben. Sie hat sich doch geirrt: Es sind die anderen, die Beruf und Seele nicht mehr trennen können.

ARTISTS & HOUSEWIVES

PATTI SMITH
Ich bin eine Heldenanbeterin
YOKO ONO
Und sie schämte sich nicht
LAURIE ANDERSON
Das hier, Süße, ist für dich

PATTI SMITH
ICH BIN EINE HELDENANBETERIN

WAHRSCHEINLICH HATTEN WIR UNS JAHRELANG GEIRRT, hatten nicht die falsche Künstlerin geliebt, waren vielmehr aus den falschen Gründen von ihr fasziniert. Als im Herbst 1975 «Horses» veröffentlicht wurde, jenes Album mit der androgynen Unbekannten auf dem Cover, war uns eine neue Jeanne d'Arc erschienen: die Wiedergeburt des Rock 'n' Roll aus der Verbindung von Else Lasker-Schüler und «Land Of A Thousand Dances», aus Boheme und revolutionärem Gestus. Es wirkte so radikal wie das Auftauchen von Jack Kerouac zwanzig Jahre zuvor. «Sie war keine Frau, wie man Frauen 1975 in den USA definierte», erinnert sich der bekennende Patti-Smith-Fan Michael Stipe, Sänger von R.E.M. Er kaufte sich Patti Smith' «Horses», saß die ganze Nacht mit Kopfhörern vor dem Plattenspieler seiner Eltern, und sein Leben änderte die Richtung.

«Jesus died for somebody's sins – but not mine!» Gelangweilt näselt sie die Wörter zu den schaukelnden Klavierakkorden, spricht sie die provokant langsame Einleitung zu «Gloria», ihrer Präambel zur Unabhängigkeitserklärung der amerikanischen Künstlerin. Fünfundzwanzig Jahre später: «Ich schrieb diese Zeilen, als ich zwanzig war. Viele verstanden sie falsch: als Statement einer Atheistin, eines Menschen, dem nichts heilig ist. Zufällig glaube ich an Jesus. Ich habe nie behauptet, dass er nicht existiert. Ich habe nur gesagt, dass er nicht für das verantwortlich ist, was ich tue.»

Sie spuckt auf die Bühne, ungeheuerlich für eine Sängerin Mitte der siebziger Jahre, stellt ihren Stiefel auf die Lautsprecherbox, reckt die Faust in die Luft, paraphrasiert den Maler Jackson Pollock und brüllt: «I'm an American artist – and I have no guilt.» Fünfundzwanzig Jahre später: «I'm an American artist – and I feel guilty about everything.» Nun, nach dem 11. September 2001, habe sich alles verändert. Sie wolle morgens nicht aufwachen mit dem Blut unschuldiger Afghanen an ihren Händen. «Wir sind New York. Eine durch und durch menschliche Stadt. Unser Stolz heißt Vielfalt. Menschlichkeit ist unsere Pflicht – dem anderen die Hand zu reichen, Brot zu geben, ihn ins Gebet einzuschließen und ihn zu lieben, ohne Ansehen des Glaubens, der politischen Überzeugung oder der Herkunft.» Wer so spricht, ist mutig in diesen Zeiten, ist wahrer amerikanischer Patriot, Liebhaber der Verfassung und Bibelkenner: Patti Smith trug weiße Kleider aus Respekt vor der weißen Asche, die die Stadt bedeckt. Haben wir uns so sehr geirrt, den Punk in ihr so missverstanden? Hatten wir 1978 diese riesige, über die Bühne gespannte Flagge, das Star-Spangled Banner, nicht bemerkt? Oder ist dies schlicht Altersweisheit?

Patricia Lee Smith, die am 30. Dezember 1946 in Chicago geboren wurde, wuchs mit Gott auf, mit einer Mutter, die als Zeugin Jehovas den «Wachturm» verkaufte, ihre Kinder von Tür zu Tür mitnahm und Patti und Todd und Linda und Kimberly lehrte, sie könnten mit Gott sprechen, wenn sie beteten. Der Vater suchte sein Heil in Büchern, in Geschichten über Ufos, in der Bibel. Wer mag, kann die Smith'sche Verbindung von Religion und Literatur, Predigt und Kunst schon hier entdecken. Als sie im Alter von zehn Jahren Little Richards «The Girl Can't Help It» hörte, wusste sie, dass ihr Leben durch den Rhythmus des Rock 'n' Roll gerettet war; als sie mit siebzehn John Coltranes Album «My Favorite Things» geschenkt bekam, öffnete sich ihr das Gefühl für die Unendlichkeit der Musik – die neuen Götter beanspruchten ihren Platz, die Religion ging nun in anderen Kleidern.

Die Smiths zogen um, von der Southside Chicagos nach Philadelphia, von dort aufs Land im südlichen New Jersey. Ihr dürres Äuße-

Patti Smith in Paris, 1975, dem Jahr, in dem «Horses» erschien. «Es gab nicht viele Sängerinnen als Vorbild. Ich hielt mich an Männer wie Jim Morrison und Mick Jagger. Wenn es weibliche Vorbilder für mich gab, dann jemand wie Lotte Lenya.»

res machte Patti zur Hexe und zur Außenseiterin in den Schulen, in ihren Tagträumen war sie Peter Pan oder jene Jo aus «Betty und ihre Schwestern», wie «Little Women», der Klassiker von Louisa May Alcott, in der deutschen Übersetzung heißt. Und sie begann zu schreiben, kleine Theaterstücke, Kurzgeschichten, sie wurden zu ihrer literarischen Zuflucht, die Mädchengestalten aus Picassos Blauer Periode oder bei Modigliani versöhnten sie mit ihrem schlaksigen Körper. Sie waren so gebaut wie sie, ihre Modefotos für «Elle» und «Cut» waren noch fern, der Schlabberpullover von Demeulemeester Zukunftsmusik. «Ich hatte es satt, eine Zeugin Jehovas zu sein. Sie sagen, es gibt keinen Platz für Kunst in der Welt von Jesus. Ich habe sie gefragt: ‹Und was wird mit den Museen passieren, den Modiglianis, der

Blauen Periode?› Sie haben gesagt, die würden in die glühende Lava der Hölle fallen. Ich wollte auf keinen Fall in den Himmel kommen, wenn es im Himmel keine Kunst gab.»

Was wir Mitte der siebziger Jahre davon auf Erden zu sehen bekamen, war eine «heilige Peep-Show», wie es die «New York Times» einmal formulierte, die musikalische Antwort auf die Frage von Patti Smith: «Wie gut war Jesus im Bett?» Und das Schönste dabei: Diese Musik besaß die Farben der Kunst, das Gefühl des Rock 'n' Roll und den Geruch von Sex.

1967 war Patti Smith in einen Zug nach New York gestiegen und hatte beschlossen, Künstlerin zu werden. Oder genauer, mit ihren eigenen Worten: «die Geliebte eines Künstlers». Sie wohnte im Chelsea, dem Szenehotel, das seine besten Warhol-Zeiten hinter sich hatte, jobbte in den Buchhandlungen Brentano's und Scribner's, lernte den neunzehnjährigen Kunststudenten Robert Mapplethorpe kennen und zog mit ihm nach Brooklyn. Sie spielten Cocteaus «Die schrecklichen Kinder», schrieben, malten, liebten sich, irgendwann wurde das Zusammenleben unmöglich, und es kam zur Trennung. Es sollte sechs Jahre dauern, bis Mapplethorpes Foto von Patti Smith auf dem Cover von «Horses» Geschichte machte: die weibliche Ikone der neuen Rockmusik als doppeldeutiges Rollenmodell; mit Sakko, weißem Männerhemd und Hosenträgern als Marlene Dietrich der New Yorker Punk-Boheme.

Bis es so weit war, suchte Patti Smith nach Männern, die sie zur Poesie inspirierten. Mann um Mann tastete sie sich zu ihrer Bestimmung. Zuerst war da der Bob-Dylan-Schatten Bobby Neuwirth, dem auch ihre Gedichte gefielen; dann der (verheiratete) Schriftsteller, Schauspieler und spätere Regisseur Sam Shepard, mit dem zusammen sie das Theaterstück «Cowboy Mouth» schrieb («Wirklich der amerikanischste Mann, den ich getroffen habe, denn er ist ebenso heldenorientiert wie ich ... Er liebt Gangster, er liebt Cowboys, er ist total körperlich. Er liebt Größe.»); dann Allen Lanier, Mitglied der New Yorker Heavy-Metal-Gruppe Blue Öyster Cult, der ihr die musikalischen Grundlagen vermittelte, um ihre Gedichte klingen zu lassen.

Doch vor allem fand sie Männer, in denen sie sich spiegeln konnte, weil sie für immer unerreichbar blieben: Rimbaud, Brâncusi, Houdini, Frank O'Hara, Jim Morrison, Muhammad Ali. Und es gab Frauen, die sie inspirierten, denen sie ihre Gedichte widmete, um ihnen spirituell und körperlich nahe zu kommen: Marianne Faithfull, Jeanne Moreau, den Warhol-Superstar Edie Sedgwick, die Fliegerin Amelia Earhart oder Jeanne d'Arc. Endlos. «Ich bin keine Ruhmesanbeterin, ich bin eine Heldenanbeterin. Ich war schon immer in Helden verliebt.» Das Nennen von Namen wird ihr zur Weihe und Schwesternschaft, ihre Beschwörung bedeutet Blutnähe zu den Schutzheiligen. Wo der pubertäre Popfan sein erstes Ersatz-Ich

1977 im «Downtown», München. Der Gitarrist Lenny Kaye: «Ich kenne keinen Künstler, der so in Extreme geht. Patti bewegt sich problemlos von völliger Wildheit und elektrisierender Energie zum anderen Pol – zur völligen Leere. Bei ihr hörst du, wie ein kleiner Ton gegen den anderen knallt und alles, was an Gefühlen dazwischenliegt, vom dissonanten Krach zum wunderschönsten Herzschmelz.»

findet, sucht Patti Smith durch die magische, mantragleiche Aufzählung von Namen, Geburtstagen und Orten Nähe zur Gemeinschaft ihrer Idole. Mit fünfzehn wie mit fünfundfünfzig. Rock 'n' Rimbaud ist immer auch Rock 'n' Religion.

1988 durchbricht das Album «Dream Of Life» die familiäre Ruhe. «Ich lebte wie eine Hausfrau. Ich wusch tonnenweise dreckige Wäsche, putzte das Klo, wechselte Hunderte von Windeln und zog Kinder groß – ich lernte eine Menge.»

Am 10. September 1979 verabschiedet sich die Heldin Patti Smith vor siebzigtausend Menschen in Florenz vom Rock-'n'-Roll-Zirkus und verschwindet – abgesehen von einer kurzen Unterbrechung 1988, dem Jahr, in dem ihr Album «Dream Of Life» erscheint – für vierzehn Jahre aus der Öffentlichkeit. Binnen kurzem war sie vom New Yorker Bowery-Club «CBGB's» in jene Arenen aufgestiegen, die sie immer verabscheut hatte, musste schwindende Inspiration durch Routine ausgleichen, die Nähe zu ihrem Publikum gegen Ruhm tauschen. Doch der eigentliche Grund für ihren Ausstieg war ein Mann, gemäß dem Muster Frau-gibt-Beruf-für-Familie-auf, mit dem man bei vielen, nur nicht bei ihr gerechnet hätte. Fred «Sonic» Smith, Gitarrist der legendären Detroiter Band MC 5, den sie 1976 kennen lernte, wurde zum Lehrer, Vorbild, Geliebten und zum Vater ihrer Kinder Jackson, geboren 1982, und Jesse Paris, geboren 1987; mit ihm zog sie nach St. Clair Shores in Michigan, vierzig Meilen außerhalb von Detroit.

Hätten wir früher genauer gelesen, wären wir nicht überrascht gewesen: «Die meisten meiner Gedichte richten sich an Frauen, denn Frauen inspirieren am meisten. Was sind die meisten Künstler? Männer. Von wem werden sie inspiriert? Frauen. Ich verliebe mich in Männer, und sie gewinnen Macht über mich. Ich bin keine Women's-Lib-Braut. Also kann ich nicht über einen Mann schreiben, weil ich in seiner Hand bin.»

Die Zeit zwischen 1980 und 1994, dem Todesjahr ihres sechsundvierzigjährigen Mannes, mit dem sie schon den Namen teilte, bevor sie heirateten, sind von jenem John-&-Yoko-Nebel überzogen, dessen Bewertung mehr über den jeweiligen Kommentator aussagt als über das Paar. Da wird die führerscheinlose Patti Smith als eine Gefangene der Suburbs beschrieben, ihr großer, schweigsamer Mann als Alkoholiker mit schweren Magenerkrankungen, da scheint der Misserfolg des Comeback-Albums «Dream Of Life» den eifersüchtig wachenden Fred Smith stärker getroffen zu haben als die inzwischen grausträhnige Patti Smith, da vermeidet sie alles, was ihm wehtun könnte: Als ein Interview stattfinden soll, bittet sie den Journalisten, keine Fragen über ihre früheren Freunde Allen Lanier oder Tom Verlaine zu stellen. Es könnte Fred verletzen.

Allmählich lernten wir die Kapitel kennen, die wir zuvor versäumt hatten. Sie erzählt von ihrer Liebe zu Frederick («Ich traf den Mann, auf den ich gewartet hatte, seitdem ich ein kleines Mädchen war.»); von ihrer Little-House-On-The-Prairie-Existenz («Ich lebte wie eine Hausfrau. Ich wusch tonnenweise dreckige Wäsche, putzte das Klo, wechselte Hunderte von Windeln und zog Kinder groß – ich lernte eine Menge.»); von ihrer Kunst («Wenn ich schreiben will, muss ich um fünf Uhr morgens aufstehen, bevor die Kinder aufwachen. Das ist eine ziemliche Umstellung für jemanden, der früher nachts schrieb und tagsüber schlief.»); und von ihrer Entwicklung («Du merkst, dass sich die Welt nicht um dich dreht. Und am ehesten lernst du das, wenn du eine Familie hast.»).

Wer mag sich da noch an «Sister Morphine», 1975, erinnern? «Er löste sich von mir. er kam wieder mit einer schweren tasche aus gefaltetem tuch. auf dem bett packte er sie aus. seine ausrüstung kam zum vorschein – ein kleiner eingeschmierter spatel, metallspekula, schläuche, ein steriles skalpell und eine plastikspritze zur insufflation. – oh bitte tus nicht – ich muss.» Als Patti Smith ihre frühen Kurzgeschichten und Gedichte veröffentlicht, in Bänden wie «Seventh Heaven» (1972), «A Useless Death» (1972), «WITT» (1973) oder gesammelt in «Babel» (1978), bleibt die Reaktion gespalten, wird ihre Mischung aus Rimbaud, Burroughs und Genet so überdeutlich, dass sich mancher nach den Zeiten sehnt, da er nur ein Viertel der Texte verstand. Beim Lesen vermisste man jenes physische Vibrieren, das Lyrics zu Gedichten erhebt, das ihre Rock-'n'-Roll-Performance so intensiv macht. Jeder konnte sich seine erotischen Phantasien erfüllen, die hymnische Energie wirkte als Katalysator, die Projektion war gegenseitig. Wer öffentlich darüber spricht, sich angesichts des eigenen Coverfotos von «Easter» selbst zu befriedigen, darf missverstanden werden.

Fünfundzwanzig Jahre später: «Ich will nicht mehr über Sex reden. Als ich jung war, sprach ich unentwegt über Sex. Aber dann war ich mit meinem Mann vierzehn Jahre verheiratet, und wir lebten monogam. In den Siebzigern versuchte ich, einen bestimmten Typus von Pornographie in Kunst zu verwandeln. Aber jetzt ... Ich möchte nicht einmal, dass meine alten Gedichte, die sich ausschließlich mit Sex beschäftigen, wiederveröffentlicht werden. Als Künstler will man völlige Freiheit. Doch wie soll man in Zeiten von Aids die Idee sexueller Freiheit vertreten? Sicher ist Sex ein Bestandteil von dem, was ich mache, aber es ist mehr eine gemeinsame, psychische Sache. Ganz bestimmt bin ich kein Sexsymbol.»

Patti Smith irrt, und sie weiß, dass sie irrt. Sie war (und ist) das Idol, das Vorbild aller Mädchen, die davon träumen, ihre eigene Stimme zu finden und ihre eigenen Phantasien zu leben, von Siouxsie und Kim Gordon über P. J. Harvey, Courtney Love und die Riot Grrrls bis zu Alanis Morissette oder Björk – verletzlich auf der Bühne stehen, die Gitarre oder das Mikro in der Hand, ohne es nötig zu haben, im Minirock und mit weitem Ausschnitt der Akustik Tiefe zu geben. Jemand zu sein, der nicht zeigen muss, was er hat, um zu beweisen, was er kann.

Man mag es nicht wahrhaben, wenn sie jetzt sagt, was man damals hätte wissen können: «Ich hatte kurze Phasen, in denen ich herumexperimentierte, etwas frivol und mit verschiedenen Männern. Aber ich war keine typische Vertreterin der Sixties. Ich hielt nichts von freier Liebe und Drogen für alle. In meiner künstlerischen Arbeit habe ich vergewaltigt und gemordet, Drogen genommen, die niemals existierten. Doch im realen Leben bin ich ziemlich prüde. Ich habe das immer zu erklären versucht, aber keiner wollte es hören.»

Als Patti Smith 1995 ihre musikalische Wiedergeburt feiert, scheint sich Geschichte zu wiederholen: Erneut geht das Image der Musik voraus, tauchen Fotos der Sängerin vorab in den Zeitungen auf, auf denen sie mit langen Zöpfen zu sehen ist, im tibetanischen Schlabberlook, bei Lesungen, bei Friedenskongressen, mit Bob Dylan, der mit ihr zusammen «Dark Eyes» singt – zwei Ikonen auf einer Bühne, beyond gender. «Ich möchte nicht auf einem Planeten leben, auf dem es keine Helden gibt, keine Engel, keine Heiligen, keine Kunst.» Doch die Zeiten hatten sich geändert. Die abstrakten Toten waren zu wirklichen Toten geworden. Wo sie ehedem Sachwalter ihrer Helden war, ihre Lesungen und Konzerte zu deren Geburtstagen oder Todestagen ansetzte, magische Verbindungen zwischen Orten und Personen herstellte, hatte sie nun mit realen Abschieden zu kämpfen. Ihr Freund Robert Mapplethorpe war im März 1989 gestorben, Richard Sohl, ihr Pianist, 1990 mit nur siebenunddreißig, Fred «Sonic» Smith im selben Jahr, 1994, wie ihr geliebter Bruder Todd, der sie kurz vor seinem Tod – er war fünfundvierzig, als er einem Herzschlag erlag – überredet hatte, das Dunkel zu verlassen und wieder aufzutreten. Wohin mit all dem Gedenken, mit all der Trauer – ein einziges Memento mori?

Die Frage von Allen Ginsberg wurde konkret: «Wie wird sie mit dem Leid umgehen? Wie wird sie das Leid überschreiten und eine Herrin der Energie werden, eine Himmelsgöttin, die von der Egolosigkeit singt? Denn bis jetzt ist ihre Sache der Triumph des störrischen, individualistischen Rimbaud-Whitman-Egos gewesen: Aber dann wird es einen Punkt geben, wo ihr die Zähne ausfallen und sie sich in den alten Drachen der Mythologie verwandelt, zu dem wir alle werden.»

Um das Schönste zu sagen: Sie blieb sich treu, als sie sich veränderte, verband Offenheit und Theatralik ebenso selbstverständlich wie Selbststilisierung und Trauer. Das erste Album nach ihrer Rückkehr, «Gone Again» (1996), nahm sie im Electric Ladyland Studio von Jimi Hendrix auf, in dem sie schon ihr Debüt «Horses» geschaffen hatte. Sie holte sich ihren lebenslangen Fan und Gitarristen Lenny Kaye wieder, dazu den Schlagzeuger der früheren Patti Smith

Group, Jay Dee Daugherty, als späten Gast Tom Verlaine und als Referenz ihren ersten Produzenten John Cale. Schließlich den jungen Gitarristen Oliver Ray, mit dem sie zusammenlebt.

Schon nach zwei Hieben der Gitarre, die genau in die Kerben treffen, die das Schlagzeug vorschlägt, mit diesem mächtigen, schweren Schritt der Patti-Smith-Hymnen, zu denen sich die Fäuste wie von allein in den Himmel recken, wusste man, dass sie dort weitermachte, wo sie 1979 aufgehört hatte. Ein erhebendes «Madrigal», ein Abräumer zum Mitsingen, «Summer Cannibals», von Fred Smith komponiert, dazu magische Rezitative, Folk- und Bob-Dylan-Reminiszenzen, gekrönt von einer Fassung des «Wicked Messenger», von der selbst Dylan träumen darf. «Hey now man's own skin / we commend into the wind / grateful arms grateful limbs / grateful soul he's gone again.» Sie singt, bellt, flüstert mit einer Intensität, die man fast vergessen hatte, immer am Rand des Dreckigen, der Extreme. Sie hat die früheren Reliquien durch ihre Helden ersetzt, sie hat ihre eigene Geschichte gewählt, um die Botschaft zu singen: «Ich liebe das Leben, ich liebe es, auf Erden zu sein, ich glaube nicht, dass es cool ist, mit einundzwanzig an Heroin zu sterben.» Es ist jetzt ein anderer Klang in ihrer Stimme, so ernsthaft wie immer und doch ohne den arroganten Fuck-you-Tonfall, der viele ihrer Statements so schwer erträglich machte.

Die Verbindung von Lyrik und Musik war nicht neu, als Patti Smith 1971 begann, ihre Gedichte zur Gitarre von Lenny Kaye vorzutragen, neu war die Kombination von Poesie und Rockmusik, jener Rhythmus, durch den sie zur Wortmaschine wurde, den sie dann, amphetaminwach, in den Lesungen in der St. Mark's Church von New York wieder aufnahm – sie brachte die Gedichte zum Tanzen. Was ihr zur großen Dichterin fehlte, das ersetzte sie durch ihr Timing. Das Faszinierende war eher der Gestus, weniger die Poesie selbst.

«Wir haben den Rock 'n' Roll nach unserem Ebenbild geschaffen, er ist unser Kind», sprach später die «Gottesmutter des Punk», die sich geweigert hatte, den leichten Damenbart auf dem Cover von «Horses» wegretuschieren zu lassen, die zum Schrecken aller Ameri-

Patti Smith nach ihrem Comeback 1995: «Meine Kinder kannten mich bislang nur als Mutter. Deshalb waren sie ziemlich überrascht, dass ich mit Leuten wie Michael Stipe von R.E.M. befreundet bin.»

Im Juni 1996 sagt «Interview» uns, warum wir Patti Smith gerade jetzt brauchen. Dabei war uns das schon klar: Nach zwei Hieben auf der Gitarre wusste man, dass sie dort weitermachte, wo sie 1979 aufgehört hatte.

kanerinnen auf der Plattenhülle von «Easter» mit behaarten Achselhöhlen zu sehen war.

Die New Yorker Paten des Punk, die Patti Smith Group, Tom Verlaines und Richard Hells Television oder die Ramones – sie wollten die Musik zurück in die Keller und Garagen holen. Was gesungen wurde, war dabei oft weniger entscheidend als die Frage, wie es gesungen wurde. «Der Auftritt ist wichtiger als das, was du sagst. Qualität kommt natürlich rüber, aber wenn dein Intellekt überzeugend und deine Liebe zum Publikum offensichtlich ist und du eine starke Präsenz hast, kannst du dir alles erlauben.»

Nach «Horses» veröffentlicht sie 1976 das uneinheitliche, teils improvisierte, teils rockschlichte Album «Radio Ethiopia», verstört Presse, Rundfunk und ihre Fans, die sie anfangs vergötterten und sich nun enttäuscht zurückziehen. Sie war und ist zu offen, zu redselig, manche nennen es Genie, manche Exzentrik, andere Geschwafel. Als sie am 26. Januar 1977 in Tampa, Florida, von der Bühne hinunter auf einen vier Meter tiefer liegenden Betonboden stürzt, scheint ihre Karriere zu Ende – doch der Sturz wird ihr zur Auferstehung.

Wenige Monate später tritt sie zum ersten Mal nach ihrem Unfall wieder auf, am Ostersonntag (!) im «CBGB's», trägt eine Nackenkrause, die sie sich dann während des Konzerts herunterreißt. Es ist der Beginn einer Umkehr: Zum einen entfernt sie sich innerlich mehr und mehr vom Rock-'n'-Roll-Business, zum anderen geht sie äußerlich immer stärker in ihm auf. Die Konzerthallen werden größer, die Beziehung zum Publikum wird schwächer, ihr größter Hit, «Because The Night», eine Zusammenarbeit mit Bruce Springsteen, gerät zum mitgrölbaren Gassenhauer. Als sie 1979 ihr viertes Album, «Wave», veröffentlicht – auf dem Plattencover ist sie im weißen Opheliakleid und mit weißen Tauben zu sehen –, hat die Religion wieder Einzug gehalten. Und in ihrer unnachahmlichen Art, Religion, Rockmusik und Literatur fugenlos zu verbinden, erklärt sie: «Die älteste Quelle der Kommunikation ist der Glaube. Ich bin sicher, der beste Weg, zu ihm zu gelangen, ist Entspannung, aber für mich als wahre Amerikanerin ist der einzige Weg, auf dem ich das schaffen kann, mich erst selbst wegzupusten. Deshalb spiele ich elektrische Gitarre ... ich fühle mich wie Ernest Hemingway.»

«Take me now baby here as I am / pull me close, try and understand / desire is hunger is the fire I breathe / love is a banquet on which we feed.»

Von jenem «Wir gegen die Welt»-Gefühl der siebziger Jahre ist nicht viel geblieben, es hat sich in ein «Wir sind verantwortlich für die Welt und unsere Kinder»-Gewissen verwandelt. In ihrem An-

«Was hören Sie zurzeit am liebsten? – John Coltranes ‹Live At The Village Vanguard›. Welches ist Ihr Album für die Insel? – Jimi Hendrix' ‹Electric Ladyland›. Welcher Musiker wollten Sie immer sein? – Beethoven. Was legen Sie am Sonntagmorgen auf? – Blind Lemon Jefferson.»

spruch an die Kunst war sie schon immer moralisch; die Joan Baez des Punk zu spielen ist keine dankbare Aufgabe. Die Helden haben gewechselt oder, genauer, die Plätze getauscht: Vorne stehen Christus, Dalai Lama, Mutter Teresa, Ho Chi Minh, und wie immer geht es um Personen, nicht um Dogmen.

Noch immer starrt sie auf einen fernen Punkt, klagt über die widerliche Selbstbeweihräucherung des Pop-Establishments, beschwört Menschlichkeit, fordert dazu auf, künstlerisch gewissenlos zu sein und sich gesellschaftlich seiner Verantwortung bewusst zu werden, preist den Rock 'n' Roll als die Ausdrucksform, die einer universellen Sprache am nächsten gekommen ist. Patti Smith zuzuhören heißt auch, ihre Götter zu ehren, ihre Visionen und Sprachströme zu verstehen, ohne sie übernehmen zu müssen, den Klang der Predigerin, nicht ihre Predigt zu lieben.

Inzwischen sitzt auch ihre zweiundachtzigjährige Mutter Beverly im Publikum, Patti widmet ihr ein Lied, wir winken mit. Wir hatten ihren amerikanischen Familiensinn so wenig wahrgenommen wie ihr Geständnis, schon immer davon geträumt zu haben, ein zweiter Johnny Carson zu werden, jener populäre Fernsehmoderator aus den sechziger Jahren. Ihr Rückzug 1979 hat sie vor dem künstlerischen Tod gerettet, der Rock 'n' Roll vor der Gefahr, als TV-Zeugin und Botschafterin einer besseren Welt zu enden. «Ich bin glücklich, wieder da zu sein», sagt sie 1996. «Vielleicht als Freund oder um Menschen zu helfen, aber nicht als Leitfigur. Diese Zeit ist vorbei. Der Rock 'n' Roll gehört der Jugend. Ich kann nur eine bestimmte Zeit auf Tournee gehen, während der Schulferien meiner Kinder, sodass es unser Familienleben nicht stört. Ich empfinde es nicht als Tour, eher als Reise, um in verschiedenen Städten hallo zu sagen.»

Ihre Stimme ist nicht immer zu ertragen. Lange hat man sie nicht gehört und ist dann fassungslos, wie man auf sie verzichten konnte. Sie ist mehr als eine Rocksängerin, sie ist eine Haltung. Nach ihren Konzerten tauchen oft Leute auf, die ihr sagen, wie wichtig sie für sie gewesen sei, wie sehr sie vieles verändert habe. Es sind nicht die üblichen Rockfans, eher Menschen, die während des Sprechens zu Boden sehen und sich dann schnell wegdrehen. Verschämt und zugleich erleichtert, wie nach einer Beichte, auf die man ein Leben lang gewartet hat. Sie mögen sie aus den falschen Gründen geliebt haben, vielleicht verstanden sie wenig von dem, was sie sang. Doch wie sie es sang, verletzlich und vibrierend – das war nicht falsch zu verstehen.

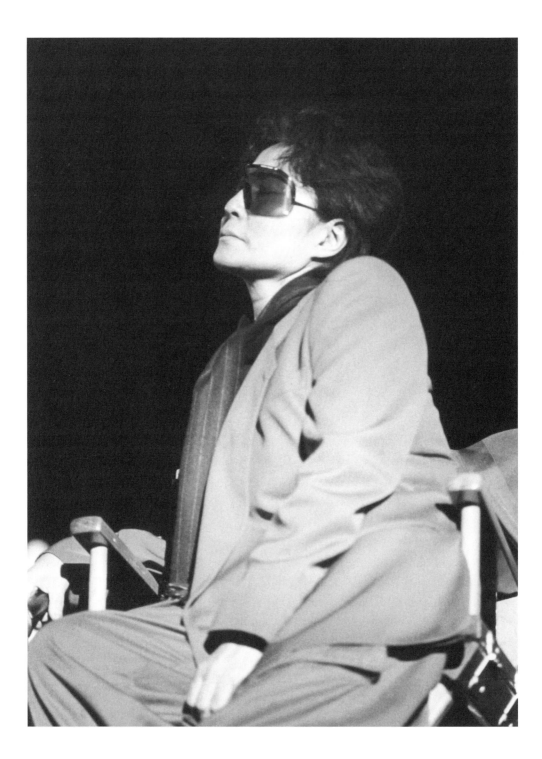

YOKO ONO
UND SIE SCHÄMTE SICH NICHT

```
coolest guY
            wOman
living haiKu
        dOing
        vOice
        Never
    befOre
        (John Cage)
```

«SIE WAR HÄSSLICHER ALS RINGO und sang wie ein Hamster unter der Folter.» Die ehemalige englische Punkjournalistin Julie Burchill und der amerikanische Komponist John Cage wären die idealen Gegner im ewigen Yoko-Ono-Spiel: schwarz oder weiß, dazwischen existiert nichts. Man hasst oder bewundert sie, geliebt wird sie nur von wenigen. Ihre Verdienste sind zugleich ihre Fehler: Yoko Ono ist eine der ersten Komponistinnen und Künstlerinnen der Fluxus-Bewegung, sie brachte den weiblichen Schrei in die Rockmusik, verband Avantgarde und Pop, Zen und Massenhysterie, war als Feministin dem Feminismus weit voraus und heiratete einen Beatle – den wichtigsten möglicherweise. Aus der unbekannten Hohepriesterin der Kunstszene wurde die Drachenlady der Popkultur, berühmt, weil sie den richtigen Mann geehelicht hatte, berüchtigt, weil sie sich nicht damit zufrieden gab, seine dankbare und lächelnde

Frau zu sein. Diesem Widerspruch entkam sie nie. Doch zurück zum Anfang:

«Nun», sagte ihr Vater nach langem Schweigen, «es gibt nicht viele Komponistinnen auf der Welt, Yoko. Zumindest keine einzige mir bekannte. Vielleicht gibt es einen Grund dafür. Vielleicht hat es mit der Begabung von Frauen zu tun ... Vielleicht sind Frauen keine guten Komponisten, aber sie sind gute Interpreten.» 1946 eröffnet die dreizehnjährige Yoko dem Vater ihren Berufswunsch, er will sie jedoch zur Virtuosin machen, lässt sie Klavier lernen, Gesangsstunden nehmen, deutsche Kunstlieder üben, und sie ist dankbar, dass er sich überhaupt um ihre Zukunft kümmert. Üblich war das nicht in Japan. Die Abfolge Mädchenpensionat, Heirat, Kinderkriegen war vorbestimmt – wozu da groß nachdenken?

Eisuko Ono hatte als Bevollmächtigter der späteren Bank of Tokyo lange im Ausland gearbeitet, wohnte 1940 mit seiner Familie auf Long Island, und Yoko ging dort zur Schule, infiziert vom neuen Leben. Wenn den meist abwesenden Vater, der seine Frau standesgemäß, aber nicht aus Liebe geheiratet hatte, irgendetwas an dieser Familie interessierte, dann war es die künstlerische Karriere seiner ältesten Tochter. Doch schon 1941 mussten die Onos die USA wieder verlassen, kehrten nach Tokio zurück, bis sie 1944 aufs Land evakuiert wurden. Sie entkamen dadurch der amerikanischen Bombardierung der Stadt im März 1945, die mehr als achtzigtausend Menschenleben forderte; so wie sie den Atombombenabwurf im August 1945 über Hiroshima und Nagasaki nur aus weiter Ferne erlebten. «Skin peeling / Bones melting / Hold your heart / Hold your life / Warzone ha / Warzone ha» wird sie fünfzig Jahre später zur Grunge-Musik bellen. Der Kriegshorror änderte nichts an dem Riss, der durch die großbürgerliche Bankiersfamilie Ono ging: Japanische Tradition und amerikanischer Traum standen einander nach wie vor gegenüber. Yoko Ono schwankt zwischen Abscheu und Faszination gegenüber den USA, immer wieder versucht sie, die trennende Mauer in ihrem Inneren niederzureißen. Ihr Schrei wird ihr zum Werkzeug.

«Schneide zwei Löcher in eine Leinwand. Hänge sie so, dass du den Himmel sehen kannst. (Wechsle dann den Platz. Versuche es an den vorderen und hinteren Fenstern des Hauses und schaue, ob sich die Himmel unterscheiden.)» In ihrem «Painting To See The Skies» vom Sommer 1961 verwirklicht Yoko Ono nicht nur ihre Obsession für eine Kunst, die der Phantasie des Betrachters so viel aufgibt wie dem Künstler, es thematisiert auch jenen Himmel, der sie ihr Leben lang verfolgt und fasziniert. Von Kindermädchen und Hausgehilfen umsorgt und doch einsam, flüchtet sie sich als Kind in das Spiel vom Starren in die Leere des Himmels, Projektionsfläche für die Geschichten und Wünsche, die sie keinem erzählen kann. Als sie im Krieg zum ersten Mal Hunger und Mangel kennen lernt, werden die Phantasien konkret. Sie liegt mit ihrem Bruder auf dem Boden, und beide schauen durch ein Loch im Dach in den Himmel. «Ich fragte, was er gerne essen möchte, und ich beschreibe ihm, wie wir mit einem Rindereintopf beginnen und mit Eis und Erdbeeren das Menü abschließen – das machte ihn glücklich. So wurde die Fähigkeit, sich etwas auszumalen, zu einer Art Lebensform. Es war wie im Gefängnis, und wenn du im Gefängnis bist, brauchst du Kraft, dir etwas vorzustellen, um zu überleben.»

Zugleich wird der blaue Himmel, der in ihrem «Sky TV» von 1966 über den Bildschirm zieht, der die Plattenhülle der Plastic Ono Band von «Live Peace In Toronto 1969» bedeckt, zum Symbol ihrer positiven Denkungsart – «Yes Yoko Ono» hieß nicht zu Unrecht die Retrospektive ihres Werks 2002. «Ich mag keinen grauen Himmel und bin so dankbar dafür, wenn er blau ist. Selbst als Kriegskind im zerbombten Tokio war über mir der Himmel. Die Stadt lag in Trümmern, und der Himmel war unglaublich blau.»

«Yes» wird zum Zauberwort, als sie 1966 in Londons «Indica Gallery» eine Ausstellung eröffnet und einen Tag vor dem offiziellen Beginn der potenzielle Kunstmäzen John Lennon einen Abstecher in die Räume macht. Mag der genaue Ablauf dieses zündenden Treffens im Detail umstritten sein, drei Aktionen sind hundertmal erzählt und damit verbürgt. Als John Lennon eintritt, spottet John Dunbar, Leiter der Galerie und Ehemann der Sängerin Marianne Faithfull, gegenüber Ono: «Na, dann geh dem Millionär mal guten Tag sagen.» Der Rest ist Geschichte. Sie gibt ihm eine ihrer Konzept-

karten, auf der steht: «Atme». Lennon atmet tief. Als er eine Leiter hochsteigt, die sich mitten im Raum befindet, und, oben angekommen, die winzige Schrift an der Decke entziffert, ist da «Yes» zu lesen. Nicht «No», wie zu erwarten gewesen wäre, nicht irgendein absurder oder revolutionärer Slogan, sondern schlicht «Yes». Schließlich steht er vor «Painting To Hammer A Nail», einem weißen Holzbrett samt Hammer und Nägeln. Jeder Besucher darf einen Nagel einschlagen, das Bild ist fertig, wenn die Ausstellung endet. Er fragt, ob er einen Nagel einschlagen dürfe, und sie zögert, da die Ausstellung noch nicht eröffnet ist: Für fünf Shilling mache sie aber eine Ausnahme. Er bleibt im Spiel: «Ich schlage dann lieber für fünf gedachte Shilling einen gedachten Nagel ein.» Yoko Ono war auf jemand gestoßen, der sich in derselben Liga bewegte.

«Atme.» Konzeptkunst, Performance und ein Denken, das das Gute will – Yoko Ono hob sich von der Szene ab. Passend wäre die existenzialistische Verweigerung gewesen, die Blut- und Scherben-Aktion, oder der arrogante Habitus der Avantgarde, doch Yoko Onos Verbindung aus revolutionärer Kunst und naiver Liebe zum Leben schien nur schwer erträglich und wurde deshalb belächelt und beschimpft.

Sie hatte Marx und Hegel gelesen, als erste Frau Philosophie an der Gakushuin-Universität in Tokio studiert und war mit ihren Eltern 1953 wieder nach New York gegangen, da ihr Vater die Leitung der amerikanischen Zweigstelle der Bank of Tokyo übernahm. Sie schreibt sich im Sarah Lawrence College ein, wo sie Musik und Philosophie belegt, heiratet mit fünfundzwanzig Jahren – gegen den Willen ihrer Eltern – den japanischen Komponisten Toshi Ichiyanagi und taucht in die New Yorker Avantgarde-Szene um John Cage, Aaron Copland und Merce Cunningham ein. Vom gemeinsamen Künstler- und Liebesleben bleibt nur die Kunst: Ihr Loft in der Chambers Street wird zum Aufführungsort für «Yoko Ono's Chambers Street Concerts», die Männer wechseln häufig, der Schriftsteller Michael Rumaker veröffentlicht 1962 seinen Roman «The Butterfly» über ihre Beziehung, den legendären Komponisten und Musiker La Monte Young verblüfft ihr starker Wille: «Yoko war ein energiege-

Die meistgehasste Frau der Popkultur: «Ich habe – als Asiatin und eigenständige Künstlerin – den Fans ihren Beatle, den Helden der gesamten westlichen Welt, einfach weggenommen.»

ladener Mensch. Sie sagte mir gleich am Anfang, dass sie ebenso berühmt werden wollte wie ich.»

Ruhm ist eine relative Größe – zwanzig Zuhörer bei einem Konzert können peinlich wenig sein und doch überraschend viele, falls es die richtigen sind. Verständlich also, wenn Yoko Ono zu ihrer Ausstellung Einladungskarten an Marcel Duchamp, Max Ernst und Robert Rauschenberg verschickt; beinahe rührend andererseits, dass sie deprimiert ist, wenn diese nicht kommen. Auch die Fluxus-Welt ist männlich, Yoko Ono ist Japanerin, eine Frau, und der Konkurrenzkampf unterscheidet sich nur geringfügig vom etablierten Kunstmarkt.

«Lighting Piece» besteht aus dem Anzünden und Betrachten des brennenden Streichholzes, bei «Smoke Painting» wird die Leinwand mit einer Zigarette in Brand gesetzt, das Bild ist vollendet, wenn von der Leinwand nur noch Asche übrig ist. Viele Stücke – wie «Cloud Piece» – sind nur als Anweisung und Geste erfahrbar: «Stell dir vor, die Wolken tropfen. Grab ein Loch für sie in deinem Garten.» Was der Litauer George Maciunas 1961 in der «AG Gallery» in der Madison Avenue und auch in seiner Zeitschrift «Fluxus» präsentierte, lebte von dem Gedanken, dass Kunst vergänglich sei, dass die Idee Vorrang gegenüber dem Werk habe, und schließlich – in treuer Nachfolge Marcel Duchamps – von der Vorstellung, Kunst werde in einem kreativen Akt zum großen Teil erst durch den Betrachter geschaffen. Als die Betrachter ausblieben, kehrte Yoko Ono deprimiert nach Tokio zurück; das Aufbegehren gegen die Tradition ihres christlichen Vaters und ihrer buddhistischen Mutter war erfolgreich. Nur hatte es kaum einer bemerkt.

Im November 1964 tauchte Yoko Ono wieder in New York auf. Sie war in Japan wegen akuter Depressionen in ein Sanatorium eingeliefert worden, hatte sich dort in Anthony Cox, einen Freund ihres Noch-Ehemannes, verliebt, ihn geheiratet und am 8. August 1963 eine Tochter geboren – Kyoko. Doch wichtiger für sie und für ihre Zukunft waren die Projekte, die sie mit in die USA brachte: «Cut Piece», die Anweisung, ihr öffentlich das Kleid vom Leibe zu schneiden; «Bag Piece», das einen oder zwei Menschen in einem Sack agie-

Die Performance «Cut Piece», 1964 in der Carnegie Hall in New York. Yoko Ono fordert das Publikum auf, die Bühne zu betreten und mit der Schere ihre Kleidung zu zerschneiden. «Als es ernst wurde, war ich etwas ängstlich. Aber alles, was ich machte, machte ich einfach.»

ren lässt, und «Grapefruit», eine Sammlung ihrer Aktionen und Anweisungen, ein Buch als sanfte Zeitbombe.

Ihre Beziehung zu Anthony Cox und Tochter Kyoko erwies sich in New York als ebenso problematisch wie in Tokio. Mit ihrer Mutterrolle hatte Yoko Ono stets Schwierigkeiten, dies gilt auch für ihr Verhältnis zu ihrem Sohn Sean, den sie am 9. Oktober 1975 gebar – dem Tag, an dem ihr Mann John Lennon seinen 35. Geburtstag feierte. «Ich war immer der Überzeugung, dass bei einem engagierten Künstler die Kunst an erster Stelle kommt, das Leben erst an zweiter.» Eine Maxime, die beinahe platt klingt, da Leben für Yoko

Ono untrennbar mit Kunst verbunden war und es ihr immer mehr zur Performance geriet. Wenn sie sich auf die Bühne stellte und die Zuschauer aufforderte, ihr mit einer Schere Stücke aus dem Kleid zu schneiden, bewegte sie sich auf demselben schmalen Grat zwischen Verletzlichkeit und Exhibitionismus wie bei den Bed-ins mit John Lennon: Kunst, so offen wie der Mensch, der sie praktiziert. Für die Phantasien ist der Betrachter verantwortlich.

Am 18. Mai 1968, eineinhalb Jahre nachdem sich Yoko Ono und John Lennon in der «Indica Gallery» begegnet waren, lud Lennon – in Abwesenheit seiner Frau Cynthia – Yoko Ono in sein Haus in Kenwood ein. Sie nahmen LSD, spielten Tonbänder vor- und rückwärts, machten Musik, liebten sich und wurden zur «sozialen Plastik», zum umstrittensten Traumpaar des 20. Jahrhunderts. Als Teil und Zeugnis der Verbindung veröffentlichten sie die Toncollage, die sie in jener Nacht zusammen produziert hatten: «Unfinished Music No. 1. Two Virgins». Diese reicht vom Zwitschern, Kichern und Pfeifen des verliebten Paares über verzerrtes Gitarrengepiepse und Songs aus dem Radio bis zu jenem Stöhnen und Schreien von Yoko, das sie so unverwechselbar wie verhasst machen sollte. Als radiophones Experimentalwerk wirken die «zwei Jungfrauen» heute eher museal und humorvoll, doch 1968, mit den Beatles im Ohr, wie eine unerträgliche Provokation des guten Publikumsgeschmacks. Dazu das Cover der Platte, das die beiden nackt zeigt, von vorne und von hinten, eine ästhetische Anmutung, die dem Zeitgeist nicht zuwiderlief, vielen dennoch als Beleidigung ihrer Phantasien erschien. Mochte man den Penis von John noch als angemessen empfinden, entsprach der Körper Yokos nicht den medialen Idealmaßen, die von Twiggy, Jean Shrimpton, Veruschka von Lehndorff oder Uschi Obermaier vorgegeben wurden. Genesis 2/25, auf dem Cover abgedruckt, erklärte das Bildnis:

«Anweisung: ‹Betrachte sorgfältig die verschiedenen Bilder. Bringe sie dann in deinem Kopf durcheinander.›» So steht es in Yoko Onos 1964 erschienenem Buch «Grapefruit».

«Und sie waren beide nackt, der Mensch und sein Weib, und schämten sich nicht.»

«John war einfach ein Rebell, und ich war eine Rebellin, und da sind wir uns über den Weg gelaufen, und er war ganz wild darauf, alles Mögliche anzustellen.» Die folgenden zwölf Jahre sind als Zeitgeschichte der Popmusik archiviert. Alle denkbaren Themen und Bilder von Sex, Liebe, Krieg, Musik, Rollentausch, Drogen und Feminismus werden von den beiden öffentlich durchgespielt, es gibt keine Trennung mehr von Kunst und Leben. Und es ist Yoko Ono, die die Richtung bestimmt – «She's So Heavy». Mag John Lennon künstlerisch produktiver gewesen sein, sie brachte dem latenten Anarchisten die ästhetischen und ideologischen Grundlagen bei, um sich zu befreien. «Das Erste, was mir an der Rockszene auffiel, waren Frauen, die in dem einen Raum saßen, während sich die Männer im anderen unterhielten.» John Lennons Denkart entsprach diesem Muster – Frauen waren entweder geliebte Mütter, Groupies, die man flachlegte, oder unerreichbare Models, die je nach Prominentenbonus auf dem Heiratsmarkt angeboten wurden. Eine symbiotische Beziehung von Mann und Frau war nicht vorgesehen.

Die Zumutungen hatten erst begonnen: Im März 1969 quartierten sich John Lennon und Yoko Ono zum Bed-in in ein Hotelzimmer in Amsterdam ein, eine Aktion, die sie im Mai in Montreal wiederholten und mit dem Gassenhauer «Give Peace A Chance» abschlossen. Lennon nennt seine neue Gruppe nach seiner Frau «Plastic Ono Band», während er ihr im Beatles-Studio bei den Aufnahmen von «Abbey Road» ein Bett aufstellen lässt, da Yoko – «I Want You (So Bad)» – wieder schwanger ist. Sie erleidet eine Fehlgeburt, der Song zum Heroinentzug, «Cold Turkey», konnte da nur nachträglich als Ursachenforschung gehört werden. Doch die radikale Verschmelzung der beiden war nicht nur unübersehbares Sinnbild einer amour fou; die Konzeptkunst der Fluxus-Künstlerin gab dabei ebenfalls den Rhythmus vor. Das Folgealbum «Unfinished Music No. 2 – Life With The Lions» gerät 1969 zu einer visuellen und akustischen Dokumentation: einer Drogenrazzia, der Herztöne eines sterbenden Fötus sowie des Songs, der Yokos vernachlässigter Tochter die Mutter erklären soll: «Don't Worry Kyoko (Mummy's Only Looking For Her Hand In The Snow)».

Dass die dritte gemeinsame LP, «Wedding Album», völlig auf Musik verzichtete und nur noch Liebesgeflüster und Interview bot, scheint logisch – die Idee, Musik in Gesten und Anweisungen zu verwandeln, war schon in Yoko Onos Buch «Grapefruit» in vielen Variationen verwirklicht: «‹Snow Piece› – Nimm den Klang des fallenden Schnees auf. Dies sollte am Abend geschehen. Höre dir die Aufnahme nicht an. Zerschneide das Tonband und benutze es, um damit Geschenke zu verschnüren.»

Der Grundkonflikt «Avantgarde trifft Popkultur» war unauflöslich. Am Ende gewannen Lennono als Menschen, als Künstler verloren sie immer dann den Kampf, wenn nicht einer der beiden die Federführung übernahm. Sie hatten die gleichen Interessen – Musik, Performance, Lyrics, Kunst – und lebten doch in verschiedenen Welten. Im kapitalistischen Land der Popmusik, das sich über Hitparade, Markt und Medien reguliert, und im Avantgarde-Bereich mit seinen Stammesritualen und allen persönlichen Abhängigkeiten. Diese Prinzipien standen sich ebenso unversöhnlich gegenüber wie die zynische Live-fast-die-young-Attitüde des Rock 'n' Roll und das Zen-Bewusstsein des Performance-Prinzips. Der Weg und das unerwartete Ereignis waren für Yoko Ono wichtiger als der Werkcharakter, jenes fertige und damit tote Produkt. Und so stehen Lennono mit je einem Bein im falschen Raum vor dem falschen Publikum: die ideale Voraussetzung für ständigen Skandal und Schande.

Der Ruhm fordert langsam seinen Tribut. Wo Yoko Ono zu Beginn der sechziger Jahre noch dafür geworben hatte, dem Stein beim Wachsen zuzuhören, vertraut sie nun immer stärker auf die Macht der Vervielfältigung und der Medien. Der Einfluss Andy Warhols wurde unübersehbar. Film und Schallplatte sind ihr Medium. 1966 hatte sie den achtzigminütigen «Film No. 4 (Bottoms)» gedreht, jene Aneinanderreihung von 365 nackten männlichen Hinterteilen samt gelegentlichem Gehänge, in Großbritannien verboten, oft beschrieben und kaum gesehen. Die Kunstszene warf ihr vor, sie habe sich verkauft, das breite Publikum las vom Skandal, und keiner ging hin.

New York 1972, im Studio. «Zuerst spielten wir Johns Stücke. Und um zwei Uhr morgens, als jeder schon müde war, sagte John: ‹Lasst uns ein paar von Yokos Sachen spielen.› Die Musiker verdrehten die Augen ... Aber es lief ganz gut.»

«Ich war in einem seltsamen Zwischenraum gefangen, hing total in der Luft. Ich gehörte nicht zur Welt der Avantgarde, aber ich war auch nicht groß genug für die Welt, der John angehörte.» Das gleiche Schicksal ereilt die Filme «Two Virgins» (1968), der ihre beiden Gesichter zu einem verschmilzt, «Fly» (1970), in dem eine Fliege in Großaufnahme über einen nackten weiblichen Körper wandert, «Self Portrait» (1969), in dem Lennons halb erigierter Penis sich ebenso langsam verändert wie sein Lächeln in «Smile» (1968).

«Yoko ist der berühmteste unbekannte Künstler. Jeder kennt ihren Namen und keiner ihr Werk», sagte John Lennon einmal. Und er lernte von ihr, klang immer mehr nach Ono, tauchte ein in Wolken, Liebe und Friede. «Wir machen uns zum Gespött der Welt, damit die Menschen aufwachen.» Ihre politischen Aktionen gegen den Vietnamkrieg und für die Befreiung des White Panther John Sinclair, gegen die britischen Truppen in Irland und zum Attica-Massaker waren spektakulär, aber der Provokationsfaktor nutzte sich schnell ab. Als sie sich aus Solidarität mit der Black Panther Party die Haare abschneiden, berichtet kaum eine Zeitung über die Aktion – ach, John und Yoko sind wieder in Sachen Politik unterwegs; man hatte sich an die Ballade gewöhnt.

Während John Lennon seine Selbstironie nie verlor (den MBE-Orden gab er 1969 der Königin mit dem Hinweis auf Biafra und Vietnam zurück – und als Protest gegen das Abrutschen von «Cold Turkey» in der Hitparade), blieb Yoko Ono von einer unerschütterlichen Humorlosigkeit, die viele Kommentatoren bis heute vergrault. Als sie im März 2002 in Tokio, New York und London ihre «Imagine»-Plakat-Kampagne für den Frieden vorstellt, beteuert ein englischer Journalist: «Wir haben sogar den Deutschen verziehen ...», und bittet um mögliche Vergebung für Yoko nach so vielen Jahren. Das englische Versöhnungsangebot scheitert, denn Yoko Ono sagt: «Jeder will Frieden. Sogar Osama Bin Laden.» Angesichts dieses unerschütterlich guten Glaubens resigniert der Engländer.

Doch was vielen naiv oder politisch harmlos erscheint, ist aus der Sicht Yoko Onos radikal zu Ende gedacht. Der Humor, den sie sich in ihrem Werk erlaubt, fehlt in ihrem Leben. Wo in einer Welt des Kriegs und Völkermords kein einziger differenzierter und kluger Kommentar irgendein Massaker verhindern konnte, erzeugt die pazifistische Vereinfachung «Lasst es uns mit Frieden versuchen» seltsam heftige Aggressionen. Es gibt genügend Verlautbarungen Yoko Onos, die sich nur mit Kopfschütteln quittieren lassen – wäre sie ein jüdisches Mädchen gewesen, hätte sie Hitler im Bett von seinem ideologischen Irrtum überzeugt, war wohl das extremste Statement. Aber am Ende schließt sich der Kreis in ihrer Kunst. «Play It By Trust» nennt sie ein Schachspiel, dessen Figuren sie alle weiß bemalt hat. Eine einfache und zugleich komplizierte Idee. Das Denken liegt wieder beim Betrachter.

Warum lächelte diese Frau nie, da sie doch einen Beatle hatte? Wenigstens aus Dankbarkeit. Stattdessen redete sie ihm in die Musik

1980 in New York. John Lennon zu Yoko Ono: «Wenn du ein Mann wärst, hätten die Leute dich schon längst als Künstlerin ernst genommen. Aber weil du eine Frau bist, tun sie dich lieber als Mrs. Lennon ab. Vielleicht sollten wir der Welt erklären, dass du eigentlich ein Mann bist.»

hinein, entfremdete ihm die Beatles, kreischte auf seinen Platten und sorgte dafür, dass er in diesem unattraktiven Outfit und mit langen Koteletten herumlief. Yoko Ono: «Man hielt mich für eine sich einschmeichelnde Orientalin. Sie fanden, er heirate nicht standesgemäß, obwohl er das Gefühl hatte, er sei der arme Liverpool-Junge und ich die Prinzessin, die ‹sophisticated› New Yorkerin.»

Als sie nach der Übersiedlung in die USA 1971 auf dem Doppelalbum «Some Time in New York City» mit dröhnender Musik und plakativem Text die Stücke «Woman Is The Nigger Of The World» und «Sisters, O Sisters» präsentiert, hätte sie zumindest zur Kultfigur des Feminismus werden können. «Cut Piece» galt als frühes Manifest weiblicher Selbstfindung, das Skript zu dem Film «Rape» als eindrucksvolles Zeugnis männlicher und medialer Ausbeutung, doch auch hier stieß sie auf wenig Gegenliebe. Sie war immer beides: Exhibitionist und Voyeur, Opfer und Täter, Sadist und Masochist, Frau und Mann. Später, als sie «Women Power» oder «Yes, I'm A Witch» singt, als sie sich für ein Jahr von John Lennon trennt – jenes berühmte «Lost Weekend» lang –, ihm die Geliebte zuführt und sie ihm wieder nimmt, ihn zum Hausmann und Erzieher bestimmt, während sie die Geschäfte führt und das Vermögen auf 250 Millionen Dollar mehrt – selbst da bleibt sie «Emma» verdächtig, ein Stachel im weiblichen Fleisch, sie ist einfach zu viel ... «Baby, it's just too much.»

Mitte der neunziger Jahre gibt sie wieder Konzerte in Europa, um ihre CD «Rising» vorzustellen. Ein paar hundert Zuhörer verlieren sich in den Sälen, ein Konzert in Paris muss abgesagt werden. Sie ist rehabilitiert, ihre Platten bleiben unbeachtet, jeder kennt sie, kaum jemand will sie hören. Noch immer verkörpert sie für viele eine musikalische Idee, keine musikalische Realität. «Das Leben ist eine Krankheit mit einer Sterblichkeitsrate von hundert Prozent», buchstabiert sie höflich auf Deutsch, und plötzlich bricht die Hölle herein. Was unter Vater Lennons Leitung garagenartiger Blues war, ist jetzt unter Sohn Sean Ono Lennon lautstarker Grunge, der zusammen mit Onos meditativem, animalischem Singen, Kreischen und Stöhnen die Avantgarde zum Tanzen bringt. «Kurushi», «I'm Dying» und «Rising» stammen aus ihrem Flop-Musical «Hiroshima», mit dem sie wieder in ihre Jugend zurückkehrt – lange Klangmalereien, die zeitlos in die Vergangenheit und Zukunft reichen. Ihr Todesschreien ist Sehnsuchtsschreien nach dem Leben, ihr Geburtsschreien ist für viele Lust auf den Tod. Diese Mischung ist schwer verdaulich. Mit Ironie, mit Verfremdung, Aggression, Zynismus oder Understatement könnte man umgehen, aber nicht mit dieser eigenartigen Direktheit. Sie singt wie ein Kind, sie schreit wie eine Frau.

Die Vorbehalte bleiben, die zwiespältigen Gefühle sind Teil ihrer Kunst. Musik muss freie Assoziationen erlauben, darf dem Geist nicht vorschreiben, was da zu denken sei. Die Onolennon-Variante war Hippietum, dieses «Pflanz ich dir einen Baum» nahm man schon Joseph Beuys krumm. Mit «Rising» gelang ihr nach zehn Jahren des Schweigens – sieht man von den retrospektiven Gesamtausgaben «Onobox» und «Walking On Thin Ice» ab – das intensivste und zugleich facettenreichste Album ihrer Solokarriere, vergleichbar nur dem experimentellen Meisterwerk «Fly» von 1971. Keine Patti Smith, keine Laurie Anderson, keine Björk, keine Sinéad O'Connor, keine P. J. Harvey, keine Courtney Love ohne Yoko Ono. Es hilft nichts. Mehr als fünfhundert Zuhörer werden es nicht.

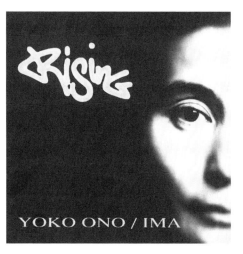

Yoko Onos CD «Rising» von 1995. «Ich glaube noch immer, dass wir den Frieden schaffen können, wenn wir zusammenhalten. Das ist es, was ich meine, wenn ich singe: ‹We will rise together›».

«Yoko said it first ... She's a living haiku. Hey, there is a reason the coolest guy in the world fell in love with her.» Selbst in der anerkennenden Bemerkung der Sängerin Ann Magnusson wird Yoko Ono über ihren Mann definiert. Als sich John Lennon und Yoko Ono 1969 in einem Wiener Hotel in einen weißen Sack verpackt der Presse präsentierten, bezweifelte ein Journalist, ob es wirklich jene beiden Berühmtheiten waren, die da sprachen. Frage der Reporter: «John, bist du das?» Andernfalls hätten die Antworten keinen Wert, nur Prominenz zählt. Was Ono mit ihrem «Bagism»-Konzept seit

109

1965 über das Funktionieren von Medien zeigen wollte – das Wer ist wichtiger als das Was –, wurde ihr selbst zur lebenslangen Strafe. Man schien sie immer gleich mitlieben und mithassen zu müssen, wenn man ihre Aktionen und Ansichten gut fand oder sie ablehnte.

Yoko Ono, Anweisung: «Schrei 1 – gegen den Wind. Schrei 2 – gegen die Mauer. Schrei 3 – gegen den Himmel.» In den letzten Jahren zeigt ihr Werk Wirkung: Die Ausstellung «Yes Yoko Ono» wanderte 2002 durch die Welt. Eigentlich hatte sie sich an die Ablehnung gewöhnt, doch nun ist der Himmel plötzlich strahlend blau. «Walking On Thin Ice» wird als Meilenstein gelobt, «Open Your Box» läuft als Tanzmix

Yoko Ono inmitten einer Spiegel-Installation, 1997. «Träumst du deinen Traum allein, ist es nur ein Traum, träumen wir den Traum zusammen, ist er Realität.»

in Diskotheken, «Rising» wird von Prominenten der neuen Avantgarde remixed; «eine Schamanin», so DJ Spooky über Yoko Ono, «die dir eine unbekannte Erfahrung vermitteln kann – wie Joseph Beuys». Ihre Konzeptkunst, ihre Filme, ihre Musik zählen inzwischen zur Kunstgeschichte, ihre Verbindung von «Minimalismus, Mystizismus und Idealismus» wird gewürdigt – unabhängig von Lennon. Ein Déjà vu. Nach dem Tod ihres Mannes hatte man sie schon einmal geliebt: «Ich hätte lieber den Hass und meinen Mann wieder und das Unverständnis der Welt. Denn das hat Spaß gemacht, er weckte die Rebellin in mir – wir beide gegen die Welt! Es hat uns wirklich Spaß gemacht.»

LAURIE ANDERSON
DAS HIER, SÜSSE, IST FÜR DICH

DIE FLUGZEUGE KOMMEN. Die Flugzeuge kommen. Sie gehen tiefer. Tiefer. Die Fernsehbilder des 11. September kehren zurück. Zwei silberne Türme vor blauem Himmel, schwarzer Rauch. Dabei hört man an diesem Abend bei Laurie Anderson nur die Musik: «They're American planes, they're made in America. Smoking or non-smoking?», singt sie in ihrem Song «O Superman» auf der Europa-Tournee im Herbst 2001, in dem so viele Musiker aus den USA ihre Konzerte absagen, aus Furcht vorm Fliegen.

Laurie Anderson, Alltagschronistin der USA, erzählt ihre Geschichten, spielt auf ihrer weißen Geige, singt. Während sich in ihren Shows der neunziger Jahre noch großflächige Leinwände spannten, Dia-Projektionen und Filme flimmerten, Video- und Lichtinstallationen, steht sie inmitten einer kargen Rockband-Formation auf der Bühne. Der Hörer kann sich wieder auf die Musik beschränken und in der neuen Einfachheit die Intensität finden, die zuletzt verloren gegangen war. Man hatte «O Superman» in dem Fach abgelegt, wo auch «Street Fighting Man» oder «Help» ruhen, von der Aura des Klassikers umgeben, der Klang gesichert und in die Erinnerung abgesunken. Nun, zwanzig Jahre später, sieht man Laurie Anderson bei ihren Konzerten im schwarzen Anzug und mit stacheligen, kurzen Haaren, sie sucht auf ihrem neuen elektrischen Klavier die alten, billigen Casio-Töne, singt jenes Lied, mit dem sie 1981 in die Welt der Popmusik eintrat, als habe sie es aktuell als Klage für Tausende von Toten geschrieben: «'cause when love is gone, there is always justice / and when justice is gone / there's always force / and when force is gone, there's always Mom. Hi Mom!»

Die Hand ausgestreckt zum kindlichen Pistolenzeichen, Daumen nach oben, der Zeigefinger als Revolverlauf – das Spiel mit der Gewalt als Zeichen. Nein, so ganz hatte man diesen Song nie verstanden, jene große visionäre Verbindung zwischen Anrufbeantworter und den Flugzeugen, jene US-amerikanische Mom, die einen schließlich in ihren «automatischen Armen, in ihren elektronischen Armen, in ihren petrochemischen, militärischen Armen» geborgen hält und verteidigt. Man hatte vergessen, dass das Lied zur Zeit der Iran-Contra-Affäre geschrieben wurde, als der Irak und Iran gegen die USA standen. Die Fronten haben sich kaum verändert, wir wurden im Laufe der Zeit nur eingelullt, weil wir Politik auf Musik verkürzten und unsere eigenen Anrufbeantworter mit dem Anfang des Songs bestückten: «Hi, I'm not home right now.»

Die Single «O Superman (For Massenet)» war ungewöhnlich lange 8:21 Minuten Musik, mit Laurie Andersons sprechender Stimme zu den repetitiven Mustern von Casio, Farfisa und Flöte. Sie hatte die endlose Strenge der Minimalisten auf eine verträgliche Länge gebracht, die üblichen Strophen-Refrain-Songs um seltsame Dialoge und beunruhigende Geschichten erweitert. Avantgarde kreuzt Popmusik, so schrieb sich die griffige Formel, mit der die damals vierunddreißigjährige Laurie Anderson zur späten Debütantin wurde. Das Cover des Albums «Big Science», das 1982 erschien, zeigte schon die vier Merkmale ihrer Kunst: Vorne war ein knabenhaftes Mädchen mit riesiger Brille und weißem Anzug als Sprechmaschine zu sehen. Auf der Rückseite als Gegenmodell die romantische Geigerin mit dem Neonröhren-Bogen, dazu die mysteriösen und doch vertrauten Texte aus dem Leben der USA und schließlich jenes riesig vergrößerte Foto einer amerikanischen Steckdose – Totem der Technik.

Laurie Anderson wurde zum Idol aller Stadtneurotiker, die es gern bedeutungsvoll und doch populär mögen, die Künstlichkeit schätzen, aber dabei Ehrlichkeit voraussetzen. Die Avantgarde wur-

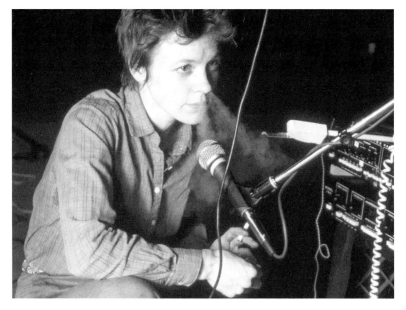

Laurie Anderson, 1982: «Das Geschichtenerzählen ist am Lagerfeuer erfunden worden – und die elektronischen Funken sind die Lagerfeuer von heute.»

de konsumierbar und behielt dennoch den Gestus der Kunstszene. Was damals kaum einer wusste: Laurie Anderson war schon seit Anfang der siebziger Jahre unterwegs, trat mit ihren Performances in fast allen einschlägigen Galerien der USA auf und kannte die üblichen Verdächtigen, ob Sol Lewitt, Philip Glass oder Hermann Nietzsch. 1972 übernachtete sie auf öffentlichen Plätzen, sie wollte in Erfahrung bringen, welchen Einfluss der Ort auf die Träume hat, schlief am Strand von Coney Island, auf einer Liege in einer Damentoilette, im Gerichtssaal. Und sie fand Möglichkeiten, die verborgenen Räume dahinter zu sehen: «Es ist wie diese Tür, die man eines Tages entdeckt, / ganz hinten im Kleiderschrank. / Und man geht rein, drückt die Klinke runter, / macht die Tür auf / und steht / vor der gewaltigen Karibik. // Es ist nicht zu fassen. / Man hat so lange hier gelebt / und nie gewusst, / was da alles war, / die ganze Zeit.»

Mitte der siebziger Jahre studiert sie Kunstgeschichte am Barnard College in New York City, wechselt zwischen Bildhauerei, Musik und Performance. «Der Entschluss, Künstler und nichts als Künstler zu werden – ohne geregeltes Einkommen und Pensionsanspruch –, war der mutigste meines Lebens. Ich zwang mich, mir ständig vorzustellen: ‹Was mache ich allein in einem Raum?›, und stand morgens erst auf, als ich genau wusste, was ich wollte und zu tun hatte.» Sie reist nach Mexiko zu den Tzotil-Indianern, bleibt eine Weile in New York, geht nach Berlin, arbeitet in Kentucky und kehrt wieder nach New York zurück, immer wieder New York, ein weiblicher Woody Allen. Doch ihre Auftritte in Europas Ausstellungsräumen, Lofts und Bars der siebziger Jahre wären ein Thema für alternative Kunstzeitschriften geblieben, wäre da nicht «O Superman» gekommen und hätte ihr früheres Leben umgekehrt.

Die Performance «Duets On Ice», die sie 1975 in den Straßen von Genua und New York City gab, dürfte kaum einer gesehen haben, der später darüber so weitläufig und kenntnisreich schrieb. Überhaupt erscheint das Leben von Laurie Anderson vor 1980 wie die nachträgliche Ausgrabung von Bildern, dokumentiert 1994 in der Werkbiographie «Stories From A Nerve Bible». Genua, beispielsweise: Ein langhaariges junges Mädchen steht da als weiß gewandeter Hippie-Engel, neugierig und skeptisch beäugt von italienischen Männern; es spielt Geige, die Füße in Schlittschuhen, die wiederum in flachen Eisblöcken eingefroren sind. Die Musikperformance dauert so lange, bis das Eis geschmolzen ist und die Künstlerin den Halt verliert. Zwischen den Musikstücken spricht sie zu den Italienern, denkt laut über die Parallelen von Eislaufen und Geigespielen nach, über Balance und Gleichgewicht: Wie man die Balance verliert, gewinnt und wieder verliert und wie sehr dies dem Gehen ähnelt, der Musik, dem Leben. Kaum einer versteht sie, und wenn, dann falsch.

Sie widmet die Lieder ihrer Großmutter und erzählt, dass sie an dem Tag, als diese starb, einen eisbedeckten See sah, auf dem Enten mit ihren Füßen im Eis festgefroren waren. Ein Italiener gibt die Geschichte an hinzukommende Zuhörer so weiter: «Sie spielt diese Lieder, weil sie zusammen mit ihrer Großmutter einmal im Eis eingefroren war.» Vermutlich liebt Laurie Anderson solche Missverständnisse, führen Verwirrung und Vermischung doch zu Wachheit und Erregung.

Es ist die große Kunst der zarten Laurie Anderson: ganz normale Geschichten in einen unpassenden Rahmen zu stellen, Alltagsrituale zeitlupenhaft in ihre Bestandteile aufzulösen wie in dem Song «Walking & Falling». Schritt um Schritt verrätselt sie den Vorgang, bis er fremd und schwierig wird, bis man darüber stolpert und ihn am Ende neu oder gar zum ersten Mal sieht. «Du gehst. Du merkst es kaum, aber du fällst ständig. Bei jedem Schritt fällst du leicht nach vorn. Und dann fängst du dich wieder. Immer und immer wieder fällst du. Und fängst dich. Und so kannst du gleichzeitig gehen und fallen.» Und da steht sie auf beiden Beinen in Italien, versucht als lebende öffentliche Skulptur Wirkung und Ursache zusammenzubringen. Sie sind nicht immer klar zu trennen, oder wie sie in einem ihrer frühen Songs singt: «It's Not The Bullet That Kills You, It's The Hole».

Der schöne androgyne Clown Laurie erschien in einer Zeit, da die Trennung in männlich und weiblich schon obsolet geworden war, da Bob Dylan, David Bowie oder Marc Bolan

«Die Geige ist mein perfektes Alter Ego. Von allen Instrumenten kommt sie der menschlichen Stimme am nächsten.»

eine Grenze überschritten hatten, der sich von der anderen Seite Patti Smith oder Siouxsie näherten. Die Rollenerwartungen waren jedoch nicht überwunden. 1977 bei der Documenta 6: «Ich wählte mit Vorliebe die unterste Stufe des Harmonizers, der meine Stimme in die Stimme eines Mannes verwandelte. Wenn ich als Frau sprach, hörten sie mir nachsichtig zu, sprach ich als Mann – und besonders mit dieser Chefstimme –, lauschten sie voller Respekt. In einer deutschen Zeitung schrieb man, mit meinem Akzent würde ich mich anhören wie ‹John Wayne, der Gebrauchtwagen verkauft›.»

Unvermeidlich, dass Laurie Anderson, obwohl sie den Begriff «weibliche Kunst» immer ablehnte, mit dem «Women's Liberation Movement» sympathisierte, sich später bei der «Women's Action Coalition» beteiligte und Ende der achtziger Jahre immer engagierter äußerte. Doch meist waren es zwei ironische Schritte zurück, wenn sie einen ernsthaft nach vorne tat. Als sie bei einer Demonstration vor dem Playboy Bunny Club in New York City gegen die sexuelle und visuelle Ausbeutung von Frauen protestierte, kam ein Bunny auf sie zu und sagte: «Hör mal, Süße, ich verdiene achthundert Piepen die Woche. Hab drei Kinder zu versorgen. Das ist der beste Job, den ich je hatte. Wenn ihr also über Frauen und Geld reden wollt, warum marschiert ihr dann nicht runter ins Textilviertel, wo Frauen zehn Cents in der Stunde verdienen, und haltet eure Demonstration da ab? – Und ich sagte: Hmmmmmmmmmmmmmm ...»

«Listen, Honey» – nicht was sie sang, sondern wie sie es sagte! Der Sound ist bei Laurie Anderson die Botschaft und das Medium der Weg. Und so musste sie sich notgedrungen irgendwann in ihren Toningenieur verlieben: «Er saß hinter dieser riesigen Glasscheibe, du setzt deine Kopfhörer auf, und er ist plötzlich mitten in deinem Kopf und flüstert in dir. Es war einfach unglaublich.» Die Verbindung aus menschlichem Klang und körpernaher Technik fasziniert sie bis heute, es ist ihr Reich. Sitzt man im Museum in Amsterdam an ihrem «Handphone Table» (1978), stützt die Ellbogen auf den Tisch und legt die Hände an die Ohren, dringt die Musik aus dem verborgenen Kassettenrecorder via Tischplatte und Knochen mitten ins Hirn. Ob man den Kopf auf das «Talking Pillow» legt, einen Lichtstreifen auf dem Boden betritt, eine Lichtschranke durchschreitet oder in einem Raum auf und ab geht – ihre Installationen reagieren auf Bewegungen des Körpers immer mit Musik. Manchmal scheint es, als sei es ihr weiblicher Körper, der das Kind Musik gebäre, als könne ihr die Distanz zwischen Klangquelle und Hörer nicht klein genug sein, als sei die Trennung von Produzent und Konsument eine männliche Erfindung.

Es ist die Geige, jenes intime Instrument, die sie ein Leben lang bevorzugt. Am 5. Juni 1947 in der Nähe von Chicago, Illinois, geboren, lernt die mit sieben Geschwistern aufgewachsene Laurie Anderson klassische Geige, übt fleißig und ernsthaft, wird Mitglied des Chicago Youth Symphony Orchestra und verbringt mehrere Sommer in einem Music Camp in Michigan. Doch sie merkt, dass eine professionelle Karriere als Violinistin verlangt, sich ausschließlich dem Instrument zu widmen. Zu eng gefasst für Laurie, die sich auch für Physik interessiert und vor allem Deutsch lernen will – ihre Lieblingssprache. Sie macht die Geige zu ihrem Freund. «Ich habe viel Zeit damit verbracht, ihr das Sprechen beizubringen. Ich liebe sie, sie ist so romantisch, 19. Jahrhundert. Und man kann sie in den Händen halten und damit herumgehen.» Als Mädchen läuft sie mit ihrem Geigenkasten durch die Straßen von Chicago wie in einem Gangsterfilm, später baut sie ihrem Instrument einen Lautsprecher ein, damit sie mit ihm im Duett spielen kann, füttert es mit Popcorn, kleidet es in Leopardenfell-Imitat, füllt es mit Wasser, verbrennt es, nimmt ihm die Saiten und schenkt ihm dafür einen Tonkopf. Sie bespannt den Bogen mit einem Stück bespieltem Tonband, nimmt das Wort «God» auf, streicht vorwärts über den Tonkopf: GOD, streicht in die Gegenrichtung: DOG. Als

«United States Live», Uraufführung 1983. Minimalistische Performance und die Kunst des kreativen Missverständnisses. «She said: ‹It takes. It takes one. It takes one to. It takes one to know one.› He said: ‹Isn't it just like a woman?› She said: ‹She said it. She said it to no. She said it to no one. Isn't it. Isn't it just? Isn't it just like a woman? Your eyes. It's a day's work to look into them.›»

Schlangenbeschwörerin setzt sie die Töne, lullt den Hörer hypnotisch ein. «Die Geige ist mein perfektes Alter Ego. Von allen Instrumenten kommt sie der menschlichen Stimme am nächsten, der menschlichen weiblichen Stimme.»

Den ersten Schritt aus der Intimität und Sicherheit des Avantgarde-Zirkus machte sie, als sie 1978 in einer Country-Bar in Houston, Texas, ihr Programm dem falschen Publikum präsentieren musste und verblüfft bemerkte, dass sie mit ihrer Geige und ihren Märchen völlig richtig lag. Dieses eigenartig normale Publikum mochte ihre einfachen Geschichten mit dem seltsamen Dreh. Sie ähnelten jenen Bibelgeschichten aus dem Mittleren Westen, die sie in ihrer

Die etablierte Avantgarde: Philip Glass und Laurie Anderson, 1988. «In gewisser Hinsicht», meint Anderson, «bin ich ein vollkommener Snob. Mich interessieren die Alternativen zu Hollywood.»

Jugend gehört und gelesen hatte, biblische Gleichnisse, nun aber mit einer weltlichen, aufgeklärten Pointe.

Der zweite Schritt folgte, als ihre Single «O Superman» – ursprünglich in einer Auflage von fünfhundert Exemplaren von dem New Yorker Label «One Ten Records» veröffentlicht – in England zum Hit wurde und die Nachbestellung von zwanzigtausend Stück nur von einer etablierten Firma bewältigt werden konnte. Es war der Beginn einer dauerhaften Beziehung zwischen Laurie Anderson und dem Plattenkonzern Warner Bros., bei dem sie einen Vertrag über acht Alben unterschrieb. Als verbrecherisches «selling out» galt es, sich mit der Industrie einzulassen, doch Laurie Anderson beherrschte den Spagat wie kaum eine andere. Sie hatte es gehasst, so zu tun, als produziere man freie Kunst, um sich dann dem Diktat des Kunstmarktes zu unterwerfen, und bevorzugte es deshalb, sich an den klaren Regeln der Popkultur zu orientieren: Wenn jemand deine Platten kauft, kannst du weitere Platten aufnehmen. Von der Industrie wirst du – Kunst oder Pop – ohnehin geschluckt.

Doch ihre spätere Hoffnung, über die Kommunikationsformen Internet und CD-ROM die verlorene Intimität der Avantgarde wiederzugewinnen, erwies sich als Illusion: Das Modell Sender–Empfänger ließ sich nicht umkehren. Ihre CD-ROM «Puppet Motel» von 1995 blieb ohne Fortsetzung, ebenso wie ihre anfängliche Euphorie fürs Internet schwand. Der «Wirehead», der Technikfreak Laurie Anderson, entwickelte Skepsis gegenüber der Technik und zugleich die Angst, nicht mehr auf dem neuesten Stand der Entwicklung zu sein – «the paranoia of not being modern».

Sie vermisste die Gesichter der Zuhörer, die Wärme des Klatschens, den Reiz des Unvorhersehbaren. «Ich versuche seit Jahren, den elektronischen Kästen Ausdruckskraft einzuhauchen. Aber die sind da sehr resistent. Außerdem klingen die Sachen im Internet nicht gerade gut, und die Bilder sind furchtbar, noch hässlicher als Musikvideos. Manchmal denke ich mir: Ist das Fortschritt? Als wir zum ersten Mal vom Internet hörten, war es wie das Versprechen einer rund um die Uhr geöffneten Bibliothek. Heute gleicht es mehr einem Supermarkt. Ich habe immer geglaubt, dass jeder ein Künstler sein könnte, heute bin ich mir da nicht mehr so sicher. Der Druck, alles zu machen, alles zu probieren, um ‹in› zu sein, vor allem mit teurem technischem Equipment, ist enorm gewachsen.»

Laurie Anderson lacht, zieht sich dann auf den Ernst ihrer Lippen zurück, während die Augen das Lachen halten. Und sie erzählt begeistert von alten Zeiten, von der Künstlerin Maria Braunovitch, die 1977 bei einem Festival in Bologna eine Performance veranstaltete. Nackt stellte sie sich in einen Hauseingang, ihrem Partner Boulet gegenüber, der ebenfalls nackt war. Um in das Haus zu kommen, musste sich jeder Besucher der Galerie zwischen den beiden durchzwängen und entweder ihn oder sie berühren. Es sei wunderbar gewesen, die Leute dabei zu beobachten, wen sie wählten. Die Polizei war hilflos: Standen die Nackten da auf öffentlichem Boden, oder zählte die Tür zum Haus? Und um den Veranstalter zu verhaften, hätten sie in jedem Fall hineingehen müssen. Zwischen den Nackten hindurch. «Es sind kleine Siege der Kunst, aber immerhin Siege.» Und fünfundzwanzig Jahre später: «Heute ist die Avantgarde nicht mehr so sexy und gefährlich, wie sie einmal war. Und so lustig!»

Auch Laurie Anderson, «The Ugly One With The Jewels», wie sie von Ureinwohnern Südamerikas wegen ihrer blitzenden Kontaktlinsen genannt wurde, hatte in den neunziger Jahren immer größere Schwierigkeiten, ihren ironischen Blick auf die Gesellschaft und ihr poetisches Staunen zu bewahren, ohne ins Predigen zu verfallen. Als sie 1989 mit ihrer One-Woman-Show beim Berliner Jazzfest auftrat, hatten sich ihre verführerischen technischen Märchen in gut gemeinte Sketche verwandelt. Man hörte Nachdenkenswertes über die Unterbezahlung von Frauen (vehementes Klatschen im Publikum), die Gefahren des Fortschritts (schwächeres Klatschen), Gedanken zur Staatsverschuldung (kaum Klatschen). «Wie viele andere Leute», schrieb sie, «verschlief ich die Reagan-Ära politisch. Als ich aufwachte, hatte sich alles verändert. Immer mehr Obdachlose lebten auf den Straßen von New York, Hunderte und Tausende von Amerikanern waren bereits an Aids gestorben oder lagen im Sterben, und die nationale Stimmung war gekennzeichnet von Angst,

Intoleranz und rücksichtsloser Gier ... War das wirklich mein Land?»

Zwei Jahre arbeitet sie an ihrem Projekt «Empty Places», reist dann mit riesigem Equipment durch die USA, Kanada, Europa und Südamerika, gibt an die hundertfünfzig Konzerte und erntet vorwiegend höflich gelangweilte Anerkennung. Ihr gesellschaftliches Engagement, ihr beschreibender Blick ist jetzt zielgerichtet, hat das Schweifende verloren, «Empty Places» wird 1989 zum politischen Kabarett mit schalen Witzen. Die Bilder, die auf den großen Projektionswänden erscheinen, sind überdeutlich, werden beliebig, Züge, Straßen, Bäume, Elvis, Verstärker, Wolken, Hunde, Türen, Toilettengraffiti – angesichts der Bilderflut der Fernsehrealität wirkt jede bewusst konzipierte Collage bemüht und angestrengt. Schlechte Zeiten für engagierte Künstler. Wer etwas ernst meint, erscheint leicht lächerlich und antiquiert. Ihre vielen elektronisch verzerrten Stimmen wirken jetzt sehr wie verschiedene Modelle, nicht mehr wie Masken. Da steht eine Stimme für das kleine Kind, da schnarrt der Geschäftsmann, da schiebt sich John Wayne als Karikatur in den Vordergrund, und Laurie Anderson ist hinter all dem nicht mehr zu sehen. Wo Madonna später mit ihrem Körper Rollen spielt, spielte sie mit ihrer Stimme: «Yeah, this is your country station and, Honey, this next one's for you.»

Endlich, 2001, kehrt sie mit dem Album «Life On A String» – ein viel sagender Titel – lebensgroß zurück. Sie hatte ihre Geige in den neunziger Jahren immer häufiger vergessen, schrieb auf den CD-Hüllen «vocals and keyboards» hinter ihren Namen.

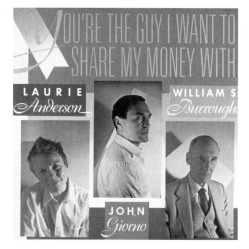

Die LP «You're The Guy I Want To Share My Money With» von 1981, die Laurie Anderson mit den Beat-Poeten John Giorno und William S. Burroughs aufgenommen hat: «Language is a virus from outer space.»

Nun, gekritzelt, als Objekt und Insignie, umarmt und erhoben, präsentiert das Booklet wieder die Geige. Inspiriert wurde dies von ihrem Freund und langjährigem Lebensgefährten Lou Reed, über den sie kaum sprechen mag, obwohl die unerwartete Künstlerbeziehung mit dem großen bösen Rockmusiker, dem Mitbegründer der Velvet Underground, bereits fast zehn Jahre dauert. Nun singt Laurie Anderson wieder von gefallenen, dunklen Engeln, vom weißen Wal, stolpert durch die regennassen Straßen ihres New York, über das sie für die Encyclopaedia Britannica einen Artikel schreiben soll. Sie hat den scheinbar absichtslosen Blick wiedergefunden, der ihr in den neunziger Jahren abhanden gekommen war. Sie ist zu den atmosphärischen Bildern ihres Anfangs zurückgekehrt, zum musikalischen Rhythmus der Dialog-Geschichten von «You say – I say», zur Verlangsamung der Gefühle.

Wird die Welt multimedial, minimalisiert Laurie Anderson ihre Kunst auf den Körper, die Geige, ihre Stimme. «Nerve Bible» nannte sie ihren Körper in den «Stories From The Nerve Bible», mit denen sie von 1992 bis 1995 auf Tournee ging. «I'm in my body the way most people drive in cars.» Der Unterschied zu alten «Walk The Dog»-Zeiten war unüberhörbar: Sie hatte in den Achtzigern Gesangsstunden genommen, aus der Alt-Sprechstimme wurde Sopran-Singen, ihre Geschichten verwandelten sich in Songs. Sie schrieb Lieder für ihre neue Stimme, und es wurden «Lieder über Frauen in einem völlig neuen Sound. Verletzlicher. Denn es ist schwer, Ironie zu singen. Es ist schwer, beim Singen zu lügen.» Sie untersucht ihre Empfindungen wie in einem Reagenzglas, folgt ihrer Maxime, nach der jede veränderte Versuchsanordnung den Inhalt verändert, jeder neue Kontext neue Spannungen erzeugt. 1974 war sie zum Nordpol getrampt, 1993 starb sie beinahe an Höhenkrankheit, nachdem sie sich einer Himalaya-Expedition angeschlossen hatte.

Veränderung ist ihr Mittel, ihr Ziel, ihre Kunst. 2001 arbeitet sie einige Wochen bei McDonald's, wohnt dann eine Weile bei den Amish-Leuten – zwei Extreme der amerikanischen Wirklichkeit, Erfahrungen für ein neues Projekt: Sie möchte «herausfinden, wie zwei so verschiedene Dinge wie Materialismus und Spiritualität

Laurie Anderson: «Wenn man grob vereinfachen will, dann interessieren sich weibliche Künstler mehr für die wechselseitigen Beziehungen zwischen den Dingen. Männer dagegen brauchen eher einen Anfang, eine Mitte und ein Ende. Vielleicht ist diese Unterscheidung blöd, aber sie könnte wahr sein.»

nebeneinander existieren können». Bis der 11. September das Leben in New York für einige Zeit anhält und die Maßstäbe von Gut und Böse ins Schwanken geraten. «Wir wissen, dass die Amerikaner von den meisten Menschen gehasst werden. Dieser Hass hat eine Vorgeschichte. Ich war früher Mitglied beim SDS, einer radikalen linken Gruppierung, und habe es inzwischen akzeptiert, in einem Land von Händlern zu leben. Wir produzieren viel, also müssen wir viel verkaufen. Der Trick des Kapitalismus unter dem Deckmantel der Globalisierung besteht ja darin, dass jeder mit allem verknüpft ist. Das System funktioniert wie geschmiert, weil es mit Angst arbeitet. Das ist der Stress des Kapitalismus: Man muss immer das neueste Modell besitzen, das schnellste und schönste. Diesen Maßstäben entspricht auch das World Trade Center. Wir stehen mit offenem Mund da und starren nach oben. Wir lieben das Große, das Vollkommene. Unsere Flugzeuge. Und darin liegt ein zusätzlicher Schock: Die eigene Perfektion kann sich gegen einen selbst wenden.»

Und der androgyne Engel singt in «O Superman»: «Here come the planes. / So you better get ready, ready to go. / You can come as you are, but pay as you go. / Pay as you go.» Laurie Anderson schwankt zwischen ihrem Bedürfnis zu missionieren und dem klugen Vorsatz, sich aufs Beobachten zu beschränken. Immer wieder erzählt sie die Geschichte ihrer Großmutter, die als Missionarin nach Japan ging und, statt das Christentum zu bringen, die Buddhisten lehrte, phantasievolle Damenhüte zu kreieren. Worauf ihr die Japaner zeigten, wie man Bonsai-Bäume schneidet. Es wird zum Kommunikationsmuster ihrer Kunst: die Intention vom Ergebnis zu befreien, die Dinge in einen anderen Kontext zu rücken. Wenn sie erklären will, was sie gesehen hat – in Metaphern, in Geschichten –, droht sie zu stolpern. Beschreibt sie aber nur – ohne zu erfinden –, dann schwebt sie in diesem Niemandsland zwischen Himmel und Erde, in dem der Traum die Verbindung zur Wirklichkeit hält. «Wovon du nicht sprechen kannst, darauf sollst du deuten», paraphrasiert sie Wittgenstein und bevorzugt den Zustand der zerstreuten Aufmerksamkeit, der ihrer Vorliebe für Engel so sehr entspricht: «Strange angels singing just for me» – über ihr der Himmel der Kunst, unter ihr die Hölle der Aufklärung.

«Engel gleichen Agenten, die beobachten, aber nichts beeinflussen können. Das fasziniert mich an ihnen», sagt Laurie Anderson, die in ihren schönsten Momenten einem unberührbaren, alterslosen Engel gleicht.

HIPPIES & BEAUTIES

ANNETTE PEACOCK
Liebe mit Tönen
MARIANNE FAITHFULL
Und was ist mit dem Heiligen Gral?
JANE BIRKIN
Immerhin, ein Liebeslied

ANNETTE PEACOCK
LIEBE MIT TÖNEN

ANFANGS STAND SIE IMMER IN KLAMMERN. Auf Plattenhüllen, hinter Kompositionen wie «Nothing Ever Was, Anyway», «Blood» oder «Ending», Klammer auf, Annette Peacock, Klammer zu. Fast ausschließlich waren es Aufnahmen des jungen Kanadiers Paul Bley, eines in New York lebenden Avantgarde-Pianisten. Er spielte Musik, die außerhalb der Zeit schien, seltsam verzögerte lyrische Improvisationen, die sich mit dem wilden Aufschrei der Free-Jazz-Szene Mitte der sechziger Jahre kaum in Einklang bringen ließen. Es waren Erkundungen in bislang unbekanntem Territorium, der Versuch, das vorgegebene Zeitmaß zu durchbrechen, nachdem sich die Rebellen schon von den Beschränkungen der Harmonien und Melodien gelöst hatten. Jahre davor hatte man einen anderen Frauennamen in Klammern gelesen: Carla Bley, Frau des Pianisten, die später im Duett mit einem Trompeter aus Österreich spielte. Es schien zum Glück des Mannes zu gehören, über die Harmonien der Frauen improvisieren zu können und sich darin zu verlieren.

Irgendwann sah man sie dann, Annette Peacock. Schmales Gesicht, lange dunkle, glatte Haare, volle Lippen, große Augen, zwischen eleganter Strenge und wehendem Hippie-Outfit schwankend, selbstbewusst wirkend und dennoch zart.

Fotos auf Plattenhüllen – mehr war nicht zu bekommen. Sie stand neben ihrem Freund, dem schönen Paul Bley – «he was fantastic looking» –, eine Bonnie-&-Clyde-Version aus der New Yorker

Kunstboheme, «Mr. Joy» und «Kid Dynamite», wie sie zwei ihrer Kompositionen nannte.

Als sie schließlich auf dem Cover der ersten Langspielplatte unter eigenem Namen, «Bley-Peacock Synthesizer Show», erschien, war die Irritation größer als die Freude: Batik-Sonnenblumen auf Orange, mehr sonniges Kalifornien, als in New York zu vermuten war. Man schrieb 1969, die freien akustischen Jazz-Gefilde fusionierten mit der elektrifizierten Rockmusik, Miles Davis hatte Krawatte und Anzug abgelegt, die Pullover-Avantgarde kleidete sich jetzt farbenfroher, der Flügel wich dem Synthesizer. Die Komponistin Annette Peacock sang Texte zu ihren Tönen und trat aus der Klammer heraus, in den Vordergrund der Bühne.

«You're a love goddess», hatte der Ex-Harvard-Professor Timothy Leary 1957 zur Sechzehnjährigen gesprochen, als er sie in Millbrook, dem Sitz der präpsychedelischen Szene, traf. Wenig später machte United Artists ihr ein Filmangebot, doch sie heiratete weder Leary, noch wurde sie Schauspielerin – sie hatte schon immer viele Wahlmöglichkeiten. Nur als ihre Eltern sich trennten, als die in Brooklyn geborene Annette mit ihrer Mutter in den Süden Kaliforniens, an die mexikanische Grenze, zog, bekam sie keine Chance: «Ich werde so weit wie möglich von dir wegziehen», sagte die Mutter zu ihrem Mann. Doch die Vierjährige verwandelte den Verlust in einen Gewinn; Annette Peacock schwärmt noch heute von der Farm mit den Pferden, von den Stränden und Cabrios, von der wilden Freiheit ihrer Kindheit.

Später, als Teenager, wendet sie sich von der kalifornischen Drogenkultur ab und wird eine der ersten Studentinnen am Kushi-Institut für makrobiotische Studien in Boston. Sie lernt den weißen Bassisten Gary Peacock kennen, mit dem sie zwei Jahre verheiratet ist, und dringt in die revolutionäre Free-Jazz-Szene ein. Hier folgt sie schwarzen Größen wie Sunny Murray und Albert Ayler durch Clubs, in denen zwanzig Zuhörer auf vier Musiker kommen, sie erlebt den Rausch dieser Musik und Engagements, die von Clubbesitzern wütend abgebrochen werden. Bis sie wieder flieht, zurück nach Kalifornien, nach Millbrook. «Ich wollte keinen Vertrag bei United

Annette Peacock und Paul Bley mit ihrer Tochter Solo. «Ich komponierte für ihn, weil ich ihn liebte. Und dann nahm er mir meine Identität. Es gab keine Befreiung der Frau, es war ziemlich einfach.»

Artists, weil keine Rolle so aufregend sein konnte wie mein Leben.»

Als sie erneut in New York auftaucht, erfährt sie, dass sich Paul und Carla Bley getrennt haben, zieht zu Paul, der sie schon lange verehrte, und beginnt die Suche nach ihrem Ego. «Alle Bücher, die ich vorher gelesen hatte, predigten, dass man auf sein Ego verzichten müsse.» Sie hatte ihre Identität aufgegeben, bevor sie sie gefunden hatte, also versuchte sie Künstlern, jenen Meistern des Ego, nahe zu sein, um durch sie Klarheit über ihre eigene Bestimmung zu erlangen. Sie zeichnete, modellierte, tanzte, spielte Klavier, das Instrument, das sie schon mit fünf Jahren erlernte, bis Paul Bley eines Tages meinte, sie müsse komponieren. Sie war auf ihrem Weg – Lieder ohne Lyrics, gebrochene Melodien, Harmoniegerüste, fast immer Balladen, in die sich der

Musiker fallen lassen, die er beim Improvisieren mit dem eigenen Leben füllen musste: «Both», «El Cordobes», «Touching».

«Before you know the happiness you feel», schwingt ihre Stimme zu Astrud-Gilberto-leichtem Sound, von fülligem Hammondorgelklang punktiert, und plötzlich verzerren sich die Wörter, verschwimmen regelrecht. «You'll wonder if it's real» – es ist mehr zu ahnen als zu hören. Annette Peacock drückt das Fußpedal, mit dem sie ihre Stimme dehnt und presst, Paul Bley sitzt vor einem übergroßen Synthesizer, der eher einer Telefonzentrale als einem Musikinstrument gleicht. Er stöpselt Verbindungen, findet kaum Zeit, sich auf die Tasten des Keyboards zu konzentrieren, endlos scheinende Pausen durchziehen die Stücke. «A dream, this life and nothing's really sure ...», sie legt genervt das Mikrophon zu Boden, verschwindet hinter der Bühne, kommt nicht wieder. Das Publikum wird unruhig, es ist die erste Begegnung mit einem Moog-Synthesizer, bei diesem Konzert 1970, wo man doch das lyrische Piano von Paul Bley erwartet hatte. Die Faszination, die von der schlanken, tief dekolletierten Annette Peacock ausging, ist in Unmut umgeschlagen. Als der Pianist, der inzwischen ebenfalls die Bühne verlassen hatte, wiederkommt, sich an den schwarzen Flügel setzt und dunkle freie Balladen greift, ist die Seele versöhnt, der Verrat am akustischen Klang vergessen und Annette Peacock als Yoko Ono entlarvt. Der Mann hat zu seiner Bestimmung zurückgefunden.

1969 hatten Paul Bley und Annette Peacock zum ersten Mal von jenem Robert Moog gehört, der in Trumansburg im Staat New York an Synthesizern baute, die in Verbindung mit einem Keyboard als bewegliche, miniaturisierte elektronische Musikstudios verwendbar waren. Es existierten nur wenige handgefertigte Modelle, einige Musiker hatten sich schon in Trumansburg niedergelassen, um einmal in der Woche, an Donnerstagen ab 15 Uhr, auf dem Moog experimentieren zu können. Da Bley und Peacock beschlossen hatten, sich ein Modell auszuleihen – der Kaufpreis von 12 000 Dollar war horrend , mieteten sie sich einen Kombi und fuhren aufs Land.

Die Taktik war klar: Man musste Robert Moog überzeugen, dass nur Künstler alle Möglichkeiten dieses Instruments ausschöpfen

«Ich wollte nicht öffentlich auftreten, es war Pauls Idee. Ich hatte immer furchtbare Angst und habe mich vor dem Auftritt übergeben. Er war so erzogen worden: sich mit anderen zu messen, der beste Pianist zu werden. Aber ich bin kein Mann, ich habe es aus Liebe getan.»

konnten. Bliebe er in den Händen von Leuten wie Walter Carlos, der mit seinem «Switch On Bach» Johann Sebastian Bach in die Hitparade katapultierte, würde der Synthesizer zum Gimmick verkommen. Annette Peacock: «Ich verliebte mich sofort in dieses Ding; es war das erste wirklich neue Instrument in den letzten dreihundert Jahren. Ich redete auf Paul ein, aber er war am Anfang nicht allzu euphorisch ...» Paul Bley: «Ich rief Bob an und sagte ihm, dass ich gern vorbeikommen würde. Er hatte von mir gehört, so viel zumindest, dass er mich einlud. Ich setzte mich hin und entwickelte einen Plan für ein Mittagessen mit Paul Bley und Robert Moog. Obwohl ich den Mann nie gesehen hatte, sagte ich zu Beginn dieses Einakters ‹Hallo, Bob›, er antwortete ‹Hallo, Paul›, und am Ende konnte ich den Moog-Synthesizer mit nach Hause nehmen.» Annette Peacock: «Also fuhren wir raus, Paul redete, und ich stand rum, war hübsch und reizend. Und am Abend kehrten wir mit dem Synthesizer nach New York zurück.»

Ihre unterschiedlichen Erzählimprovisationen übers «Ich» und «Wir» hatten für einige Zeit noch dieselbe Basis – ihre Liebe und jenen Synthesizer, der in ihrem Loft stand. Es gab keine Gebrauchsanleitung, keinen, der ihnen helfen konnte, die verschiedenen Klänge und Effekte zu finden. Versuch und Irrtum, Knopf um Knopf,

Annette Peacock (desillusioniert, aber nicht deprimiert): «Wenn dich ein Mann liebt, wird er dir nicht helfen, dich in eine bestimmte Richtung zu entwickeln. Und das ist auch bei Frauen so. Sie werden dich nicht ermutigen, deine Träume zu verwirklichen, weil sie Angst haben, dich zu verlieren.»

Regler für Regler, eine Million Variationsmöglichkeiten. Dazu kam die Schwierigkeit, dass sich der Moog nichts merken konnte, jeder musikalische Schritt also notiert und im Konzert wieder – nach Konstruktionsplan – neu gestöpselt werden musste. Dies erforderte bis zu zwanzigminütige Pausen zwischen den einzelnen Stücken, was den Besitzer des Jazzclubs «Village Vanguard» in New York so erboste, dass er Annette Peacock und Paul Bley rauswarf. Sie gaben Konzerte in Boston, im Dezember 1969 in der Philharmonic Hall in New York, transportierten das Ungetüm (Peacock: «Es ist harte Arbeit. Als ob du mit einem sehr großen Mann Liebe machst.») nach Europa, gingen dort auf Tournee, die fünfjährige Tochter Solo nahmen sie mit.

Annette Peacock ist die erste Frau, die mit einem Synthesizer öffentlich auftritt, ihre Lust, zu experimentieren und zu provozieren, entfremdet sie immer mehr von Paul Bley, die Gemeinsamkeiten sind nicht mehr groß genug, unklar, wer da wen beherrschte. Als sie in den RCA Studios in New York Aufnahmen macht, taucht ein Mann auf, der zu dieser Zeit als Ziggy Stardust seine Identität sucht. «Durch Annettes Konzerte wurde David Bowie auf sie aufmerksam, der ebenfalls daran interessiert war, seine Stimme mit Hilfe des Synthesizers zu verfremden. Sein Management ‹Main Man› mietete ihr ein Loft am West Broadway, und sie zog mit unserer Tochter Solo aus. ‹Main Man› betreute sie, und sie produzierte ihr erstes eigenes Album, ‹I'm The One›, das 1972 erschien. Ihre Karriere begann. Goodbye.» – Schreibt Paul Bley bitter in seiner Autobiographie. Avantgarde ade, willkommen, Ruhm?

Annette Peacock machte nie Karriere – sie kam immer zu früh. Manchmal wollte sie zu viel auf einmal und dann zu wenig, weil sie im männerdominierten Musikgeschäft zu stur ihren Weg verfolgte, weil sie nicht nach fremden Regeln spielen mochte. Als sie Ende der sechziger Jahre anfing, ihre Stimme mit Hilfe des Synthesizers zu verfremden, waren ihre Texte kaum noch zu verstehen. Sie wollte mit ihren Lyrics die Menschen verändern und zugleich die Musik ausloten und überforderte damit alle. Liebeslieder, politische Statements wie «I Belong To A World That's Destroying Itself», halbphilosophische Raps zur Lage der Geschlechter, sie hätte auch zur Galionsfigur einer Frauenbewegung werden können. Als sie dann wenige Jahre später mit «I'm The One» eine unvergleichliche musikalische Mischung aus Rockmusik und Jazz, elektronischer Avantgarde und sinnlichen Balladen vorlegt, gibt es kein Regal, kein Genre, in das ihre Botschaft passen würde.

«I'm The One» – ein nervöses Wischen des Schlagzeugs, elegische Töne vom Synthesizer, sphärisches Hauchen der Stimme und dann plötzlich der Bruch: das stoische Tocken eines Rockschlagzeugs, ein klimperndes Piano zur kellertiefen Bardamenstimme – «I'm the one, you don't have to look any further ... I'm the one.» Doch das Versprechen ist nicht einfach einzulösen, die Wörter klingen verzerrt, zirpen stereophon durchs Hirn, der aggressiv-verletzliche Liebessong «I'm The One» wird zum Meilenstein. Dreißig Jahre später darf ihn David Bowie risikolos als Hommage zitieren – «Something In The Air» –, das Original kennen nur wenige.

«Bowie und ich sind beide am 8. Januar geboren. Er hörte das Album und wurde zum Fan. Ich hatte mich damals in jemand verliebt, der bei RCA im Rockbusiness tätig war, das Album war für ihn. Doch ich wollte nicht noch stärker in diese Richtung gehen, ich wollte wieder experimenteller arbeiten. Dann verliebte sich Bowies Manager Tony De Vries in mich, aber dieser ganze Irrsinn ängstigte mich, ich wollte keine Karriere machen.»

Ein Jahr sitzt sie im goldenen Käfig eines New Yorker Loft, komponiert und spielt – nichts davon wird veröffentlicht –, bevor sie mit ihrer Tochter Solo nach England geht, weil sie hofft, dort als Musikerin größere künstlerische Freiheit zu finden. Sie täuscht sich, die Zeiten, die siebziger Jahre, sind nicht danach. Sie zieht aufs Land, taucht nur ab und zu in Londoner Clubs wie dem Phoenix auf, gibt Solokonzerte, spielt mit dem Schlagzeuger Bill Bruford, plant Veröffentlichungen mit Brian Eno, der ihre Stimme in den Vordergrund stellen will («ein Kontroll-Freak»), kaum jemand meldet sich bei ihr. Jazz, Avantgarde und Rockmusik gehen in England getrennte Wege, sieht man vom Jazzrock der üblichen Couleur ab. Annette Peacock bleibt verschwunden.

Annette Peacock bei einem ihrer seltenen Konzerte, live in Saalfelden. Sie war immer zu früh am falschen Platz: als Komponistin in der Free-Form-Musik, als Sängerin mit synthesizerverzerrter Stimme, als Jazzrock-Poetin, als Muse des Feminismus. Zu abstrakt für den Rock, zu extravagant für den Jazz.

«My Mama never taught me how to cook / that's why I'm so skinny» – nach sechs Jahren Schweigen und Landleben erscheint 1978 ihr Album «X-Dreams», eine Mischung aus alten Bändern, die sie aus New York mitgebracht hatte, und neuen Aufnahmen. «My destiny is not to serve / my destiny is to create.» Sie bleibt ihrem politischen Blues-Rap treu, übt 1979 auf «Perfect Release» harsche Kapitalismuskritik und klagt über die systematische Zerstörung der Welt. Leitartikel, Essay und Märchenhaftes vermischen sich zu einer gut gemeinten, aber schwer erträglichen Melange. Doch zugleich schimmert ihr Credo durch die Großbuchstaben der Slogans: «Any resolution must come from the – personal revolution!» Oder wie sie zwanzig Jahre später feststellt: «Die Welt kann man nicht ändern. Man kann nur an sich selbst arbeiten, über eine persönliche, private Revolution etwas bewirken. Nur wenn man in der Lage ist, die Beziehung zwischen zwei Menschen in den Griff zu bekommen, ist es auch mit Gruppen oder Völkern möglich.» Und sie lächelt ein bisschen, erinnert sich an «No Nookie Till The Nukes Are Gone», ihrem Lysistrata-Song zum Banne der Atomraketen, ja den Text hatten sich einige gemerkt: «Women have the power over men / sexually and numerically / I leave it to your discretion / after all it is a personal decision / a personal demonstration / a personal revolution.» Ob sie sich jemals daran gehalten hat?

Paul Bley, ein Jahr nach der Trennung von Annette Peacock nach der Fähigkeit von Frauen gefragt, Jazz zu spielen, zu singen und zu komponieren, serviert zuerst einen makrobiotischen Salat mit Äpfeln und Rosinen und dann die Antwort: «Frauen können das besser als Männer. Zum einen sind sie sensibler, zum anderen machen sie sich weniger Gedanken über das Business und den Erfolg. Eine Frau hat diese Triebfeder nicht und kann daher unvoreingenommen an die Musik herangehen. Sie macht sie um ihrer selbst willen. Verallgemeinernd kann man sagen, dass sich der Mann im Leben ein Ziel setzt, das er unbedingt erreichen will, wogegen es der Frau in erster Linie um die zwischenmenschlichen Beziehungen geht. Die Frau sieht als Brennpunkt ihres Lebens immer die Menschen, die Gefühle für die Menschen und ihre Umgebung an. So ist es leichter für eine Frau als für einen Mann, Jazz zu spielen, denn in diesem geht es vor allem darum.»

Annette Peacock zieht spöttisch die Augenbrauen hoch, nickt dreißig Jahre später, als wisse sie, woher die Einsicht stamme. Nach wie vor ernährt sie sich makrobiotisch, erklärt jedem geduldig die richtige Mischung von Kohlehydraten, Fleisch, Obst und Gemüse.

Man registriert es verblüfft: Ihr Geburtsjahr 1941 ist nur aus ihrem Pass zu ersehen, man könnte zur Makrobiotik konvertieren. «Als ich jetzt ein Foto von Paul sah, dachte ich, o Gott, ich muss nicht mehr böse auf ihn sein, dass er seine Tochter Solo vergessen hat. Als wir zusammenlebten, war er gesund und schön. Aber Klavierspielen kann er noch immer.»

Die gemeinsamen Harmonien reichten nicht aus: «Ich habe ihn nicht wegen meiner Karriere verlassen, sondern weil er nicht sehr freundlich zu mir war. Ich wollte nicht öffentlich auftreten, es war seine Idee, um etwas populärer zu werden. Ich hatte immer furchtbare Angst, im Mittelpunkt zu stehen. Wenn irgendetwas nicht klappte, fuhr er mich an: ‹Du bist Musikerin, du musst das hinkriegen.› Ich war so oft in der Toilette und habe mich vor dem Auftritt übergeben, weil ich solche Angst hatte. Er konnte nichts dafür, er war so erzogen worden: sich mit anderen zu messen, der beste Pianist zu werden. Aber ich bin kein Mann, ich habe es aus Liebe getan. Ich war nicht ehrgeizig. Ich komponierte für ihn, weil er mich darum bat. Er suchte seine Identität und nahm mir dabei meine. Damals ging das sehr einfach, es gab kein Bewusstsein von Frauenbefreiung. Also musste ich ihn verlassen, versuchte, meine neue Identität in der Welt der Rockmusik zu finden. Dann verlief ich mich wieder, tappte in alle möglich Fallen, verlor meinen ‹spiritual path›, es ist eine lange Geschichte.» Und sie lächelt, als ob sie sich nur in der Tür geirrt hätte.

«Frauen sind nicht klüger als Männer, aber sie denken in zwölf Richtungen gleichzeitig, spielen alle möglichen Konsequenzen durch. Männer denken nur in eine Richtung. Doch wenn Frauen mit Männern konkurrieren, übernehmen sie deren Taktik. Und das funktioniert nicht ... Frauen sollten lernen, sich stärker auf eine Richtung zu konzentrieren und sich zu entscheiden, Männer dagegen müssten die Konsequenzen ihrer Entscheidungen mehr berücksichtigen.»

Ende der achtziger Jahre – ihre Musik ist so unzeitgemäß wie immer, zu abstrakt für den Rockgeschmack, zu extravagant für den Jazz, zu intelligent für den Jazzrock – verlässt Annette Peacock wieder einmal ihr Refugium, geht auf eine kleine Tournee durch Deutschland, steht mit ihrer Band auf der Bühne des «Quartier Latin» in Berlin. «You say you really love me – baaaby.» Verächtlich, beinahe aggressiv kommt dieses «Baby». Sie hält es mit dem Synthesizer fest, wiederholt es, bis das Wort zum inhaltsleeren Klang wird. Es sind immer Solokonzerte, auch wenn sie sich von einer Gruppe begleiten lässt, sie greift die Töne sparsam, mehr Komponistin als Interpretin, wie in einem leeren Raum weisen Bass und Schlagzeug den Klängen ihren Platz zu. Sie hat eine zweite Sängerin mitgebracht, die sie als Solo Peacock vorstellt, ihre zwanzigjährige Tochter, ihr zweites – noch – naives Ich. Im schwarzen Cowgirl-Look mit langem Rock und breitkrempigem schwarzem Hut singt sie die Texte ihrer Mutter: «I don't need to take valium or opium to know how it feels to leave you.» Danach verabschiedet sich Annette Peacock wieder aus der Öffentlichkeit, ihre Platte «Abstract-Contact» von 1988 bleibt für lange Zeit das letzte Zeichen.

Die Rückkehr nach zwölf Jahren musikalischer Pause mit einem Streichquartett und dem Album «An Acrobat's Heart»: «We teach / ourselves to make / the chains we reach / to break.»

«We teach / ourselves to make / the chains we reach / to break», singt sie im April 2000, nach zwölf Jahren musikalischer Pause, von Streichern begleitet. Man hatte nicht mehr damit gerechnet, diese – inzwischen – hohe, aber warme Stimme wiederzuhören, zerbrechliche Lieder, sie selbst am Flügel, ein Streichquartett modelliert Klangskulpturen dazu: Von der Klassik nimmt sie das Zeitmaß, vom Jazz das Gefühl, von der Lyrik das Offene. Immer wieder hatte der Produzent Manfred Eicher nachgefragt, seit Jahren Verehrer ihrer Musik, eigensinniger Kopf und Eigner der Plattenfirma ECM, die auch Paul Bley zu seinen schönsten Platten inspirierte, bis sie den Kompositionsauftrag annahm, «An Acrobat's Heart» einspielte («I did it for Manfred») und mit neuem Atem von alten Themen sang: «I want the illusion of freedom / without being totally free.»

Annette Peacock als «Holographic Actress» 1973 in einer Installation von Dalí: «Es ist viel leichter, in der Wirklichkeit deiner Phantasien zu leben als mit der Realität einer wirklichen Person. Es ist völlig verdreht: Die Phantasien werden immer realer, und die Wirklichkeit ist zu real, um dich noch reizen zu können.»

Die Lieder balancieren auf einem schmalen Grat zwischen gebundener Melodie und freiem Klang, ihre Stimme changiert zwischen Klarheit und Schleier, es gibt hier keine einfachen Beziehungen, und die eingängigen Melodien zerbrechen daran. «In der Musik geht es nur um ‹vibrations›. Beim Komponieren arbeite ich mit ‹vibrations›, mit ihrer körperlichen Wirkung. Spiel eine Note – und es entsteht eine bestimmte Spannung. Spiel eine zweite – und es entsteht eine andere Spannung. Spiel sie zusammen – und du hast wieder eine andere Spannung. Manche Noten beschleunigen sich gegenseitig, wenn du sie zusammen spielst, wie ein E und F, eine Dissonanz. Spiel sie im Abstand, und sie treiben auseinander. Manche werden langsamer, wenn sie zusammen erklingen, andere schneller – es geht immer um ‹vibrations›. Musik ist ein abstraktes Medium, aber es zielt genau ins Herz.» Spricht sie über Musik, könnte sie auch über ihr Leben sprechen: Wird der Abstand zwischen zwei Tönen zu groß, lässt sich die Melodie nicht mehr hören, ist die Beziehung zu Ende.

«Die Tage vergehen, wie sich die Kalenderblätter in diesen alten Filmen von selbst abreißen.» Nein, sie habe die Auftritte und öffentliche Aufmerksamkeit nicht vermisst, sie habe in all den stummen Jahren einfach nichts getan – «niente». Aufgestanden, spazieren gegangen, gelesen, ein langes Bad genommen, Mario Lanza gehört, geliebt, all das getan, was ihr Spaß macht, ihre zweite Tochter großgezogen. Avalanche wird 1984 in England geboren, sie ziehen nach Woodstock, bis die Sechzehnjährige zu ihrem Vater nach Frankreich geht. Die Mutter: «Es gab ein paar Probleme in der High School, Marihuana ist Teil des amerikanischen Alltags geworden, nichts Schlimmes, aber ich dachte, Avalanche ist besser auf dem Land aufgehoben.» Spricht die «outness queen» aus Brooklyn, die beim Konzert in der Philharmonic Hall als erste oben ohne auftrat oder vielmehr einen langen schwarzen Rock zu zwei Rosenblüten trug; die «grandmistress of the avantgarde torch song», die 1973 für eine Dalí-Show am Broadway als «first holographic actress» erschien. «Es ist besser, wenn Avalanche auf dem Land in Frankreich etwas Abstand findet.»

Für sie selbst hat «die Unverwüstlichkeit des Herzens» kein Alter, sie kennt kein Bedauern: «Wenn du nicht mehr bereit bist, dein Herz zu öffnen, bist du tot, wenn du kein Risiko mehr eingehst, ist das das Ende. Wir leben, um uns zu entwickeln. Und dazu brauchen wir Erfahrung, um zu verstehen ... Deshalb gibt es keine negative Erfahrung, weil du aus allem etwas lernen kannst. Also musst du dein Herz offen halten.» Annette Peacock spricht über ihr großes Thema, über die Koordinaten Leben, Liebe, Zeit und – immer wieder – Musik.

«Tho I love u darling, I love happiness more ... Tho I need u darling, I need freedom much more» – ihre Stimme fliegt schmetterlingsleicht über den Klaviertönen von «An Acrobat's Heart», ein harmonisch seltsamer Schwebezustand, der sich manchmal in einen Walzer aufzulösen scheint, dann aber wieder in jener Spannung verharrt, die den Augenblick feiert und das Ende offen lässt – «Tho».

Annette Peacock, 2000: «Ich lebe in Woodstock, ich habe die öffentliche Aufmerksamkeit nicht vermisst. Ich habe einfach nichts gemacht – niente. Aufgestanden, spazieren gegangen, ein langes Bad genommen, gelesen, Mario Lanza gehört und meine zweite Tochter Avalanche großgezogen.»

Als sie 1969 die «Bley-Peacock Synthesizer Show» veröffentlichte, sang sie am Ende des Albums ihre Komposition «Dreams» mit der Zeile: «If time weren't rigid / we could all be free.» 1988 nennt sie den Song «If Time Weren't», und als er 1997 noch einmal als «Dreams» erscheint, ist eine dritte Fassung gültig: «If time weren't measured / we could all be free.» Es ist ihr lebenslanger Versuch, die Zeit zu beschreiben und damit aufzuheben. «Gedanken bestehen entweder aus Erinnerungen oder aus Sehnsüchten. Wem es gelingt, die Gedanken auszuschließen, der lebt in der Gegenwart.» Gegen die Zeit setzt sie die Wahrheit des Augenblicks.

Singt Annette Peacock die Texte zu ihren Träumen, ist es ein Moment, der glücklich macht. «You've dreamed me true – Du hast mich wahr geträumt.» Die Bedeutung liegt im Klang. Und der steht nicht in Klammern.

MARIANNE FAITHFULL
UND WAS IST MIT DEM HEILIGEN GRAL?

DIE STEINMAUER STEHT NOCH. Mitten in London, in Soho, in St. Anne's Court. Zwei Jahre lebte Marianne Faithfull an dieser Mauer. Offiziell als Junkie registriert, berechtigt, sich täglich ihre Heroinration zu holen, fuhr sie nur hin und wieder zu ihrer Mutter aufs Land, um sich zu duschen und die Kleider zu wechseln, irgendwann zwischen 1970 und 1972. Der Bruch konnte nicht härter sein: von der umschwärmten, romantischen Pop-Prinzessin, Hand in Hand mit dem Magier des Rock 'n' Roll, Mick Jagger, zu jener ausgestoßenen, dürren Süchtigen, die sich vom Glamour früherer Tage verabschiedet hatte. Ein Gerichtsbeschluss nahm ihr den sechsjährigen Sohn Nicholas, der seinem Vater John Dunbar zugesprochen wurde, und ein missglückter Selbstmordversuch ihrer Mutter Eva Faithfull erinnerte sie an einen Song aus der Vergangenheit: «My father promised me roses / My mother promised me thorns.»

Ein seltsam verklärender Ton klingt in ihren Erzählungen mit, wenn sie von jenen Tagen an der Mauer spricht, dem Glücksgefühl, endlich dem Blitzlichtgewitter entkommen zu sein: Die englische Öffentlichkeit bestätigte Marianne Faithfull, keine weiteren Ansprüche an sie zu stellen. Wie ein überlebender Kriegsteilnehmer schwärmt sie von der Menschlichkeit und Solidarität unter den Junkies, Prostituierten und Alkis, die ihr ohne Ansehen der Person einfach halfen, wenn es ihr dreckig ging. «Ihnen war scheißegal, ob ich

Mick Jaggers Ex-Freundin oder die Königinmutter persönlich war. Sie sahen nur, dass ich Hilfe brauchte und gern high wurde.» Sie war ihres Ruhms ledig, und bald hatte sie auch ihren zweiten Dämon besiegt – ihre Schönheit. «Ich aß nie. Ich sah überhaupt nicht mehr schön aus, denn meine Art von Schönheit ist davon abhängig, dass man gesund ist, und über dieses Stadium war ich längst hinaus.» Ein paar kleine Narben zeugen noch heute vom gescheiterten Versuch, sich völlig auszulöschen oder zumindest jenen Teil ihrer Persönlichkeit, der sie mit vierundzwanzig ans Ende der Straße gebracht hatte.

Man sollte vorsichtig sein mit Träumen und ihrer Deutung, aber in Marianne Faithfulls Fall entschlüsselt sich vieles von allein. «Meine früheste Erinnerung ist ein Traum», beginnt sie ihre 1995 erschienene Autobiographie «Faithfull» und erzählt von ihrer Mutter, einer «weißen Göttin», die ihr in antiker Kriegerrüstung erscheint, sie auf einem Rost über glühenden Kohlen brät und opfert. Sie liefert die Geschichte einer gespaltenen Jugend, eines Mädchens, das hin- und hergerissen ist zwischen seiner österreichischen Mutter – Eva, Baroness Erisso – aus dem Sacher-Masoch-Adel und seinem englischen Vater, der – wie schon dessen Vater – vom Thema der sexuellen Befreiung besessen war, ein Sexualwissenschaftler, der eine «Frigiditätsmaschine» erfand.

Als die am 29. Dezember 1947 in London geborene Marianne sechs Jahre alt ist, trennt sich ihre Mutter von dem Exzentriker, zieht mit der Tochter in ein Reihenhaus in Reading und versucht, die erzwungene materielle Beschränkung durch spirituelle und historische Größe auszugleichen. Sie erzählt ihrer kleinen Prinzessin Episoden aus der Geschichte der Sacher-Masochs, von weißen Pferden in der Ägäis, Karl dem Großen, maurischen Ahnen und vor allem von der kulturellen Überlegenheit des europäischen Festlandadels. «Meine Vorfahren waren Damen», erklärt sie den Nachbarn, «als eure noch an Schwänzen von den Bäumen hingen.» Die Hochgezogene-Augenbrauen-Arroganz gegenüber dem englischen Vaterland hat ihre Tochter Marianne bis heute behalten, ihr jetziges Domizil liegt nicht zufällig in Irland. «I'm not everybody's cup of tea. And I know that. And I don't really care!»

«Zu der Zeit, als mein Leben als Erwachsene begann, war ich eigentlich noch ein Kind. All meine Versuche, erwachsen zu werden, waren letztendlich nur die Rollenspiele eines Kindes: die Klosterschülerin, die verbotene Bücher auf dem Klo liest, aufblühende Bohemienne, Popstar, Ehefrau, Mutter.»

«Meine Mutter war eine kolossale Geschichtenerzählerin», schreibt Marianne Faithfull. «Viele ihrer Anekdoten müssen sogar wahr gewesen sein, wenn sie sich auch selten eine gute Geschichte von der Wahrheit verderben ließ. Sie erschuf die Realität nach ihrem Geschmack.» Man könnte versucht sein, das als Motto auf ihre eigene Geschichte zu beziehen, jenen langen Weg vom Prototyp der Rock-'n'-Roll-Ophelia über die leibliche Freundin von drei Rollenden Steinen, die heroinabhängige Sängerin von «Broken English» bis zur Femme fatale, die mit verrauchter Stimme auf den Nachtclubbühnen der Kurt-Weill-Nostalgiker steht. Und doch hat sich diese Geschichte wirklich zugetragen, Marianne Faithfull hat all das gelebt.

Im März 1964 fährt die damalige Klosterschülerin mit einer Freundin nach London zu jener legendären Party, auf der sie Mick Jagger trifft. Sie ignoriert ihn; stattdessen ist es der genialisch hippe Manager der Rolling Stones, Andrew Loog Oldham, der ihr Interesse weckt, und das beruht auf Gegenseitigkeit: «Ich sah einen Engel mit großen Titten und nahm ihn unter Vertrag», lautete Oldhams griffige Notiz, die sie ihr Leben lang verfolgt. «As Tears Go By», «This Little Bird», «Summer Nights» – ihre Singles bringen ihr Ruhm und Geld, sie bricht die Schule ab und setzt sich in einen Tourneebus, zusammen mit den Musikern, die in der wöchentlich wechselnden Hitparade vertreten waren. Zwei Jahre tingelt sie durch Englands Provinzen.

Ob es die Hollies waren, amerikanische Stars wie Gene Pitney oder Roy Orbison, Folkies oder Countrysänger – einer nach dem anderen stieg auf die Bühne, stellte sich dem ebenso eigenartig gemischten Publikum und sang seinen Hit. Zwei Dinge lernte Marianne Faithfull dabei: mit Musikern ins Bett zu gehen, weil dies Rock-'n'-Roll-Brauch war, und bewegunglos und starr vor Angst auf der Bühne zu stehen, die Arme an den Seiten hängend, ihren Hit zu singen und Platz zu machen für die Nächsten: «Runter mit ihr! Blöde Schlampe – wo zum Teufel bleibt denn Herman?» Mit Herman von den Hermits schlief sie allerdings nicht, der Rest ist Popgeschichte – selbst Roy Orbison, perfekter Südstaatengentleman, forderte den Tourneetribut, den man dem Star zu entrichten hatte: «Ich bin in Zimmer 602 (Pause), Baby.» Man sieht in ihr eine jener «Chick-Singers», deren wichtigstes Kapital das Aussehen ist, das zweite erst die Stimme und das dritte die Fähigkeit, die Balance zu halten zwischen nehmen und genommen werden.

Auf der Bühne versucht sie, den Körper von der Musik zu trennen. «Ich machte nicht die kleinste Bewegung. Aus gutem Grund, denn ich war völlig unfähig, mich zu rühren. Vor purem Entsetzen war ich wie angenagelt. Das Nichtstun stellte sich dann als sehr effektive Pose heraus ... Nach einer Weile begriff ich langsam, dass mir nichts Schlimmes passieren konnte; ich würde es überstehen. Ich entdeckte aber auch, dass mir nach dem anfänglichen Entsetzen das Exhibitionistische an den Auftritten gefiel. Und das Gefühl der Sicherheit: Niemand kann mir nahe kommen. So hätte ich die Welt gern!» Doch je stärker sie sich von den powackelnden «Chick-Singers» absetzt, desto erotischer wirkt sie. Sie ist weder die männermordende Lolita noch das sich erniedrigende Groupie, sie strahlt Konsequenz aus, will ihren eigenen Weg gehen. «Sexy? Was an mir oder etwa an Sandy Shaw sexy war, war dieses Gefühl, dass wir uns einen Dreck darum scherten, was die anderen dachten. Mir war das ohnehin egal ...»

Die Rückseite der LP «Marianne Faithfull», erschienen 1965. «Wir waren jung, reich und schön, und die Zeiten – dachten wir – änderten sich. Natürlich würden wir alles ändern, hauptsächlich aber die Regeln. Im Gegensatz zu unseren Eltern würden wir nie zugunsten der wahnsinnigen Welt der Erwachsenen unserem jugendlichen Hedonismus abschwören müssen.»

Als sie in die Kreise der Londoner Pop-Schickeria eintritt, stößt das Mädchen aus Reading auf die affektierte Szene in Chelsea. Junge hübsche Mädchen «im kleinen Schwarzen, mit kiloweise Maskara im Gesicht und falschen Wimpern» treffen auf überempfindsame Jungs, die ihre Leidenschaft für existentialistische Dichter mit ihrer Liebe zu John Coltrane und den späten Streichquartetten von Beethoven verbinden. Wer wäre da nicht beeindruckt gewesen? Also heiratet Marianne Faithfull im Mai 1965 John Dunbar, einen Intellektuellen aus gutem Hause, um sich von ihren Tournee-Affären «reinzuwaschen», obwohl Bob Dylan, Anita Pallenberg oder Keith Richards sie bald weit mehr faszinieren. Und Richards, dem sie wohl die größte lebenslange Bewunderung und Liebe entgegenbringt, verweist sie nach einer gemeinsamen Nacht wieder an Mick Jagger: «Na los, Mädchen, ruf ihn an, der fällt vom Stuhl. So übel ist er nämlich gar nicht, wenn man ihn richtig kennt.»

«It is the evening of the day / I sit and watch the children play / Smiling faces I can see / But not for me / I sit and watch as tears go by.» Sie sitzt allein an einem Ecktisch in einer Bar, singt mit ihrem vibrierenden Mezzosopran unbegleitet jenes Lied, das sie berühmt gemacht hat, ein Engel mit langen Haaren, der nicht mehr in den Himmel zurückfindet. Sie hat sich in einen französischen Film verirrt. Jean-Pierre Léaud, Anna Karina und László Szabó stehen an der Theke, und in ihren Augen spiegelt sich das Staunen, das dieses achtzehnjährige Mädchen auslöst, ganz gleich, wo es auftritt. Ihr kurzes Gastspiel in Jean-Luc Godards Film «Made In USA» von 1966 lässt jene Spannung zwischen junger Stimme und uraltem Text spüren, jene Faszination einer wissenden Unschuld, die sie zum Symbol der Swinging Sixties in England werden ließ. Es ist ihr Lied, komponiert von Mick Jagger und Keith Richards, ob es für sie geschrieben wurde, wie es die Legende will, oder bereits geschrieben war, wie sie selbst vermutet, bleibt belanglos. Als sie «As Time Goes By», so hieß der Song ursprünglich, zwanzig Jahre später noch einmal aufnahm, hatte sie zwar das Alter und die Erfahrung, die dem Text entsprachen – aber es fehlte die Kluft zwischen der Schwermut des Gefühls und der Schwerelosigkeit der Stimme.

Man dachte, die auf der Bühne wüssten, wovon sie singen. Oder wie Lou Reed schrieb: «Der Altersunterschied zwischen Künstler und Zuschauer ist im Rock 'n' Roll nicht besonders groß. Aber unglücklicherweise denken die in der vierten Reihe, dass die auf der Bühne etwas wissen, was ihnen selbst verborgen bleibt. Das ist leider falsch. Man benötigt ein sehr gefestigtes Ego, um sich zu gestatten, dafür geliebt zu werden, was man tut, und nicht für das, was man ist. Und noch mehr Selbstsicherheit, um sich einzugestehen, dass man ist, was man tut.» Mick Jagger verfügte über dieses Ego, Marianne Faithfull nicht. Sie lebten den gleichen Hedonismus, die gleiche bedenkenlose Promiskuität, sie waren sich ähnlich, was Drogen, Mystizismus, Kaufwahn und Verkleidungssucht betraf, und doch war es nicht dasselbe. Mick Jagger machte einen Song daraus, Mari-

Marianne & Mick, Ende der sechziger Jahre. Keith Richards sagte irgendwann zu ihr: «Na los, Mädchen, ruf Mick an, der fällt vom Stuhl. So übel ist er nämlich gar nicht, wenn man ihn richtig kennt.» Marianne Faithfull: «Die ganze Zeit, in der ich mit Mick zusammen war, liebte ich Keith.»

anne Faithfull nahm es tödlich ernst. Sie wollte geliebt werden für das, was sie war, und nicht für das Image, das sie verkörperte: vollbusige, adlige Schöne, von Rockstars verführt. «Meine Karriere war ein Glücksfall, und ich habe mitgespielt, so gut ich konnte.»

Patti Smith in ihrem Gedicht «Marianne Faithfull»: «… ich lass es nicht zu, / dass dir der honig aus der büchse tröpfelt, / dass die menge errötet und nach luft schnappt, / derweil du dein kreuz trägst. / dulde nicht, dass die blumenmädchen dir blumen zuwerfen / hinter dem großen schwarzen leichenwagen. / werd's nicht dulden, / dass die perlen deines kleinmädchenmundes / zerbröckeln.»

Der Anfang vom Ende kam, als sie mit Richards, Jagger und einem kleinen Tross von LSD-Konsumenten in ein Landhaus nach Redlands fuhr: Bei einer Razzia wurde sie als «Mrs. X» nackt und nur in einen Fellteppich gehüllt inmitten von acht Männern aktenkundig. «Spärlich bekleidete Frau bei Drogenparty» – die Zeitungen stempelten sie zur verruchten pornographischen Hexe, die angeblich mit einem Schokoriegel zwischen den Beinen spielt. Wenn ihr mich so behandelt, dann werde ich so, wie ihr mich seht. Aus der Rock-Ophelia war die kämpferische Marianne geworden. «Ich war angesichts der Heuchelei und Repression um mich herum so empört – ich wollte wirklich, dass sich alles radikal verändert. Will ich immer noch!» Die Allianz aus Boulevardpresse, Polizei und Politik hatte zum Gegenschlag ausgeholt, und Marianne Faithfull verstand die Welt nicht mehr. «Wir provozierten das Establishment doch nur, verarschten es, probierten, wie weit wir gehen konnten, zogen aber nie die prinzipielle Anständigkeit des Systems infrage. Doch die Dinge, mit denen sich die Briten jahrhundertelang vor aller Welt gebrüstet hatten – dieses ‹fair play› und ‹gleiche Bedingungen für alle› –, entpuppten sich als reine Propaganda. Als die da oben etwas bekämpften, das sie als Bedrohung betrachteten, waren sie ebenso unbarmherzig und skrupellos wie die Politiker der hinterletzten Bananenrepublik.»

Bald darauf fiel, Schritt für Schritt und Fick für Fick, ihre Beziehung zu Mick Jagger auseinander, und schließlich, nach einer Fehlgeburt und einem Selbstmordversuch in Australien, beschloss Marianne Faithfull, ernst zu machen: Sie las «Naked Lunch» von William Burroughs, sah ihre Zukunft als Straßenjunkie und zerstörte ihre Schönheit. «Ich hasste sie. Schönheit hatte mich in diesen Schlamassel gebracht, Schönheit war ein Fluch, sie stand zwischen mir und derjenigen, die ich war. Sie hinderte die Leute daran zu sehen, was wirklich wertvoll war. Wenn überhaupt etwas Wert hatte!» 1970 verließ sie Mick Jagger dann endgültig und zog an die Mauer.

Ist es Ironie, dass ihr Haus in Irland, ein Backstein-Cottage der ehemaligen Grafen von Kildaire, von einer «Hungermauer» umgeben ist, die den Adel vor den darbenden Bauern schützen sollte? Wie jede Mauer das Außen vor dem Innen bewahrt und umgekehrt, so wirkt das Leben der Marianne Faithfull heute wie der Versuch, auf einer solchen Mauer zu balancieren. «Ich bereue nichts» – in immer neuen Formulierungen und Betonungen durchzieht dieses Gefühl ihre Gespräche. Reue wäre auch sinnlos, da jene Swinging Sixties die Grundlage für ihren unaufhaltsamen Auf- und Abstieg waren. «We want the world / And we want it ... nooow!», schrie Jim Morrison, und dieses «Now» durchzieht ihr Leben.

Sie taucht ab, taucht wieder auf und wundert sich, dass die Welt sich verändert hat. Die vermeintlich unpolitische Melange aus Romantik und Dekadenz, Literatur und Sex – mit jemandem ins Bett zu gehen bedeutete nicht viel mehr, als ihm in den Mantel zu helfen, «es ist die neue sexuelle Höflichkeit» – hatte neue Abhängigkeiten und Machtverhältnisse geschaffen. Der unbeschwerte Traum von LSD, Hipness und Sex war einer düsteren Stimmung gewichen, und auch die Welt der Außenseiter teilte sich wieder in Opfer und Täter. Ein Dualismus, der nie verschwunden war, aber zum einen von all den süßlich duftenden Schwaden verhüllt wurde, andererseits angesichts des gemeinsamen Feindes lange in den Hintergrund trat – einer spießigen englischen Gesellschaft, die Angst hatte, dass «die Rolling Stones die westliche Zivilisation mittels Drogen, Rockmusik und allen nur denkbaren sexuellen Perversionen untergruben. Grotesk!»

1979 kehrt Marianne Faithfull mit einem Album in die Öffentlichkeit zurück, über das der amerikanische Rockliterat Greil Marcus schrieb: «Wir haben bisher von niemandem Vergleichbares gehört.» Die Platte «Broken English» war nach den halbherzigen Versuchen, mit ihrer eigenen Version von Countrymusik («Rich Kid Blues») in der Musikszene wieder Fuß zu fassen, und einem Hit in Irland («Dreaming My Dreams», 1975) nur für den eine Enttäuschung, der auf die Wiederauferstehung des «Little Bird» hoffte. Gebrochen, kantig und heiser ihre Stimme, dunkel und aggressiv die punkgeladene Atmosphäre der Musik, bösartig, klug und obszön die Texte. «Selbst wenn sie deutsch singen würde», stellte Greil Marcus fest, «blieben ihre Wut und ihre Abscheu – auch in ihrer Komplexität – unmissverständlich.» «Sag es in gebrochenem Englisch»: Die Liedzeile, die sie aus einem russischen Film hatte, erschien als Synonym für die Solidarität mit einer unverstandenen, womöglich unerklärbaren Rebellion. «Der Song wurde von der deutschen Terroristin Ulrike Meinhof inspiriert. Ich identifizierte mich mit ihr, denn es sind dieselben blockierten Emotionen, die manche Leute zu Junkies und andere zu Terroristen machen. Die Wut ist gleich. Nicht mit mir! Das nehme ich nicht hin! ... Eine Form des Idealismus, der einen auf verschiedene Wege führt.» Die individuellen Voraussetzungen mögen andere sein, Last und Lust, außerhalb der Gesellschaft zu stehen, sind offenbar dieselben: «Man muss lernen, dass man ein Außenseiter ist, denn was immer man tut, man wird nie akzeptiert. Und das will man ja letztendlich auch gar nicht.» Sie grinst, sie raucht, der Vogel erhebt sich, der auf ihre linke Hand tätowiert ist.

«A Collection Of Her Best Recordings», 1994. «Es ist ein Lied», sagt Marianne Faithfull über «The Ballad Of Lucy Jordan», «das sich mit den Frauen identifiziert, die gefangen sind in dem verborgenen, wahren Schrecken des ‹sicheren Lebens›, das ihnen als erstrebenswertes Ziel eingetrichtert wird.»

Das Video zu «Broken English» schätzt sie wie vor zwanzig Jahren. Der Film- und Theaterregisseur Derek Jarman hatte es aus Wochenschauaufnahmen und Nachrichtensendungen zusammengeschnitten, marschierende Nazikolonnen zu sowjetischen Ehrentribünen, prügelnde englische Polizisten zu brennenden Häusern des Bombenkrieges – Marianne Faithfulls Gesicht taucht nur kurz in einer Überblendung auf. Kein Wunder, dass die Plattenfirma unzufrieden bis schockiert war, es passte nicht ins jungfräuliche MTV-Format. Doch ist es nicht allein der politisch-ästhetische Gestus, den sie schätzt, es ist die eigene Abwesenheit. Wie sie in der Junkie-Anonymität die reine Menschlichkeit zu spüren glaubt, so sieht sie im Verzicht auf ihr Abbild ein Zeichen für eine musikalische Qualität, die weder ihr Gesicht noch ihren Busen braucht, um gehört zu werden.

Als sie nach 1985, nach ihrem endgültigen Entzug in der Hazelden Clinic in Minneapolis, wieder ihrem Idol Bob Dylan begegnet, ist der enttäuscht: «Auf Drogen gefielst du mir besser, Baby.» Die Mythen blühen auf beiden Seiten der Mauer. «Wenn ich Keith treffe», schreibt sie in ihrer Autobiographie, «habe ich das Gefühl, wir sind die letzten Überlebenden eines lange untergegangenen Königreiches.» Fast fühlt man sich an jene Schwermut erinnert, mit der ein dekadenter Drogenadel der Rock-'n'-Roll-Monarchie nachtrauert. «Ach, Marianne, und was ist mit dem Heiligen Gral?», fragt Keith Richards, als sie ihm erzählt, dass sie jetzt endlich clean sei und dies für immer zu bleiben hoffe. Die Vernunft hat gesiegt, aber man ist nicht restlos glücklich mit der Vernunft.

Marianne Faithfulls raues, kehliges Lachen liegt zwischen Barfrau und Pop-Aristokratie, klingt ebenso dreckig wie stilvoll. «Sex has changed now I'm older.» Sie habe ihre biologische Pflicht erfüllt, deshalb sehe sie die Dinge jetzt lockerer. Drei Ehen hat sie hinter sich: «Ich heirate immer, wenn ich nicht weiß, was ich tun soll. Meine Panikentscheidungen. Ich schreie: Aaaahhh, mein Leben bricht über mir zusammen, mir wird alles zu viel, ich muss etwas tun, um den Zug anzuhalten – vielleicht sollte ich heiraten. Und genau das tue ich.» Nach der Scheidung von John Dunbar heiratet sie 1979 den Musiker Ben Brierly, 1988 dann Giorgio della Terza, von dem sie sich in ihrer Autobiographie schlicht zu trennen vergisst. Dafür listet sie ihre Verhältnisse, One-Night-Stands und Sehnsuchtsbeziehungen akribisch und offen auf – man hatte ihr so lange so viel Geld geboten, bis sie nicht mehr nein sagen konnte und endlich ihre Chronique scandaleuse publizierte. Manches war inzwischen derart oft erzählt worden, dass sie selber in Büchern über die Rolling Stones nachlesen musste, um sich von außen sehen und die Geschichten für wahr halten zu können. Noch 1990 notierte sie im Begleittext zu ihrer Live-Platte «Blazing Away»,

«Strange Weather», 1987. «Als die Platte rauskam», erinnert sie sich, «schrieb ein Kritiker: ‹von Marianne Faithfull Musik zum Pulsadernaufschneiden›. Für mich klang das wie ein Kompliment.»

dieses Album sei ihre wahre Lebensgeschichte – in Liedern. «Jedenfalls würde ich nie ein Buch schreiben. Für mich erschließt sich Vergangenheit in Bildern und Songs.»

«Oh, Doctor please / I drink and I take drugs / I love sex and I moved around a lot / I had my first baby at fourteen / And yes I guess I do have vagabond ways.» Mit heiserer Stimme zitiert sie 1999 auf ihrer CD «Vagabond Ways» den Anfang ihres eigenen Songs «Sister Morphine»; sie hat gelernt, ihr Leben, leicht variiert, als ein Lied zu sehen. Sie ist zur Rock-Chanteuse geworden, interpretiert Bert Brecht, Hanns Eisler und Kurt Weill – oder wie Mike Zwerin schrieb, «alles, was sie singt, klingt nach Weill» –, sie liebt die Songs aus der Weimarer Zeit, «weil diese Ära so verdammt viel Ähnlichkeit mit den sechziger Jahren hat». Sie wird als Seelenverwandte von Edith Piaf und Billie Holiday wiedergeboren und verwandelt die Lieder in ihre eigenen Weisen.

Noch immer kann sie keine Rolle spielen, sie singt nur, was ihrer Stimme entspricht, was zu ihr passt. Schon 1987 hatte ihr der Produzent Hal Willner für das Album «Strange Weather» die Stücke ausgesucht, die sie gern komponiert hätte: von Jerome Kerns «Yesterdays» bis «Penthouse Serenade», von Bob Dylan über Tom Waits bis zu Doc Pomus. Sie kehrt zur Musik ihres Elternhauses zurück, zu Kurt Weill, zum «20th Century Blues» (1996), zu den «Sieben Todsünden» (1997), veredelt durch das Wiener Sinfonieorchester unter der Leitung von Dennis Russell Davies, und schafft sich ein Repertoire, mit dem sie alt werden kann. Einiges muss man für sie in eine tiefere Tonlage transponieren, manche Ironie kann sie nicht singen, aber das meiste festigt ihren Ruf, eine Frau zu sein, die mit ihrer Stimme in Eintracht lebt. Und doch fällt ihr diese Musik zu leicht, gerät sie ihr zu eingängig. Sie ist nicht resigniert genug, um sich mit dieser Rolle zu begnügen.

Als sie mit sechsundfünfzig Jahren das hoch gelobte Album «Kissin' Time» veröffentlicht, eine Kooperation mit jungen Bewunderern aus der Rockmusikszene, mit Beck, Pulp oder Blur, ist sie zur Projektionsfläche für die nachgeborenen Phantasien über die Swinging Sixties geworden. Und so tappt sie auch 2002 in die gewohnte

Imagefalle: Marianne, die Verworfene, die Vielverführte. Als beschwöre sie immer wieder eine Vergangenheit herauf, die sie in Interviews regelmäßig richtig zu stellen versucht. «It's time for sex with strangers», haucht sie verrucht zu Discorhythmen, «She's in the shit / though she's innocent», erklärt sie pathetisch und wird mit «Sliding Through Life On Charm» unverhüllt autobiographisch. Den Song hatte Pulp-Sänger Jarvis Cocker explizit für und über Marianne Faithfull komponiert: «I'm a muse not a mistress not a whore.»

«Es klingt so hochgestochen, aber ich bin zutiefst davon überzeugt, dass ich mich leidenschaftlich einem hedonistischen Leben verschrieben hatte. Ich bin im Grunde eine Feld-, Wald- und Wiesen-Süchtige.»

Und plötzlich taucht neben dem Sexklischee das Bild einer Frau auf, die, inzwischen Großmutter, in ihrer Stimme die Jugend wiedergefunden hat: «It's near what once was far.» Als hätte sie im Songbook geblättert und die Lieblingskapitel ihres Lebens herausgeschrieben. Wie die ältere Schwester der kleinen Marianne kehrt sie zur Leichtigkeit ihrer alten Popsongs zurück – «You Can Go Where The Roses Go». Das Dunkel-Dreckige in ihrer Stimme hat sich mit dem Unschuldigen verbunden, die Texte erzählen wieder den Tönen, wie sie zu klingen haben: «Your time will come again – it's kissin' time.» Marianne Faithfulls Jungmädchenstimme ist im Gleichklang mit ihrer harschen Verzweiflungsstimme. Manchmal braucht man lange, um zu akzeptieren, dass man das ist, was man tut. Der Gral liegt nicht jenseits der Mauer.

JANE BIRKIN
IMMERHIN, EIN LIEBESLIED

IM GRUNDE WAR ES DIE ZAHNLÜCKE. Dieser kleine Spalt zwischen den Schneidezähnen. Der einzige Fehler in dem schönen Gesicht der Neunzehnjährigen, die da nackt in einer Ménage-à-trois im Fotostudio mit David Hemmings herummachte. Das andere Mädchen hatte man schon nach der nächsten Einstellung von «Blow Up» wieder vergessen; die braunhaarige Jane Birkin, die wild und neugierig dem zögernd-willigen Fotografen die Hosen herunterzog, wurde zum «alternativen Sexsymbol» (Agnès Varda). Jane «blow up» Birkin nannte man sie danach in England. Michelangelo Antonionis Film von 1966 machte die am 14. Dezember 1946 geborene Jane Birkin berühmt und angenehm berüchtigt, der «Schamhaarskandal» verfolgt sie bis heute. Sie lächelt entschuldigend. Aber nicht wirklich bedauernd.

Der zweite Skandal folgt drei Jahre darauf: «Je t'aime, moi non plus» haucht und stöhnt sie orgasmierend zusammen mit ihrem Liebhaber und späteren Mann, dem Komponisten und Sänger Serge Gainsbourg. Der Papst spricht 1969 den Bannfluch über die «beschämende Obszönität», in Spanien, Schweden und England wird jede öffentliche Ausstrahlung des Liedes verboten. In Italien – der Chef der italienischen Phonogram geht nach der Veröffentlichung ein paar Tage ins Gefängnis – schmuggelt man die Single in Maria-Callas-Hüllen versteckt über die Grenze. Die deutsche Presseabteilung von Phonogram nannte es «L'amour – fürs Ohr. Es ist keine Platte, die Vati seiner sechzehnjährigen Tochter als Reise-Souvenir mitbringen wird, auf dass sie ihr Schul-Französisch verbessere. Aber es ist auch keine Platte, die man nur ‹unter Männern› …, nein, dazu ist sie viel zu französisch. Die Damen können zuhören und können Dame bleiben.» Im Vergleich zum «heißen» Original, das Serge Gainsbourg 1967 zusammen mit seiner damaligen Geliebten Brigitte Bardot aufgenommen hatte und das bis 1986 nicht veröffentlicht wurde, wirkte die Birkin-Version kühler, zudem war sie eine Oktave höher gesetzt. Man konnte es auch so sehen: «Das war noch ein bisschen perverser. Weil ich wie ein Chorknabe klang.»

Als Jane Birkin 1988 durch zwei Filme von Agnès Varda endlich als Schauspielerin registriert wurde – obwohl sie schon seit Jahren «ernst zu nehmende» Rollen spielte –, schrieb die deutsche Presse vom Wechsel «des Püppchens ins Charakterfach» (Barbara von Jhering), um gleich richtig zu stellen: «Sie hat das Fach gewechselt, aber nicht die Haltung.» Und die Autorin meinte das als Kompliment, bescheinigte «Intensität, Ernsthaftigkeit und Offenheit». Eine seltsame Verbindung bei einem Mädchen, das in Filmen wie «Cannabis», «Sex Power» oder «Too Pretty To Be Honest» spielte, das in schöner Regelmäßigkeit einmal pro Film nackt über die Leinwand huschte oder ein Minikleid tragen und fröhlich lachend ihren Einkaufskorb durchs Bild schwingen durfte. Und doch war es diese Mischung aus mädchenhafter Naivität und selbstverständlicher Erotik, die ihr vom ersten Moment an, als sie sich 1965 in Richard Lesters Film «Der gewisse Kniff» («The Knack – And How To Get It») auf den Soziussitz des Motorrads schwang, eine ungeheure Sympathie sicherte. «Wer ist nun diese Jane Birkin?», hieß es 1969 im Waschzettel der deutschen Phonogram: «Ein sehr modernes und daher völlig normales oder absolut verrücktes Mädchen unserer Zeit. Eines, von dem man

Taxifahrer mit vier Kindern zu Jane Birkin: «Fucking ‹Je t'aime!›» Jane Birkin: «Einer Frau ein Lied zu schreiben, gehört zu den größten Komplimenten.»

spricht und sicher bald noch mehr sprechen wird. Nicht unbedingt in gutbürgerlichen Kreisen. Möglicherweise eine geborene Schauspielerin im wahrsten Sinne des Wortes.»

Dabei wünschte die siebzehnjährige Jane sich nichts sehnlicher als ein Baby, kaum war sie dem lebhaften englischen Elternhaus entwachsen. Der Vater, den sie vergötterte, galt als Kriegsheld, hatte Nachteinsätze für die französische Résistance geflogen, später malte er und betreute als Sozialarbeiter Schwerverbrecher; ihre Mutter war Judy Campbell, Lieblingsschauspielerin des Dramatikers Noël Coward. Dann gab es noch den älteren Bruder Andrew und die kleine Schwester Linda. Mit achtzehn wird Jane tatsächlich schwanger, heiratet den englischen Filmkomponisten John Barry, der für «Der gewisse Kniff» die Musik schrieb, und sitzt bald mit ihrer beider Tochter Kate allein zu Hause. Sie geht mit Kate nach Paris, um eine neue Rolle anzunehmen, in «Slogan», einem Film mit dem Komponisten und Schauspieler Serge Gainsbourg, der kurz zuvor Brigitte Bardot an ihren künftigen Ehemann Gunter Sachs verloren hat. «Ein russischstämmiger, jüdischer, alkoholsüchtiger Clown, in den ich mich sofort verliebte» (Jane Birkin), trifft auf ein «süßes englisches Schulmädchen aus der Oberschicht» (Marianne Faithfull). Dreizehn Jahre, bis 1982, lebt die französische John-Lennon/Yoko-Ono-Version zusammen, sie bleiben auch getrennt ein Paar, bis 1991, als Serge Gainsbourg stirbt.

«Sis is a chanson from Ssssersch!», wispert die fünfundfünfzigjährige Jane Birkin und geht mit seinen Liedern wieder auf Tournee, präsentiert sie 2003 mit algerischen Musikern in neuen Arrangements auf «Arabesque». Eine unendliche Geschichte, die am Abend zu Tränen rühren kann, am Morgen unerträglich klingt. «Ich bin gut darin, in der Welt herumzulaufen und Serge hochzuhalten wie die Fackel bei einer olympischen Zeremonie. Das werde ich tun, bis ich tot bin», versichert sie und singt mit dieser fragilen Stimme, die noch immer auf schmalem Grat gefährlich balanciert, kurz kippt und sich fängt, den zweideutigen Texten ihre eindeutige Liebe schenkt. «Ssshh sshh shh» – hatte Serge sie früher dirigiert, mit kleinen Bewegungen der Finger genau ihre Pausen gesetzt, die Wörter mit den

Augen begleitet und ihren Mund ganz nah ans Mikrophon geschoben. Das Intime musste deutlich werden.

«Face B» nannten die Franzosen das andere Gesicht von Serge Gainsbourg, die verletzliche, melancholische Seite jenes genialen Rüpels, der als Lucien Ginzburg 1928 in Paris geboren wurde, also vierzig war, als er die zwanzigjährige Jane Birkin kennen lernte. Als Komponist hatte er seinen Ruf mit Filmmusik und Liedern und Hits für Petula Clark, Nana Mouskouri oder Juliette Gréco gefestigt, er hatte sich vom intellektuellen Barjazz-Ambiente zum mitsingbaren Popsong bewegt, war durch «Poupée De Cire, Poupée De Son», mit dem France Gall 1965 den Großen Preis der Eurovision für Luxemburg gewann, erfolgreich und litt doch ständig darunter, mit seiner heiser flüsternden Gitanes-Stimme und seiner schönen Hässlichkeit im Hintergrund zu stehen. Als Brigitte Bardot ihre Version von «Je t'aime, moi non plus» zurückzog – aufgrund des heftigen Einspruchs ihres Gatten Sachs, da die Aufnahmen in einer Zwei-Stunden-Session «under heavy petting» entstanden waren –, suchte Serge nach einer neuen Partnerin. Er fragte ziemlich jede, Marisa Berenson und Marianne Faithfull waren seine Favoritinnen, bis er Jane Birkin traf. Keine Liebe auf den ersten Blick, aber eine lebenslange. Jane Birkin: «Er arbeitete gern mit Schauspielerinnen, weil er ihnen sagen konnte, was sie tun sollten – genau so singen wie er, sehr nah am Mikrophon und sinnlich flüsternd. Für ihn waren schöne Schauspielerinnen, die singen, viel aufregender als Mädchen mit schönen Stimmen.»

Den Verdacht, dass es sich bei der neuen Viereinhalb-Minuten-Version von «Je t'aime» wieder um eine Live-Sex-Session handle, widerlegte Gainsbourg mit dem Macho-Kommentar: «Zum Glück nicht, sonst wäre eine Langspielplatte daraus geworden.» Die Single verkaufte sich weltweit sechs Millionen Mal, und die dann doch entstehende Langspielplatte «Jane Birkin & Serge Gainsbourg» – auf ihr waren zehn weitere Lieder zu hören, eines davon ebenfalls ein Duett, die restlichen von ihm oder von ihr allein gesungen – bot genügend Stoff für zusätzliche Erregung. Die Stücke waren dezenter verschlüsselt: «69 année érotique» spielte mit wechselseitiger Fellatio, «Les Sucettes», ein Song über Anis-Dauerlutscher, den schon France Gall ganz unschuldig trällerte, wurde in Gainsbourgs Version mit passendem Schluckgeräusch eindeutig.

Die Provokationen der folgenden zehn Jahre waren vorgegeben: ob dies die öffentliche Demonstration seines A-tergo-Tanzsongs «La Décadanse» mit der unterm grobmaschig gestrickten Minikleid halb nackten Jane Birkin war, die «Variations sur Marilou» über weibliche Masturbation, «Lemon Incest» über eine fragwürdige Vater-Tochter-Beziehung oder «Love On The Beat» über eine «schlagende Verbindung», wie die Berliner «tageszeitung» das «obszöne Werk» von Serge Gainsbourg später aufschlüsselte. Dass sich Jane Birkin, nur mit schwarzen Strümpfen bekleidet, an eine Heizung fesseln ließ und diese Fotos in

Jane Birkin und Serge Gainsbourg in ihrer Pariser Wohnung, 1970. «Jetzt, mit dem ganzen Geld, können wir endlich etwas Ernsthaftes machen.»

der Weihnachtsnummer von «Lui» erschienen, war bloß konsequent. Die Wünsche von Gainsbourg begriff sie stets als Kompliment. «Er, der sich immer für so hässlich hielt, fand in mir eine willige Komplizin, die gern mitmachte, wenn es darum ging, sich exzessiv und öffentlich zu produzieren. Wir waren wie zwei Kinder, immer scharf auf verbotene Früchte. Nach ihnen zu greifen war für mich der Sieg über die eigenen Komplexe ... Ich handelte zwanghaft, nur um meinem Geliebten zu gefallen und ein perfektes Instrument für seine Selbstdarstellung zu sein.»

«Ich habe alle Fotos gemacht, um die man mich gebeten hat. Aber wirklich alle», kommentiert sie jene Zeit in Agnès Vardas Film «Jane B. par Agnès V.», das «Lui»-Foto in leinwandfüllender Diaprojektion über sich, während ihre Gesichtszüge zwischen Lächeln und Verlegenheit schwanken. «Weil ich mich freute, dass Serge so stolz auf mich war. Ich war ganz entzückt, dass man mich schön fand.» Schwer zu entscheiden, was im Rückblick verblüffender erscheint: dass man sie nie als das schnurrende Sex-Püppchen à la Brigitte Bardot empfand, obwohl das einzig Emanzipierte ihres Wesens in der bedingungslosen Offenheit lag, oder wie sehr man die frühen Bürgerschreck-Kinder als revolutionär missverstand, wo sie oft nur neue Modelle und Models für alte Macho-Rollen suchten. «Ich habe nie revoltiert, als ich jung war. Ich wollte immer um jeden Preis gefallen ... Ich musste aufpassen; keiner sollte merken, dass ich selbst keinen Willen hatte.» Oder lag das Faszinierende darin, dass ein kleines Mädchen sogar als Femme fatale verkleidet immer bedeckt blieb, auch wenn es sich völlig auszog? Sie möge ihre Umhängetasche ausleeren, bittet Agnès Varda sie im Film, und Jane Birkin kippt den Inhalt auf eine Decke, verstreut ihn und sagt: «Selbst wenn man alles auspackt, offenbart man nicht viel.»

Jane B. – dieses «B.» wird ein Markenname und bleibt doch sehr persönlich, signalisiert Abstand und ist doch privat. Man muss sie nicht auffordern, sie antwortet ungefragt: «Meine Hände und Füße sind zu groß, ich habe O-Beine, mein Busen ist zu flach und meine Zähne stehen vor.» Sie will mit ihrer Ehrlichkeit und ihrem Lachen entwaffnen, bevor die anderen sie verletzen können, lieber sich selbst

Jane Birkin, 1975. «Alles, was ich tat, machte ich nur, um einen Mann auf mich aufmerksam zu machen.»

verletzen als verletzt werden. «Der Horror meiner Kindheit war, dass ich mich so entsetzlich fand. So hässlich, ungelenk, blöd.» Sie zieht sich wie ein Junge an, trägt die Sachen ihres Bruders, hat ständig Angst, wegen offensichtlicher und erwiesener Weiblichkeit aus dessen Clique ausgeschlossen zu werden, und will doch eine Frau sein. Sie stopft sich ihre Pullover mit Watte und Schaumstoff aus, denkt, dass es unerlässlich sei, einen großen Busen zu haben. «Und dann kam Serge, der mir sagte, dass er Angst vor großen Brüsten hat ... Ich sei das Idealbild weiblicher Schönheit, gerade weil ich wie ein Junge aussähe. Und so ging es dann. Er liebte meinen nicht vorhandenen Busen, also zeigte ich ihn her.» Sie zieht sich aus, in einer Mischung aus Stolz und Trost, dafür geliebt zu werden, tritt vorsorglich die Flucht nach vorn an, bevor wieder irgendjemand denken und sagen kann, sie habe vermutlich einen ziemlich kleinen Busen.

Auf der Schallplattenhülle von Serge Gainsbourgs erst spät gewürdigtem Meisterwerk von 1971, dem Konzeptalbum «Histoire de Melody Nelson», posiert sie mit rotem Haar und Sommersprossen – wie Serge es will –, hält sich einen Stoffaffen vor den nackten Oberkörper, der oberste Knopf der Bluejeans bleibt offen – «es musste sein, ich war mit Charlotte schwanger». Sie stellt ihre romantische, häusliche Seite gern zur Schau, die Liebe zu ihren Töchtern Kate (mit John Barry), Charlotte (mit Serge Gainsbourg) und Lou (mit dem Filmregisseur Jacques Doillon, ihr Lebensgefährte nach der Trennung von Serge). In ihrem Haus in Paris, das jenen abgeblätterten Charme französischer Gartenhäuser ausstrahlt, ließ sie eine Wand einreißen, um Platz für eine große Wohnküche zu schaffen. Eine Tochter machte am Tisch Hausaufgaben, die andere spielte Klavier, sie selbst kochte, die Idylle hat bis heute einen Ort. Die Wand an der schmalen Treppe, die in die oberen Stockwerke führt, ist übersät mit Bildern ihrer Kinder, die im Bad ist holzgetäfelt wie in Bibliotheken. «Ich mag die Vorstellung, dass Bücher um mich sind. Das wärmt mich.»

Die Liebe zu weißen Lilien passt zu der großen Romantikerin; dass sie die Sträuße im Zellophanpapier vertrocknen lässt und fasziniert verwesende Blüten im Schimmelwasser betrachtet, zählt zur

Jane Birkin in dem Film «Jane B. par Agnès V.» von Agnès Varda, 1988. «Wenn es jemand gäbe, in den ich mich total verlieben könnte, dann wäre das Kafka. So eine verwirrte Person.»

hohen Kunst der melancholischen Selbstinszenierung. «Ich hebe alles auf.» Agnès Varda inszeniert sie in einer Szene ihres Porträts als blumenbekränzte Muse; ein kleines Tintenfass für ihren Füller, das sie in der Umhängetasche trägt, gehört zur Ausrüstung einer Muse, die täglich ihr Haus verlässt, um sich der Welt zu zeigen.

Jane Birkin und Serge Gainsbourg. «Er, der sich immer für so hässlich hielt, fand in mir ein willige Komplizin, die gern mitmachte, wenn es darum ging, sich exzessiv und öffentlich zu produzieren. Wir waren wie zwei Kinder, immer scharf auf verbotene Früchte. Nach ihnen zu greifen war der Sieg über die eigenen Komplexe.»

Ihr verwunschenes Haus ist der Ort, an dem sie sich wieder in sich selbst verwandeln kann; sie schlüpft in ein weites T-Shirt, das sie zur Jeans trägt, dazu die riesige blaugraue Weste oder das Männersakko, Insignien eines Stils, den sie lebt, dessen Lässigkeit die Waage hält zwischen «The Lady Is A Tramp» und «Sophisticated Lady». «Ich lebe jetzt in Paris allein, zum ersten Mal allein ...», gesteht sie 1998. «Ich habe mich immer durch die Augen meiner Partner und meiner Kinder gesehen. Vielleicht fühle ich mich zum ersten Mal erwachsen. Es ist nicht richtig traurig, aber ich habe niemanden mehr, dem ich mich anpassen muss, für den ich das sein kann, was er in mir sehen will. Ich weiß eigentlich nicht recht, was ich allein mit mir anfangen soll.»

Als sie 1982 Serge Gainsbourg verließ, «weil das Äußere nicht mit dem Inneren korrespondierte», begann für sie ein zweiter Weg, der sie zu ihren besten Filmen führte. «Serge wollte nicht, dass jemand wächst, er wollte, dass alles so blieb, wie es immer war.» Sie dreht drei Filme mit Jacques Doillon – «Die verlorene Tochter», «Die Piratin» und «Komödie» –, spielt 1985 neben Trevor Howard in «Dust», 1987 in Agnès Vardas «Zeit mit Julien», 1990 mit Dirk Bogarde in «Daddy Nostalgie» von Bertrand Tavernier und 1991 in Jacques Rivettes «Die schöne Querulantin». Sie freut sich darüber, sich ihren Eltern endlich in solchen Filmen präsentieren zu können. «Es ist die Chance, ihnen zu beweisen, dass ich es geschafft habe. Ihre Anerkennung ist mir wichtiger als alles andere. Es macht mir schmerzhaft viel aus, was meine Eltern von mir denken.»

Und oft sind ihre Rollen nicht von ihren eigenen Gefühlen zu trennen. In «Daddy Nostalgie» ist sie Caroline, die zu ihrer Mutter und dem todkranken Vater nach Hause zurückkehrt, um für kurze Zeit noch einmal die liebende, die trotzige, die kindliche Tochter zu spielen. In dem Traumprolog zu Beginn des Films sieht sie sich wieder als zwölfjähriges Mädchen. Sie brechen zu einer Reise durch die Wüste auf, in der Küche hinterlassen sie einen Zettel: «Wir sind weggegangen.» Als sie den Vater im Rollstuhl einen Hügel hochschieben, fragt sie sich plötzlich, ob dieses Mädchen wirklich sie selbst sei. Sie geht auf den Hügel, blickt auf die drei hinunter und erkennt sich: «Es war wirklich ich.»

Ob sie stolz erzählt, dass man sie im wahren Leben auf Reisen für die junge Geliebte ihres Vaters hielt oder in «Daddy Nostalgie» die tiefkatholische Mutter zur Haushälterin degradiert wird und Jane Birkin mit dem Vater in die Bar geht – das Inzestmotiv ist spürbar. In «Dust», einem der intensivsten Filme der Regisseurin Marion Hänsel, lebt sie mit ihrem despotischen Vater auf einer armseligen Farm in Südafrika, sehnt sich verhärmt-jüngferlich nach dessen Liebe und muss doch mit ansehen, wie er sich die junge schwarze Dienerin nimmt. Ein beklemmendes, vibrierendes Kammerspiel nach einem Roman des südafrikanischen Schriftstellers J. M. Coetzee, eine Entdeckung, lange bevor dieser in Europa zu Ruhm kam. Manchmal scheint es, als ziehe sie solche Rollen an, als kehre sie in die alten Abhängigkeiten zurück. Als sie Agnès Varda von einem eigenen Skript für einen Film erzählt, in dem es um die Liebe einer vierzigjährigen Frau zum fünfzehnjährigen Freund ihres Sohnes geht – «Die Zeit mit Julien» –, sagt Varda, der Film führe doch nur wieder nach London in ihre Jugend, zurück zum geliebten Bruder Andrew.

«Man tut sich später schwer», meint Jane Birkin in einem Interview 1991, kurz vor dem Tode Serge Gainsbourgs und ihres Vaters, der im selben Jahr stirbt, «wenn man sich als Kind so bedingungslos jemandem unterworfen hat, wenn man alles gemacht hat, was dieser Mensch von einem wollte. Es muss etwas in mir sein, das mich dazu bringt, Sachen tun zu wollen, die andere von mir erwarten. Ich mag es, herumgeführt zu werden und jemandes Modell zu sein.» Als ihr Bruder Andrew seine kleinen Home Movies dreht, ist die zwölfjährige Jane seine Schauspielerin: «Er war mein Held, und ich war bereit, alles für ihn zu tun. Ich ließ mich sogar auf Eisenbahnschienen festbinden, weil er mich aufnehmen wollte, wenn der Zug kam. Ich vertraute ihm, dass nichts geschehen würde. Es geschah auch wirklich nichts. Der Zug fuhr im letzten Moment auf ein anderes Gleis. Damals war schon klar, dass er Regisseur und ich Schauspielerin werden würde.»

Es ist die Geschichte Jane Birkins, die für ihr Leben gern die Johanna von Orléans spielen möchte, wäre ihr englischer Akzent in dieser Rolle nicht etwas unpassend, die im Dschungel lieber Mogli als Jane wäre, die immer ein Junge sein wollte. «Zwischen dem Ende meiner Kindheit und der Geburt meiner ersten Tochter Kate war ich sehr unglücklich. Ich erinnere mich an den Tag, an dem ich mich zum ersten Mal wie ein Mädchen kleidete und einen Rock trug. Ich dachte, ich sähe hübsch aus, und war sehr stolz. Ich dachte, Andrew würde auch sehr stolz auf mich sein. Doch als er mich sah, sagte er nur: Jetzt ist alles aus, jetzt ist alles vorbei. Ich war todunglücklich. Ich glaubte, ich hätte seine Freundschaft für immer verloren. Ich hasste meinen Körper. Ich hatte das Gefühl, er habe mich betrogen. Er hatte mir das Gefühl gegeben, ein Junge zu sein. Bis zu meinem sechzehnten Lebensjahr sah ich wie ein Junge aus.»

Das «Zusammentreffen eines schönen androgynen Wesens mit einer Eva aus Modelliermasse», wie Agnès Varda einmal das Eigentümliche Jane Birkins charakterisierte, ist dafür verantwortlich, dass sie am verführerischsten wirkt, wenn sie in Männerkleider zurückschlüpfen kann und damit einen Stil kreiert, der sie alterslos werden lässt. «Alt werden ist eine schreckliche Krankheit für Frauen», konstatierte sie mit dreiunddreißig, «es ist so ungerecht, wenn du einen Mann und eine Frau vergleichst, die beide fünfzig sind. Alt zu werden hat nicht viel Anmut. Aber das Schlimmste ist, wenn du dich einpökeln lässt. Es ist schrecklich, eine Frau mit sechzig zu sehen, die nur noch schöne Beine hat.» Doch mit Mitte fünfzig sieht sie Alter inzwischen auch als Befreiung: «Das Problem zu lösen besteht zum Teil einfach darin, sich nicht darum zu kümmern. Ich denke, es hilft, wenn man eine Frau über fünfzig ist … Man ist dann jenseits der Kritik. Marianne Faithfull dürfte das ähnlich sehen.» Und 2002 sagt sie: «Gegen eine Junge kann man nicht kämpfen. Aber was ich wirklich liebe, ist Lachen. Da kann man sogar mit dem Alter bluffen. Ein Lächeln liftet alles. Natürlich interessieren mich die Liftings gewaltig, aber ich bin ein furchtbarer Angsthase. Freunde haben mir die DHEA-Hormonpillen aus den USA mitgebracht. Ich habe mich damit drei Monate voll gestopft, und es hat nichts genutzt.»

Am 2. März 1991 stirbt Serge Gainsbourg an einem Herzschlag, jener Provokateur, der es so genial verstand, Hässlichkeit und Schönheit zu mischen. Sein Tod war nicht nur das Ende einer übergroßen Liebe, er bedeutete auch das Ende von Jane Birkins Beziehung zu Jacques Doillon, der gegen den toten Serge noch machtloser war als gegen den lebenden. Selbst nach ihrer Trennung hatte Jane Birkin ihren alten Wohnungsschlüssel behalten, ihr eigenes Zimmer in Serges Haus, obwohl er inzwischen wieder geheiratet und mit seiner neuen Frau einen Sohn hatte. Rief Serge an, kam sie, kochte sie, für Jacques blieb der Rest und das Verständnis. Bis Serge ging. Die Depressionen der folgenden Jahre übersteht Jane Birkin mit dem Film «Oh, pardon! Tu dormais ...» über die eigene Trauer und mit der Rolle der Andromache in den «Troerinnen» des Euripides. Sie engagiert sich für amnesty international, für die «Gesellschaft für behinderte Kinder», in Bosnien, später auch in Sarajevo und Tschetschenien. Erst 1996 taucht sie mit einer neuen CD auf, mit ihren Versionen der Kompositionen von Gainsbourg: «Versions Jane».

Das Album «Versions Jane» von 1996, auf dem Jane Birkin die Lieder des fünf Jahre zuvor verstorbenen Serge Gainsbourg singt. «Es ist, als gäbe ich dem Leben von Serge noch eine Nachspielzeit.»

«L'Anamour» aus ihrem ersten gemeinsamen Album singt sie jetzt ganz unangestrengt und dunkler als damals: «Weißt du, die lebhaft bunten Fotos, die ich in Asien mit 200 ASA aufnahm, sind nun, wo du nicht mehr da bist, verblasst.» Die Musik und ihre Stimme werden immer intensiver, die Geschichten dagegen verlieren ihre Farbe, je öfter sie erzählt werden: wie Gainsbourg einen 500-Francs-Schein öffentlich im Fernsehen verbrannte, um gegen die Steuern zu protestieren, wie er Whitney Houston in einer Talkshow gestand: «I want to föck you», die Marseillaise in einer Reggae-Version verunglimpfte oder im Video zu «Lemon Incest» mit Tochter Charlotte nackt im Bett liegt. Wie sie ihr halbes Leben in Nachtclubs verbrachten, um neun Uhr abends weggingen, wenn die Kinder schliefen, morgens zurückkehrten, ihnen das Frühstück machten und dann ins Bett verschwanden, bis die Töchter wieder aus der Schule kamen. Wie sie ihr Leben lang als Sesam-öffne-dich nur ihr

«Je t'aime, moi non plus» erwähnen mussten, jenes zweideutige «Ich liebe dich – ich aber nicht», um die Erinnerungen anderer auf ihrer Seite zu haben. Ob sie sich von dem Lied verfolgt fühle, wird sie gefragt. «Ich habe kein Problem damit. Immerhin, ein Liebeslied. Serge wäre stinksauer, wenn man mich für etwas anderes im Gedächtnis behielte.»

Als Agnès Varda sie bittet, sich für «Jane B. par Agnès V.» einen Partner für eine Filmszene zu wünschen, nennt sie Marlon Brando. Aber der sei zu teuer. Vielleicht dann Jean-Pierre Léaud, den späten Léaud, den mit diesem kaputten Blick. «Eigentlich liebe ich überhaupt nur Ver-

«Ich habe die Franzosen zum Lachen gebracht. Ich sah sehr englisch aus. Große Zähne. Pony. Und ‹Pardon› sagen kann auch nicht schaden in Frankreich. Viele vergessen das.»

lorene», gesteht sie. «Ich liebe an Körpern die Fehler. Ich liebe zu große Brüste, zu dünne Männer, ich bin gerührt von Narben, ich mag es, wenn die Zeit Spuren hinterlässt. Ich mag blaue Flecken, von Blut angeschwollene Venen. Kurz und gut: Perfektion ödet mich an.»

Ganz sicher: Es ist diese Lücke zwischen den Zähnen, die Jane Birkin so schön macht.

THE UNTOUCHABLES

CHARLOTTE RAMPLING
Heimweh nach dem Traurigsein
CARLA BLEY
Femme musicale
JONI MITCHELL
Ich war immer Punk, nie Mainstream

CHARLOTTE RAMPLING
HEIMWEH NACH DEM TRAURIGSEIN

«DEN LEUTEN FIEL AUF, wie leer mein Gesichtsausdruck war und wie ziellos mein Reden. Die letzten Wörter meines Satzes verloren sich. Und als ich mir den Mantel zuknöpfte, um nach Hause zu gehen, sagte ich ziemlich dramatisch: ‹Meine Jugend ist dahin.›» Charlotte Rampling lässt das Buch sinken, starrt in den Vorlesungssaal, in die Gesichter der jungen Studenten, die hochsehen, als die Pause überlang wird. Charlotte Rampling spielt Marie, eine Literaturdozentin an einer Pariser Universität, eine Frau, deren Mann verschwunden ist, sie ist Charlotte Rampling, deren Jugend dahin ist. Keine Trauer, keine Dramatik, sie ist Marie, die aus Virginia Woolfs «Wellen» vorliest. «Sie besitzt die Fähigkeit, ihre Rolle tatsächlich zu leben, statt sie nur zu spielen», schrieb Dirk Bogarde ihr ins Fotoalbum.

Marie und Jean sind seit fünfundzwanzig Jahren verheiratet, ihre Liebe hat sich in schöne Gewohnheit verwandelt, in zärtliche Gesten, die ihnen das Sprechen ersparen. Als sie in den Ferien ans Meer fahren, verschwindet Jean plötzlich. Er hatte ihr am Strand den Rücken eingecremt, war, während sie las, schwimmen gegangen – und kam nicht wieder. Sie kehrt nach Paris zurück, lebt, als sei er noch in der Wohnung, spricht mit ihm, will seinen Tod nicht denken. Der Film «Unter dem Sand», den der französische Regisseur François Ozon 2001 mit Charlotte Rampling dreht, ist ein Kammerspiel für ihr Gesicht, für die stählernen Augen, für die sinnliche

Oberlippe, die sich über die harte Unterlippe schiebt. Die Sechsund-
fünfzigjährige sieht in den Spiegel, streicht mit den Fingern über
ihre Augenlider, greift zu einer Dose, trägt gelangweilt-pflichtbe-
wusst Creme unter den Augen auf, es gibt wichtigere Dinge als die
Falten des Alters. «Eine Frau ohne Make-up, die nicht geliftet ist, das
Publikum liebt eine solche Frau», sagt François Ozon. «Früher war
sie ziemlich distanziert, jetzt kann sich jeder mit ihr identifizieren.»

Charlotte Rampling, nervöse Femme fatale der siebziger Jahre,
nun als jedermanns Darling? Seit Jonathan Nossiters Film «Signs And
Wonders» aus dem Jahr 2001, in dem sie ihr Mann wegen einer Jüngeren verlässt, galt sie manchem als Modell für gepflegte, großbürgerliche Verzweiflung. Und doch verbirgt sich «Unter dem Sand»,
hinter der Fassade der alltäglichen Wiederholungen und Rituale, die
gleiche Obsession, die schon ihren früheren Filmen das Neurotische
gab. Marie spricht von ihrem Mann in der Gegenwart, wo jeder ihrer
Freunde die Vergangenheitsform wählt. Als sie mit einem anderen
schläft, sieht sie ihren Mann in der Tür stehen, lächelt ihm zu. Später
ist sie zwar bereit, eine unkenntliche, vom Wasser aufgeschwemmte
Leiche zu identifizieren, die Armbanduhr dieses, ihres Mannes will
sie jedoch nicht wiedererkennen. Es ist eine hermetische Welt, die
Charlotte Rampling schafft, in der sie sich sicher fühlen kann – nicht
zuletzt vor sich selbst.

«Schon mit ‹Signs And Wonders› hatte sich eine neue Richtung,
ein Weg zum Licht eröffnet, der mit einem bestimmten Punkt in
meinem Leben korrespondiert», erklärt sie dem Journalisten und
preist dann «Unter dem Sand»: «Marie erlaubt mir, mich zu öffnen.
Solche Rollen tauchen auf, wenn du dafür bereit bist. Ich kann in
einem Film nichts ausdrücken, was nicht auch in mir ist. Ich bin eine
Schauspielerin und zugleich bin ich keine. Film war für mich immer
mit meinem eigenen Leben verbunden, mit dem, was ich erlebte. Ich
habe meine Themen unbewusst gewählt. Wenn ich mich verbergen
wollte, waren es Rollen, in denen ich der Vamp war, sehr manipulativ
– gut, um sich dahinter zu verstecken.»

Es sind seltsame, selten gezeigte Filme, die man nie vergisst,
Filme, die wie Gift ins Blut gehen, und oft waren es nur Nebenrollen,

kurze Auftritte, die dafür sorgten. Als Charlotte Rampling 1975 im Remake von Raymond Chandlers «Farewell, My Lovely» nach etwa zwei Dritteln des Films zum ersten Mal zu sehen ist, wirkt sie wie das männermordende Double von Lauren Bacall, mit rauchtiefer Stimme und langen, langen Beinen. Wortlos weisen ihre Augen Philip Marlowe alias Robert Mitchum den Weg in den Salon. «My name is Phil» – «Helen. Kiss me», verschleift und verkürzt sie alle Formalitäten. Wäre da nicht ihre vibrierende Präsenz, könnte die Direktheit peinlich geraten: «Gehen wir zu mir?», fragt Marlowe. «Warum? Sie haben alles dabei, was Sie brauchen», erklärt sie und steigt mit ihm ins Auto. Am Ende des Films, als der gutmütige Riese Moose «seine» Velma alias Helen durchschaut und als mörderische Dragonlady entlarvt, wird spürbar, warum Charlotte Rampling dieses Doppelleben so eindeutig spielen kann: Sie liebt die Gefahr, die in dieser Rolle steckt. Philip Marlowe muss sie erschießen, um die Ordnung der

In François Ozons Film «Unter dem Sand», 2001. «Ein großer Vorteil des Alters besteht darin, dass du langsam verstehst, wie du funktionierst. Wie die Feinabstimmung eines Präzisionsinstruments. Und du weißt, dass du nie zu alt sein wirst, um zu lieben.»

Welt zu erhalten – Blut sickert durch ihr weißes Satinkleid. Er schießt aus Selbstschutz und Verzweiflung, nicht aus Überzeugung.

In den achtziger Jahren entspricht sie in vielen ihrer Filme dem immer gleichen Bild des mysteriösen, verführerischen Todesboten, ob in «D.O.A.» mit Dennis Quaid, in «Angel Heart» mit Mickey Rourke oder in Jacques Derays «Mörderischer Engel». Beinahe droht sie berechenbar zu werden, da ihre Auftritte nur von ihrer Ausstrahlung, nicht aber von der Tiefe der Rollen leben.

«Ich spiele ständig mit der Stärke und der Schwäche», bekennt sie 1995. «Stärke ohne Schwäche ist Brutalität, aber Schwäche ohne Stärke heißt Selbstzerstörung. Manchmal ist es schwierig, das Gleichgewicht zu wahren.» Als ihr Mann Jean-Michel Jarre im selben Interview gerade dieses Doppeldeutige als das privat Faszinierendste an ihrer Person bezeichnet, ist ihre Ehe schon am Ende. Die mehr als zwanzig Jahre dauernde Beziehung der englischen Schauspielerin und des französischen Musikers hatte als vorbildliches Muster einer Künstlerehe gegolten, eine Liebe zwischen zwei extremen, schwierigen Charakteren, die argwöhnisch bewundert wurde. Sie spielen das gleiche Spiel, und doch scheint dem Aufstieg Jean-Michel Jarres als Schöpfer des erfolgreichen Albums «Oxygene» der Stillstand Charlotte Ramplings gegenüberzustehen. Sie will nicht nach Hollywood, es gibt Wichtigeres für sie als Ruhm. «Privat brauche ich Nähe und Geborgenheit, sonst würde ich doch am Leben vorbeigehen.» Und die Filme mache sie, um ihre Gefühle in aller Radikalität auszuleben, «um die Dämonen auszutreiben».

Als Charlotte Rampling 1965 ihre erste kleine Rolle in Richard Lesters Komödie «Der gewisse Kniff» bekommt – ein Film, der auch für Jane Birkin und Jacqueline Bisset zum Debüt wird –, sind die Dämonen noch unsichtbar. Sie hatte Fotos bei einer Agentur eingereicht, die erste Set-Card des achtzehnjährigen Modells zeigt sie im gewohnten Twen-Look mit künstlichen Wimpern, halb offenem Mund, verträumtem Blick und der obligatorischen Hand im Haar, im Minirock zum Mini Cooper, mit einem, wie üblich, lasziven Lächeln zur halb offenen Bluse, und nur die Augen versprechen mehr als ein Covergirl. Sie lässt sich für Cadbury fotografieren, spielt kurz nach

Die junge Charlotte Rampling: «Ich denke nicht, dass es einen Mann gibt, den ich nicht haben könnte, wenn ich wollte.»

«Der gewisse Kniff» die Hauptrolle in «Rotten To The Core», danach, 1966, in «Georgy Girl». «I was living for fun, fun, fun. Ich lebte auf der Überholspur. Alles, was ich machte, stand in der Zeitung. Mein Vater tat mir sehr Leid. Es war eine schwere Zeit für ihn im Golf-Club.»

Der Nato-Oberst Godfrey Rampling war mit Frau und Töchtern wieder nach England gegangen, nachdem er in verschiedenen Stützpunkten Europas Dienst getan hatte. Drei Jahre lang, bis sie zwölf war, hatte Charlotte ein französisches Kloster besucht; zurück in London, zieht sie als Dreizehnjährige zusammen mit ihrer älteren Schwester Sarah durch Pubs und Clubs, singt «C'est si bon» und «C'est magnifique». Mit sechzehn schmeißt sie einen Spanischkurs und trampt dafür durch Spanien, der Vater holt sie nach Hause – «ich war eine Rebellin».

«Er war hart und sehr stark. Ein typischer Brite», beschreibt Charlotte Rampling ihren Vater, der 1936 bei den Olympischen Spielen in Berlin Läufer in der 4 x 400-Meter-Goldstaffel Englands war. «Jene Sorte Mann, die keine Emotionen zeigt. Öffentlich küssen, streicheln oder berühren war ein Luxus, den er sich nie leistete. Dieses Verbergen der Gefühle war für uns schlimm. Wir konnten das natürliche Bedürfnis nach Liebe und Zärtlichkeit nie ausleben.» Colonel Rampling sollte dafür bitter büßen – öffentlich. Der Film wird ihr zur Droge. Scham ist ihr so fremd wie Abstinenz, eine Abtreibung so selbstverständlich wie die Nacht zuvor. «Ich habe nicht viel darüber nachgedacht. Am nächsten Tag spielte ich schon wieder Tennis. Du machst weiter, denkst, dass alles okay ist, bis die Dinge dich eines Tages einholen.»

An Charlottes einundzwanzigstem Geburtstag stirbt ihre Schwester Sarah an einer Gehirnblutung. Sie erstarrt vor Schmerz: «Mein Leben fiel auseinander, auch weil meine Mutter gebrochen war, alles löste sich auf. Diese Rollen, in denen ich das unbeschwerte, unvernünftige Mädchen gab, waren sinnlos geworden. Wenn ich weiter Filme machen wollte, dann nicht zur Unterhaltung. Alles hatte sich verändert, und ich wollte mich auf den Weg ins Dunkel begeben. Um deine Dämonen auszutreiben, musst du ins Dunkel gehen.» Den

Der Regisseur Nugisa Oshima: «Es gibt keinen Mann auf dieser Erde, der die Kraft besäße, einen Engel in seiner Trauer zu trösten.»

ersten Schritt wagt sie 1968 mit der Nebenrolle der Elisabeth in Luchino Viscontis Film «Die Verdammten». Dirk Bogarde, der für die männliche Hauptrolle in dem theatralischen Epos über das Ende einer Industriellenfamilie während des Aufstiegs des Nationalsozialismus in Deutschland vorgesehen war, zeigte sich verblüfft: Visconti bestand auf diesem «verruchten kleinen Luder» aus der englischen Komödie «Georgy Girl». «Die Rampling? Warum denn die?», fragte Bogarde. «Visconti formte Daumen und Zeigefinger beider Hände zu einem Rechteck, rahmte damit seine Augenpartie und sagte: ‹Der Blick – das ist der Grund.›»

Und Bogarde erlebt, wie sich ein hübsches «Luder» in eine elegante, selbstsichere Frau verwandelt; trug sie zuvor den «kürzesten Minirock, den man sich vorstellen kann, und darunter – unübersehbar – einen scharlachroten Knabenslip», beeindruckte sie nun in einem «langen, eng anliegenden Abendkleid aus Spitze, mit einer Blume an der Schulter und Perlen um den Hals». Es ist die Mischung aus ungezähmtem Mädchen und neurotischer Lady, die ihre Erotik ausmacht: Das eine bleibt immer unter dem anderen virulent, ob sie die Zigarette in der behandschuhten Hand hält oder die grünen Augen unter dem Schleier des Hutes versteckt.

Als sie vier Jahre und fünf Filme später auf Drängen Bogardes die Hauptrolle in Liliana Cavanis «Der Nachtportier» bekommt, ist der Skandal programmiert. Abgelehnt in Deutschland, in Italien von Zensur bedroht, in den USA heftig kritisiert, beschreibt der Film das Treffen einer dreißigjährigen Frau, die als Mädchen im KZ von einem SS-Offizier verführt wurde, mit ihrem ehemaligen Geliebten. Die morbide Atmosphäre eines Hotels im Wien der Nachkriegszeit wird zum Schauplatz einer Vergangenheit, die noch immer Gegenwart ist, von gefährlichen Spielen, die wieder aufgenommen werden, von gegenseitiger Abhängigkeit und der Lust zu leiden. Charlotte Rampling: «Der Film erzählt die Geschichte einer Liebe, von Hörigkeit. Im KZ hat der Mann das Mädchen ja nicht gefoltert. Er hat sie genötigt, ohne physische Gewalt anzuwenden, und sie war ihm willfährig. Wenn auch nicht freiwillig, so doch mit Lust. Solche bizarren Phantasien gibt es immer und überall. Viele wollen das nur nicht wahrhaben.» Und wieder ist es ihr Blick, der so vieles auslöst, dieser eine Blick, mit dem die erwachsene Frau im Nachtportier des Hotels ihren ehemaligen Liebhaber Max erkennt. Während ihr Mund noch das Höflichkeitslächeln hält, das man einem Hotelangestellten schenkt, verändern sich ihre Augen, liegt in ihnen für einen Moment alles offen: Entsetzen, Hoffnung, Liebe, Ekel. Es ist dieser unverwechselbare Blick Charlotte Ramplings, der alles möglich macht und alles wagt, auch wenn sie sich damit selbst zerstört.

Bewegt sich die Geschichte von den ehemaligen Nazis, die in Wien ihren früheren SS-Kameraden zu liquidieren versuchen, weil

1974 spielt Charlotte Rampling in Liliana Cavanis «Der Nachtportier». «Ich springe ohne Netz, das ist meine Art. Ich bin mutig genug, alles rauszulassen. Im Alltag bin ich überhaupt nicht mutig. Nur als Schauspielerin.»

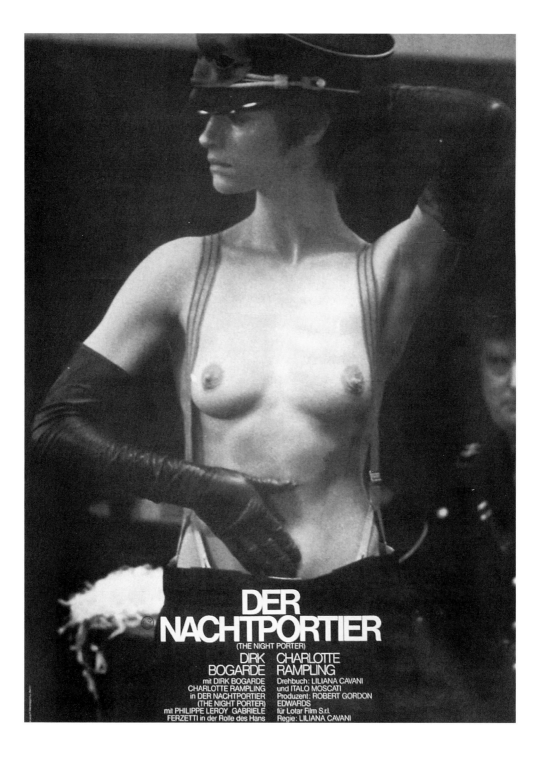

der sich nicht von seiner jüdischen Geliebten und damit von einer Zeugin lossagen will, noch in den kalten Farben eines politischen Psycho-Kammerspiels, so ist die Beziehung zwischen Dirk Bogarde und Charlotte Rampling voller verzweifelter Intensität. In Rückblenden tauchen immer wieder die Rituale von Verletzung, Blut und Verkleidung auf, die schließlich in dem lasziven Chanson gipfeln, das sie halb nackt vor dem «Cabaret»-Publikum der SS singt. Die Provokation ist unübersehbar: Sie trägt eine SS-Mütze, schwarze Hose und Hosenträger, streichelt sich die nackten Brüste, genießt den Auftritt vor den Mördern ihres Volkes und verwandelt das kollektive Grauen in individuelle Lust. Es ist der Tanz der schleierlosen Salome – am Ende kredenzt Max ihr in einem Karton den abgeschlagenen Kopf eines Mithäftlings, der sie gequält hatte. Filme, in denen sich die gängigen moralischen Maßstäbe verwischen, sind Charlotte Ramplings Genre. Sie steht zu den Verletzungen, die sie anderen und sich selbst zufügt. «Wenn ich mir was wünschen dürfte», singt sie vor den SS-Männern in gebrochenem Deutsch den Friedrich-Hollaender/Marlene-Dietrich-Song, «käm ich in Verlegenheit, was ich mir denn wünschen sollte, eine gute oder schlimme Zeit. Wenn ich mir was wünschen dürfte, möchte ich etwas glücklich sein, denn wenn ich allzu glücklich wär, hätt ich Heimweh nach dem Traurigsein.»

Als sie 1972 den «Nachtportier» dreht, ist ihr Sohn Barnaby noch ein Säugling. Sie war jahrelang mit zwei Männern zusammen, konnte sich nicht zwischen ihnen entscheiden und heiratete dann den Vater des Kindes, Bryan Southcombe. Einen Jugendverehrer, mit dem sie auch lange platonisch befreundet war, der ihr die Sicherheit gab, die sie brauchte. «Entweder wollten Männer mich ins Bett ziehen oder Frauen mich aus purer Eifersucht zerstören.» Doch die Beziehung scheiterte schon kurz nach der Eheschließung: «Bryan blieb zu Hause, putzte, kochte, betreute unseren Sohn. Ich konnte in ihm nicht mehr den Mann sehen. Da begann unsere Liebe zu bröckeln.» 1974 trifft sie bei einem Essen den Musiker Jean-Michel Jarre, sie verlieben sich, und was bisher nur bröckelte, fällt in sich zusammen. Der Franzose («Er ist ein wilder Mensch, jenseits der Gesellschaft.») und die Engländerin («Als hätte ich jahrelang auf sie gewartet.») ziehen zusammen, bekommen 1976 einen Sohn, David, und heiraten 1978.

Ihre Ehe ist nicht problemlos. Man will sich gegenseitig Freiheiten lassen («Wir betrügen uns nicht. Aber ich spiele gern.») und doch auf den anderen aufpassen («Vertrauen ist eine gute Sache. Aber nicht einfach.»). Der Stolz auf ihren schönen Mann vermischt sich mit der Forderung nach Treue, ein «Seitensprung ließe sich nicht reparieren. Das wäre das absolute Ende.» Als Jean-Michel Jarre Charlotte Rampling 1995 schließlich wegen einer jüngeren Frau verlässt, fällt sie in tiefe Depression. «Früher hätte man das Melancholie genannt. Da funktioniert nichts mehr: Deine Lebenskraft schwindet langsam.» Nach dem Tod ihrer Schwester und dem kurz darauf folgenden Tod ihrer Mutter war sie schon einmal derart gelähmt gewesen, nun erlebt sie es erneut. 1967 ging sie nach Afghanistan, um in fernöstlicher Philosophie Heilung zu finden, anschließend in ein buddhistisches Kloster in Schottland, bevor sie in einem Zigeunerwagen in Surrey wohnte; jetzt hilft nichts mehr, man weist sie in eine psychiatrische Klinik ein.

Die alte Unsicherheit und das Gefühl, nicht geliebt zu werden, stellen sich wieder ein. Und der Ausweg, sich hinter dem nächsten Film, dem nächsten Projekt zu verstecken, funktioniert nicht mehr. «Als junges Mädchen stürzt man sich ins Leben, ohne sich Gedanken über die Folgen zu machen ... Beim Filmen blutet man aus und ist doch glücklich. Aber in einem bestimmten Alter muss man nachher die Stücke wieder aufsammeln. Denn was passiert mit der erlebten Intimität, wenn der Film beendet ist? Nach den Dreharbeiten fühlte ich jedes Mal eine große Leere. Lange habe ich deshalb nicht mehr in Filmen gespielt», sagt sie 2001, «jeder Film ist wie eine Liebesgeschichte, von der man sich nicht trennen will.»

«Cinematographica Melancholica» nennt jemand ironisch die Krankheit in Woody Allens Metafilm «Stardust Memories» von 1980, in dem Charlotte Rampling die unvergessliche Liebe eines Starregisseurs spielt. Allen: «Wolltest du eigentlich schon immer Schauspielerin werden?» Rampling: «Nein, ich glaube, ich bin auch keine.» Allen: «Du verkörperst einen ganz bestimmten, sehr interessanten Typ auf der Leinwand. Du bist der Typ, wegen dem die Leute ins Kino gehen. Ehrlich. Du bist sexy, du hast zwar kein Selbstvertrauen, aber genau das gewisse Etwas ...» Und bevor er erklären kann, worin dieses Etwas besteht, fliegt eine Taube ins Wohnzimmer ihres Penthouse, flattert durch den Raum, während Woody Allen panisch irgendwas von fliegenden Ratten brüllt, von Killertauben mit Hakenkreuz unter den Flügeln, und versucht, sie mit dem Feuerlöscher zu vertreiben. Charlotte Rampling lacht und lacht und sagt dann – um die Taube und sich zu retten – ganz ernst: «Lass sie doch, sie ist wunderschön.»

«Ich kann nicht allein sein und auch keinem zu nah.» Charlotte Rampling in «Stardust Memories», 1980.

Mit Sean Connery hat sie den abstrusen «Zardoz» gedreht, mit Adriano Celentano «Yuppi Du», mit Richard Harris «Orca, der Killerwal» und mit Paul Newman «The Verdict», sie hat sich auf französische Filme konzentriert, mit Michel Piccoli und Michel Serrault, hat für Nagisa Oshima einen Affen in «Max, Mon Amour» geliebt und zahllose Fernsehproduktionen in historischen Kostümen durchlebt – der Grund dafür war der gleiche, der sie mit dreizehn in den Pubs auftreten ließ: «Ich war als junges Mädchen recht verschlossen, aber vor anderen zu singen oder einen Sketch aufzuführen, das hat mir Spaß gemacht. Dadurch konnte ich Kontakt aufnehmen, ohne auf jemand einzeln zugehen zu müssen. Später versteckte ich mein Unglücklichsein und meine Schüchternheit hinter meinen Rollen. Im Alltag bin ich überhaupt nicht mutig. Nur als Schauspielerin. Ich gab den Vamp, der ich nie war. Die Rollen waren meine zweite Haut. Sehr destruktiv. Heute akzeptiere ich mich, wie ich bin.»

Charlotte Ramplings Album «Comme Une Femme» von 2002. Der Schauspieler Dirk Bogarde: «Sie ist der Vamp, die geheimnisvolle Frau, das verführerische Wesen, von dem ein Mann nur träumen kann.»

Das alte Spiel funktioniert nach zwei Seiten: Zum einen sucht sie ihre zweite Natur in den Rollen, zum anderen findet sie durch die Rollen zu ihrer Natur zurück. Doch dort, wo Charlotte Rampling ihr wahres Ich vermutet, wartet schon das lang vertraute Image: «Ihre alten Augen hatten es mir angetan», gestand John Boorman, Regisseur von «Zardoz», Mitte der siebziger Jahre, und der amerikanische Produzent Sam Spiegel ergänzte: «Durch den Touch des Verlebten sind sie noch schöner und reizvoller.» Ihre Augen sind zugleich Stärke und Schwäche: «Ich sah, wie diese strahlenden, smaragdgrünen Augen von einer Sekunde zur anderen zu Eiseskälte erstarrten», sagte Dirk Bogarde später, «aber genauso sah ich sie dahinschmelzen, unglaublich zärtlich und empfindsam werden.» Etwas, das nur mit Jeanne Moreaus Lächeln zu vergleichen ist, das sich ebenso ansatzlos in sein Gegenteil verkehren konnte. Männer wurden durch beide gleichermaßen verunsichert, Männer, die immer gern wüssten, was ein Lächeln, ein Blick bedeutet. «Man sagt, dass ich Männern Angst mache, weil sie mich nicht enträtseln können.»

1999 spielt Charlotte Rampling in einer Fernsehverfilmung von Charles Dickens' «Great Expectations» die Miss Havisham. Eine ungewöhnliche Rolle für eine Frau, die einmal sagte, sie könne jeden Mann haben, den sie wolle. «Für mich ist sie alterslos. Sie muss kein bestimmtes Alter haben. Es ist eine sehr bizarre Welt, die sie in sich trägt. Sie will sich nicht an den Männern rächen. Sie versucht nur, aus Estella, diesem hübschen jungen Mädchen, eine starke, verführerische Frau zu machen, mit einem Panzer um ihr Herz, den keiner

«Wir müssen nicht denken, dass Jugend das Einzige ist, was zählt. Jugend ist wunderbar, stolz und außergewöhnlich – aber sie ist nicht alles. Ich habe andere Sorgen als das Alter, existenzielle.»

durchdringen kann. Damit sie nie so verletzt wird wie Miss Havisham.» Die Rolle ist ihr nicht fremd. Als ein Journalist der «New York Times» sie auf ihre Depressionen anspricht, auf ihr zeitweiliges Verschwinden nach der Trennung von Jean-Michel Jarre, antwortet sie: «Es hatte nichts mit Jean-Michel zu tun oder mit meiner Arbeit oder mit Trennungen im Allgemeinen – und doch mit allem zusammen. Das kommt vom Leid und Alleinsein, vom Riesenschmerz, den du als Kind empfindest und nicht verarbeiten kannst. Und du schleppst dies alles mit dir herum, bis du es irgendwann nicht mehr aushältst.»

Die Engländerin, die am 5. Februar 1945 in Sturmer in Cambridgeshire geboren wurde, lebt weiter in Paris, ist, so sagt man, wieder glücklich mit einem Mann zusammen, hat ihr zweites Leben «Unter dem Sand» gefunden. «Ihr Mund sieht immer noch so aus wie von Egon Schiele gezeichnet», schreibt der Filmkritiker Michael Althen, «und ihr klarer Blick verrät eine Intelligenz, die das Alter vielleicht nicht als Chance, aber doch als Aufgabe und in jedem Fall als Frage der Haltung begreift.» Als sie in der Rolle der Marie ihren Mann Jean ansieht, leuchtet in ihren Augen wieder diese Offenheit auf, die dem Leben zu jeder Zeit eine Chance gibt. Wie vor zwanzig Jahren, in «Stardust Memories», in jenen zwei Minuten Filmewigkeit, da sie bäuchlings auf dem Teppich liegt, in einer Illustrierten blättert und zu Woody Allen hochsieht, der seinen Joghurt löffelt. Louis Armstrong spielt «Stardust», sie wippt leicht mit den Füßen, lächelt ein bisschen. Alles liegt in den Augen: die Musik, die Sonne, das Schweigen. Zwei Minuten absolutes Glück, alterslos.

CARLA BLEY

FEMME MUSICALE

ES SIEHT AUS WIE EIN STREICHHOLZHEFTCHEN, es sind Zahnhölzer. Carla Bley bricht eines ab, schiebt es elegant in den Mundwinkel und lächelt entschuldigend. «Ich habe mit dem Rauchen aufgehört, jetzt kaue ich Zahnstocher.» Ob ihre Augen ebenfalls lächeln, ist nicht zu sehen, die Haarfransen hängen zu tief. «Und ich trinke keinen Gin mehr. Ich bin völlig clean. Es ist einfach großartig.» Die Zahnhölzer sind zitronengelb, stolz erzählt sie von ihrer Tochter Karen, die sie ihr geschenkt habe. Selbst gemacht, mit Lebensmittelfarben in verschiedenen Geschmacksrichtungen – Erdbeere, Zimt, Zitrone. «Sie müssen mal einen versuchen.»

Die Geschichte von Carla Bley, geborene Karen Borg, könnte von Haaren handeln, sie könnte von einer femme musicale erzählen, die drei große Jazzmusiker ein Leben lang beschäftigte, von einer gefeierten Komponistin, Arrangeurin und Pianistin oder von einem Mädchen, das Mitte der fünfziger Jahre in einem Jazzclub als Zigarettenverkäuferin arbeitete und heute das Rauchen aufgegeben hat. Ihr Lebensroman spiegelt eine der vielen Hoffnungen der Sechziger und Siebziger: die Welt und sich selbst zu verändern, indem man Musik lebt. Es ist eine Geschichte, die im sonnigen Kalifornien beginnt und in der klaren Luft von Woodstock ihr vorläufiges Ende findet, in der sich Gefühl und Verstand zum Verwechseln ähneln. Die Männerdomäne Jazz wird durchbrochen – nicht von einer Sängerin oder einem Lounge-Schmusekätzchen, sondern von einer

Künstlerin, deren Musik schon immer Widerspruchsgeist und Eleganz miteinander verband. Zwei Songs in einem: «The Sophisticated Lady Is A Tramp».

Als sie Ende der neunziger Jahre auf der Bühne des Züricher Jazzfestivals am Flügel sitzt und im Duo mit dem Bassisten Steve Swallow ihren Kammerjazz spielt, sagt ihr musikalischer Partner den Titel «Walking Batteriewoman» mit folgenden Worten an: «Dieser Song besteht natürlich aus zwei Kompositionen von Carla Bley: ‹Walking Woman› und ‹Batterie›.» Was dem Musiker und langjährigen geliebten Freund Swallow so natürlich erscheint, bereitet vielen Kritikern erhebliche Schwierigkeiten. Wie können zwei Dinge nebeneinander stehen, die sonst so gerne in getrennten Schubladen verwahrt werden: Ironie und Gefühl, ernster Jazz und Dinner-Musik, musikalische Revolution und weibliche Schönheit – oder als Plattitüde: Kunst und Leben?

Vielleicht war das Gleichzeitige im Disparaten schon im ersten Auftritt der jungen Carla Borg angelegt – Karen mochte sie nie. Ein achtzehnjähriges, hübsches, selbstredend langhaariges Mädchen trägt einen Bauchladen und verkauft Zigaretten im New Yorker «Birdland». In dem rauchbewölkten Jazzkeller lächelt sie einem hornbebrillten Avantgarde-Pianisten zu, der für einen Moment seine Kunst vergisst, sich in einem verträumten Dreivierteltakt verliert und sie ins Freie führt. Sie gehen schwimmen, sie bastelt sich aus Schals ein Oberteil – Oh, ihr California Girls! –, sie verlieben sich, heiraten, Paul Bley und Karen Borg, ein Paar. Sie beginnt zu komponieren, er improvisiert darüber – ein schönes Klischee.

So weit die Legende. Carla Borg war bereits vor ihrem Zusammentreffen mit Paul Bley als Pianistin in Kalifornien aufgetreten, ihr Vater war Musiker, sie hatte schon mit acht Jahren angefangen, in der Kirche Orgel zu spielen. Außerdem und ganz unromantisch: Als der aufstrebende Jungpianostar Bley mit seinem Trio von New York nach Kalifornien geht, folgt sie ihm; sie will ihn heiraten – er will alles, nur das nicht. Sie geht nach San Francisco und zieht mit einem Künstler zusammen. Als Paul Bley ihr nachfährt, weil er nun heiraten will, will sie nicht mehr. Er kehrt nach Los Angeles zurück, nach ein paar Wochen ruft sie ihn an. Die Variationen sind erschöpft – sie heiraten in Sausalito, ihr Vater spielt die Orgel. Die Schablone, nach der die Frau durch den Mann zur Komponistin wird, findet sich in nahezu allen Carla-Bley-Geschichten. Sie ist so falsch und richtig wie jede Schablone, denn erst als Paul Bley sie aufforderte, für ihn zu komponieren, wurde sie wirklich zur Komponistin. Das alte Prinzip: Angebot und Nachfrage.

«Ich habe sehr früh mit dem Komponieren angefangen. Mein Vater gab mir Klavierunterricht, als ich etwa drei Jahre alt war. Er war Organist in der Kirche, Musik war für mich eine ständig verfügbare Quelle. Und eines Tages fragte ich ihn, wer denn die Musik geschrieben habe, die er mich spielen ließ. Ich wollte so was auch machen. Also gab er mir ein weißes Blatt Papier, und ich nahm einen Stift und füllte die Zeilen mit kleinen schwarzen Punkten. Keine Hälse, keine Fähnchen, nur schwarze Punkte zwischen den Zeilen. Mein Vater sagte: ‹Das sind zu viele Punkte!› Also nahm ich einen Radiergummi und radierte die meisten Punkte wieder weg. Das war meine erste Komposition. Später, etwa mit sechs, malte ich dann auch noch Hälse und Fähnchen dazu. Na ja, und von da an komponiere ich. Aber erst seitdem mir Paul Bley sagte: ‹Ich habe morgen einen Aufnahmetermin. Schreib mir bitte sechs Songs!›, bin ich Komponistin. Das ist die Wahrheit. Wenn keine Nachfrage nach dem besteht, was du anzubieten hast, geschieht überhaupt nichts. Erst muss es für jemand wichtig werden. Wenn mich keiner gefragt hätte, wäre ich heute nicht hier.»

Als Kind wollte Carla Sekretärin werden oder vielleicht Goldgräberin, das waren Berufe, von denen man leben konnte, aber nicht Musikerin. Und viele Jahre sollte sie Recht behalten, lebt sie mehr für ihre Kunst als von ihr. Irgendwann wird sie zur Muse von Paul Bley, formiert ihre eigene Gruppe, komponiert inmitten der Free-Jazz-Szene in New York ihre Melodien, die genügend schwarze Punkte haben, um ins Ohr zu gehen, doch zu wenig, um sie pfeifen zu können: «Closer», «Vashkar», «Ictus», «Ida Lupino», «And Now The Queen». Sie schreibt mehrere Titel, die sich zu einem Größeren zusammenfügen, Steve Swallow, Bassist im Gary Burton Quartet –

jener Steve, den sie erst zwanzig Jahre später lieben wird –, empfiehlt sie seinem Bandleader, das Album wird 1967 veröffentlicht: eine «Oper ohne Worte», mit der Dramatik von chinesischen Trauermärschen, «A Genuine Tong Funeral».

Ein kalifornischer Traum in New York beginnt: von ökonomischer Solidarität, von einer musikalischen stock company, die in wechselnder Besetzung Platten aufnimmt, vom eigenen Vertrieb, von einer unabhängigen Plattenfirma – The Jazz Composer's Orchestra Association Inc. (JCOA). Musiker, die sich schon 1964 in der Jazz Composers' Guild zusammengefunden hatten, wie der Pianist Cecil Taylor, der Saxophonist Archie Shepp, der Trompeter Michael Mantler oder auch Paul Bley planen den kapitalismusfreien Raum, in dem sich Kunst und Leben überschneiden. Und Paul Bley will seiner Frau einen größeren Auftritt verschaffen, schlägt ihr vor, aus den führenden Mitgliedern der JCOA ein Orchester zu formen und dessen künstlerische Leiterin zu werden. «Meine Idee war so gut, dass sie mich meine Frau kostete.»

«Unsere Trennung kam für mich völlig überraschend. Es war schrecklich. Um drei Uhr morgens sagte sie mir, dass sie mich verlassen werde, und um acht war sie weg.» Die nächsten zehn Jahre begleitete sie der österreichische Trompeter Mike Mantler, privat und musikalisch; sie heiraten und spielen zusammen in der ersten selbst verwalteten Musikerkooperative des freien Jazz, deren Leading Lady Carla Bley wird. 1968 erscheint eine ungewöhnlich edle, silberbeschriftete Box mit zwei Platten, die erste Veröffentlichung der JCOA mit dem gleichnamigen Titel, ein Gewitter aus Klavierkaskaden, Saxophonschreien und Trompetenklagen, aufgefangen in einem breiten Strom symphonischer Orchesterfarben, träge und aufgewühlt zugleich. Die zweite Box folgt drei Jahre später, diesmal in Gold gehalten: die seltsam schillernde, legendäre Oper «Escalator Over The Hill», von Carla Bley und ihrem Librettisten Paul Haines als «A Chronotransduction» etikettiert, was immer das bedeuten mag. Der Schriftsteller Haines hatte ihr 1967 ein paar Gedichte aus Mexiko geschickt, die, wie sie fand, ideal zu ihrer Komposition passten. Er lieferte weitere Gedichte, diesmal aus Indien.

Der Ex-Ehemann und Pianist Paul Bley: «Wenn wir beide zu Hause waren, hatte ich keine Chance zu spielen. Carla stand früh auf, frühstückte, setzte sich ans Klavier und komponierte. Sie konnte ewig an einem Stück feilen, bis sie zufrieden war. Deshalb klingen ihre Kompositionen so schlüssig.»

Das Werk wuchs, die Aufnahmen erstreckten sich über die nächsten drei Jahre.

Die Entstehung gleicht einem Filmprojekt von Orson Welles. Ist Geld vorhanden, dreht man, dann, geht das Geld wieder zur Neige, bricht man die Arbeiten ab, um mit anderen Aufträgen die nötigen Mittel zu beschaffen; danach nimmt man den nächsten Teil auf. Inzwischen sind aber einige der beteiligten Künstler auf Tournee oder stehen überhaupt nicht mehr zur Verfügung, man muss sie also kurzfristig doublen, die Rollen umbesetzen oder die Geschichte verändern. Manch inhaltliches Rätsel findet so seine Erklärung – die materielle Basis bestimmt noch immer den Überbau.

Allmählich bewegt sich die Komponistin Carla Bley weg von der strengen Szene der Klangforscher und Jazzimprovisatoren. Sie sucht, wie viele Musiker gegen Ende der sechziger Jahre, nach einer neuen Sprache, möchte eine offene Dreierbeziehung von Jazz, Rockmusik und Avantgarde realisieren. Dem indischen Raga wird ebenso Reverenz erwiesen wie dem Ziehvater Kurt Weill oder den Beatles mit ihrer Studiotechnik des «Sgt. Pepper». «Ohne melodramatisch klingen zu wollen», gesteht sie in einem Interview 1975, «‹Sgt. Pepper› veränderte mein Leben. Es ging um die Chance, endlich von den Bebop-Schablonen wegzukommen. Und noch entscheidender: um das Bewusstsein, eigene Wurzeln in Europa zu besitzen, nicht nur die Musik der Schwarzen zu kopieren, sich nicht ständig etwas von einer anderen Kultur borgen zu müssen. Ich kann Ihnen versichern, dass es eine große Erleichterung war, mich nicht mehr wie ein Bürger zweiter Klasse zu fühlen.»

«Escalator Over The Hill» bleibt ein Monolith, ein Meisterwerk für viele, obwohl manche es angenehmer fanden, darüber zu reden, als sich die Jazzoper mit all der Prominenz wie Linda Ronstadt, Viva oder Jack Bruce selbst anzuhören. Es ist auch die Keimzelle des familieneigenen Labels WATT, das 1973 mit dem wunderbar verrätselten Album «Tropic Appetites» eröffnet wird und bei dem Carla Bley bis heute – auch nach dem Ausstieg von Michael Mantler, der nun in Dänemark lebt – ihre Platten veröffentlicht. Der 1943 in Wien geborene Mantler ist für die dunkle, europäisch-literarische Komponente

Carla Bley, Ende der sechziger Jahre in Woodstock: «Ich will keine Karotten anbauen, weil diese Dinger in vier Monaten nicht mehr da sind. Ich pflanze Bäume oder Blumen, die jedes Jahr blühen. Ich mag Dinge, die Bestand haben.»

Der Bandleader und Vibraphonist Gary Burton: «Ihre Kompositionen haben eine sehr starke Melodie, sehr starke Harmonien und sind einfach gebaut. Carla möchte dich mit ihrer Musik genau zwischen den Augen erwischen.»

in der künstlerischen Beziehung verantwortlich, mit Vertonungen von Beckett, Pinter oder Edward Gorey; Carla Bley dagegen entfernt sich Album für Album von ihrem jugendlichen Geniestreich: Jede einzelne der sechs folgenden Platten – darunter «Social Studies», «Musique Mécanique» und, viel sagend, «Dinner Music» – bringt sie dem Mainstream näher, sie sieht der Kritik offenen Auges und Herzens entgegen. Ihre Notationsweise sei vollkommen traditionell, gestand sie immer wieder, ebenso konservativ wie ihre Musik; sie habe in ihrem ganzen Leben nichts gemacht, was neu oder gar experimentell gewesen sei. Das Einzige, was sie zugesteht: anders sei sie, aber nicht neu. Anders eben.

Carla Bley kombinierte spanische Revolutionsklänge mit religiösen Hymnen und Walkie-Talkie-Geräuschen, Spielzeugklaviere mit Wiener Walzer. Im schlechtesten Fall entstand dabei «angestrengt humorvoller Kompositionsjazz von gestern», wie ein Rezensent schrieb, beziehungsweise «glatte Hollywood-Ästhetik»; im besten Fall führte es zu einer Musik, die auf ganz unangestrengte Weise zu großer Schönheit fand.

«Ich hatte den Lärm und Krach des Free Jazz so satt», gestand Carla Bley 1983. «Ich interessiere mich nicht für Jazz», vertraute sie schon 1975 der Zeitschrift «Melody Maker» provokant an, «ich hör mir nicht einmal Jazzplatten an.» Es ist jene Zeit, in der sich Miles Davis im Dunkeln verbirgt, in der dem Rockjazz jede Inspiration verloren geht, in der Carla Bley zusammen mit Jack Bruce und dem Rolling-Stones-Gitarristen Mick Taylor in der Verkleidung einer Rockband durch die Lande zieht. 1983 klang dann schon alles wieder etwas gemäßigter: «Ich bin eine Jazzmusikerin, die keinen Jazz spielt.» Man mag diese Statements zum Teil ihrem nie erlahmenden Widerspruchsgeist zuschreiben, doch Carla Bley empfand sich tatsächlich mehr als Komponistin und Arrangeurin lebendiger amerikanischer Musik denn als ausübende Jazzimprovisatorin. Sie schuf Werke nach dem Vorbild Ellingtons, mit dem Klang ihrer Solisten im Ohr, oder, wie sie es selbst nannte, Ausmalbücher, die ihre Solisten mit Farbe füllen mussten. Waren die Stifte stumpf, half auch das hübscheste Malbuch nichts, hatte ihr Malkurs Format, strahlten die Bilder in den schönsten Farben – «Fleur Carnivore».

Das Leben hätte so weitergehen können: Arrangements für Akademien und Rundfunkanstalten, zahlreiche Auftragskompositionen in Europa wie in Amerika, sie spielt bei Mantler und Mantler bei ihr, sie ziehen ihre gemeinsame Tochter Karen auf der Bühne groß, gehen regelmäßig auf Tournee mit der Big Band, bis sich ihr Begleiter, Mentor und Bassist – Steve Swallow – eines Tages in ihre Liebe verwandelt. Unversehens verändert sich die Tonart. «Wir verliebten uns, während wir uns etwas im Fernsehen ansahen. Wir standen nicht in einem überfüllten Saal, wo sich plötzlich unsere Blicke trafen. Wir waren nur einen knappen Meter auseinander – was ganz gut war, weil wir beide kurzsichtig sind.» Michael Mantler muss sich von nun an mit der Rolle des musikalischen Geschäftspartners begnügen. «Was soll man denn machen», notiert sie später, «wenn einen mitten in der Karriere ein romantischer Blitz trifft?»

Carla Bley ist glücklich, die Kunst allerdings leidet: Bacardi-Musik, oder sind es «tropikanische Phantasien aus einem Werbespot», wie die Schweizer «Weltwoche» notiert? Sie ironisiert das Klischee, kniet auf dem Cover ihrer Platte «Night-Glo» vor dem Geliebten im weißen Tropenanzug und zündet ihm die dicke Zigarre an. Unter Palmen, in haarverwehter, lippenschürzender Pose – schwere Zeiten für die Liebhaber ihrer Musik. «Ich verspreche», schreibt sie im Begleittext, «das nächste Album wird gewiss und endgültig das schwergewichtige musikalische Statement sein, das ich schon seit langem plane. Bis dahin ziehen Sie sich warm an, mixen Sie sich einen kalten Drink, dimmen Sie das Licht und legen Sie ‹Night-Glo› auf.» Carla Bley weiß, auf welcher Klaviatur sie spielt.

So wie sie sich oft hinter ihren langen Haaren verbirgt, so versteckt sie sich gern hinter der Annahme, man wisse schon, wie etwas zu verstehen sei. Ernst natürlich, aber doch mit Abstand und Ironie. Da ist man zum Beispiel irritiert: von einem Ton vielleicht, einem schrägen Arrangement oder nur von der Tatsache, dass eine große Jazzkomponistin ein Weihnachtslied spielt, «La Paloma» oder einen Kirchenhymnus. Denkbar wäre, dass Carla Bley etwas parodieren möchte, aber das wäre ein falscher Schluss. Dann würde sie die Finger davon lassen. Carla Bley liebt, was sie spielt, auch wenn sie es nicht immer zugeben würde.

Das Versteckspiel hat Geschichte. Spricht sie von ihrer Kindheit, meint sie ihren Vater. Ihre Mutter war krank, lag fast immer im Bett, starb, als Carla acht war. Also war ihr Vater die entscheidende Bezugsperson, und ihr Leben drehte sich – wie das seine – um die Kirche: Sonntagsschule, danach Gottesdienst, abends wieder Gottesdienst, dienstags Messe, am Donnerstag Chor mit den Erwachsenen. Als sie später in den Zirkeln der New Yorker Avantgarde komponiert, schmuggelt sie subversiv ihr Kirchenerbe mit ein: den getragenen Schritt der Hymnen und Trauermärsche, den emphatischen Jubel der Gläubigen, das Modell «Prediger und Gemeinde», Solist und Big Band.

In ihren Augen war es die bestmögliche Jugend. Mit einem liberalen Vater, der ihr erlaubt, die ganze Nacht Rad zu fahren, Heuballen im Wohnzimmer zu verteilen, nachts durchs Fenster zu klettern. Ein bisschen exzentrisch nennt ihn Carla Bley, einen Mann, der keine Ahnung davon hatte, wie man ein Kind aufzieht. Antiautoritär ohne Vorsatz, der Widerspruchsgeist war programmiert: «Ich liebe es, Regeln zu verletzen. Wenn etwas ernst ist, möchte ich lachen. Wenn etwas lustig ist, reagiere ich ernst. Ich mache immer das Gegenteil. Ich will nicht so reagieren, wie es von mir erwartet wird. Ich will die Leute überraschen. Wenn jemand zu mir sagt: Ich habe gehört, Sie mögen keine Auberginen, antworte ich: Ich liebe Auberginen. Und wenn jemand anderes zu mir sagt: Ich habe gehört, Sie lieben Auberginen, antworte ich: Ich hasse Auberginen. Ich will nicht berechenbar sein. Ich weiß nicht, warum. Es war schon immer so. Sogar in der Schule: ein schwieriges Kind.»

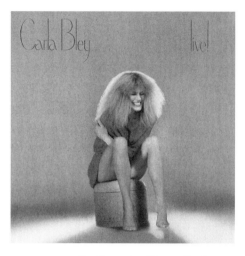

Das Cover des Albums «Live!» von 1981.
Journalist: «Welche Frage würden Sie gern gestellt bekommen?»
Carla Bley (nach einer langen Pause): «Was haben Sie im Laufe ihres Lebens über Sex gelernt?»
Journalist: «Was haben Sie im Laufe ihres Lebens über Sex gelernt?»
Carla Bley: «Ich habe nicht gesagt, dass ich darauf antworte. Ich wollte nur gefragt werden.»

Carla Bley bleibt schwierig, weil sie das Vorhersehbare langweilt. Sie hat keine Scheu, sich lächerlich zu machen. Und doch steckt im Vergnügen am Überraschenden, an der ironischen Distanz auch eine Gefahr: Die Lust wird ebenso berechenbar wie der Versuch, das Berechenbare zu vermeiden, musikalisch wie privat.

Wie man Kritik ins Leere laufen lässt, weiß Carla Bley: Das Plattencover von «Live!» zeigt sie auf einem Hocker sitzend, mit einem riesigen roten Pullover bekleidet, und sonst mit recht wenig. Sieht man von den Nylonstrümpfen ab, an den langen, langen Beinen. Natürlich ist das Zitat, ist das eine genußvolle Anspielung auf das Marilyn-Monroe-Outfit aus «Let's Make Love». Aber Carla Bley wäre nicht sie selbst, würde sie die mögliche Wirkung nicht umgehend persiflieren. Im Inneren des aufklappbaren Albums präsentiert sie zwei Seiten im Stil eines Fotoromans, der die Band bei einer Fotosession zeigt. Vergeblich versuchen die männlichen Musiker, Eindruck zu machen, indem sie Bein zeigen. Die nahe liegende Schlussfolgerung: Am besten, schreibt Carla, verzichte man auf die nackten Beine der Männer. Und so geschieht es. Es ist ihr Prinzip, etwas zu planen, es ironisch zu brechen und damit die Kritik vorwegzunehmen – und es dann doch zu tun. Was kann sie dafür, wenn die anderen so hässliche Beine haben. Über Emanzipation muss man sich mit Carla Bley nicht unterhalten.

Es wird zu ihrem Markenzeichen: Mit blonder Löwenmähne bewegt sie sich zwischen Klavier, Orgel und der Bühnenrampe, dirigiert mit flinken Hexenfingern neun Männer, die ihr auf den kleinsten Wink hin folgen. Als sie wieder einmal eine Big Band zusammenstellen will, um mit ihren «grauenhaften Männern» auf Tournee zu gehen, rät ihr Michael Mantler in einem inszenierten Dialog, abgedruckt im WATT-Family-Scrapbook, dem Katalog des hauseigenen Labels: «Bist du verrückt, das ist finanzieller Selbstmord. Hör damit auf und mach lieber noch ein Duo-Album.» Was so beiläufig klingt, besaß einen realen Hintergrund. Steve Swallow hatte ihr vorgeschlagen, zu zweit aufzutreten, nur sie beide, Bass und Klavier. Es wird zum beherrschenden Thema der nächsten zehn Jahre: Carla Bley, die Pianistin. Bis 1988 hatte sie wie eine Komponistin gespielt, sich mit einem Finger die Noten herausgepickt, oder wie ein Organist, der zwar mit beiden Händen vom Blatt spielen kann, aber nicht improvisieren. Sie beginnt zu üben, jeden Tag, stundenlang, mit der gleichen Intensität, die sie schon bei Paul Bley zeigte. Sie steht auf, setzt sich ans Klavier und komponiert. Paul Bley: «Wenn wir beide zu Hause waren, hatte ich keine Chance zu spielen.»

Man ist hin und her gerissen. Zwischen der öffentlichen Bühnenintimität von Carla und Steve, die den Zuschauer beinahe zum Voyeur macht, und deren hörbar musikalischem Glücksschwelgen. Unmut oder gar ein frühzeitiges Verlassen ihrer Duo-Konzerte hätte vermutlich eher den Liebeszauber gestört als ihr musikalisches Konzept. Ein hervorragender Bassist, der seinen Elektrobass schon immer mehr als Gitarre verstand, spielte da mit einer Begleiterin, die versuchte, die Stücke möglichst fehlerfrei zu memorieren. Doch zugleich war etwas von der Schönheit und Klarheit dieser Komposi-

Carla Bley und Steve Swallow – «Wir verliebten uns, während wir uns etwas im Fernsehen ansahen. Wir standen nicht in einem überfüllten Saal, wo sich plötzlich unsere Blicke trafen. Wir waren nur einen knappen Meter auseinander – was ganz gut war, weil wir beide kurzsichtig sind.»

tionen zu spüren, das sonst im Orchesterarrangement untergegangen war. Keine Verfremdung, keine Ironie, kein Zitat – nur eine sehr gerade sitzende Frau, die mit Noblesse und Haltung Salonmusik des 20. Jahrhunderts zelebrierte. «Sophisticated» nannte dies ein Kritiker, und er fuhr fort: «Carla Bley schreibt Klavierkonzerte und musikdramatische Werke, ihre große Liebe gehört aber der kleinen Form, dem Einfachen, das oft so schwer zu machen ist. Irgendwo zwischen ‹sophisticated› und elitär liegt eine Grenze, die sie nie überschreiten wird.»

Sieht man von den Jazzsängerinnen ab, ist die am 11. Mai 1938 in Oakland geborene Carla Bley die einzige Frau im Jazz, die es zu weltweitem Ruhm gebracht hat. Sie stolperte an den richtigen Stellen, und immer war da auch ein Mann, der sie auffing, indem er ihr sagte, wie gut sie ist. Die Unterschiede lagen auf der Hand: «Ich war zweimal verheiratet, und beide Male heiratete ich, damit die Männer in den USA bleiben konnten. Paul Bley war Kanadier und Michael Mantler Österreicher. Steve ist bereits Amerikaner ... Mit Steve gibt es keine Konkurrenz. Er spielt Bass, und ich komponiere, also ist es perfekt. Mit Michael war es komplizierter. Wir komponierten beide für große Besetzungen, ich bekam mehr Kompositionsaufträge, verkaufte mehr Platten, irgendwann ging es nicht mehr gut.»

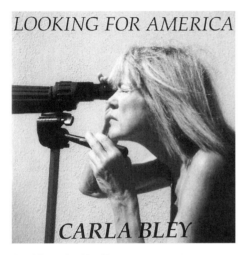

Das Album «Looking For America», 2003. Carla Bley, die Komponistin: «Ich lasse mich von allem beeinflussen, von einem Song von Bon Jovi ebenso wie von der Musik meiner Tochter, der amerikanischen Nationalhymne wie dem Klingelton eines Telefons. Es ist wie ein großer Abfalleimer. Du kannst dir rausholen, was du brauchst.»

Ein schwieriges Thema: Frauen im männerernsten Jazz. «Für mich war es ein Vorteil, eine Frau zu sein. Denn dass du irgendwie auffällst, ist ungeheuer wichtig. Ich meine, wenn du besonders groß bist oder klein, wenn du behindert bist oder unglaublich gut aussiehst, als verrückter Typ Hotelzimmer demolierst oder drogenabhängig bist ... Das sind Dinge, über die man gut schreiben kann. Aber wenn du ein großartiger Musiker bist, nur sonst leider ein bisschen langweilig, dann wird es schwer, das Publikum für dich zu interessieren. Also denke ich, dass es für mich eher ein Vorteil war, eine Frau zu sein. Oh, meine Haare, natürlich gehören die auch dazu. Ich würde sie gern mal abschneiden. Andererseits, sie sind so schön warm im Winter ... und man kann sich gut dahinter verstecken.»

Man stellt sich Carla Bley altersglücklich vor. Sie wechselt die Genres, komponiert für klassisches Streichquartett, sie erhält Auftragskompositionen und reist mit Steve Swallow als Gastdirigentin durch Europa, Japan, die USA, spielt im Duo, im Trio als Pianistin. Es war das größte Wagnis in ihrer Karriere, ungeschützt als Improvisatorin aufzutreten. Oft sei es grauenhaft auf der Bühne, dieser Moment, wenn man plötzlich das eigene Solo schrecklich finde und trotzdem wie ein Schauspieler weitermachen müsse. Meistens stehe sie neben sich und denkt, die Leute kämen nur, um sie leiden zu sehen. Früher trank sie vorsorglich ein Glas Gin, es wirkte, man fühlte sich gut, merkte nicht mehr so richtig, was man spielte. Nun, da sie diese Gewohnheit aufgegeben habe, höre sie leider jeden falschen Ton.

Carla Bley raucht nicht mehr, trinkt Wasser, lebt in Woodstock, das eigene Studio im Keller, den Salat im Garten, die Zahnstocher schmecken hervorragend. «Es sind Lebensmittelfarben mit Geschmacksstoffen. Sie müssen jedoch aufpassen. Als ich zum ersten Mal Erdbeere kaute, lief mir die rote Farbe wie bei einem Vampir aus dem Mundwinkel. Es gibt da aber einen Trick, den mir meine Tochter verraten hat. Bevor man die Zahnstocher färbt, muss man sie in Gin eintauchen. Natürlich nicht allzu viel! Das hilft. Dann verlaufen die Farben nicht.» Die Zeiten haben sich geändert, der Humor ist geblieben.

JONI MITCHELL
ICH WAR
IMMER PUNK, NIE MAINSTREAM

AM 7. NOVEMBER 1943 WURDE Roberta Joan Anderson in Fort MacLeod/Alberta geboren, in einem Städtchen am Rande der Great Plains, weit oben im Nordwesten Kanadas. Das Apartment der Andersons befand sich über einem Drugstore, der Krieg hatte MacLeod keinen Wohlstand gebracht, die Häuser waren trist. Einige Einwohner hatten ihre Hauswände, um sie etwas ansehnlicher zu machen, mit farbigen Glasscherben verziert. Wenn das kleine Mädchen später in den Vorgärten spielte, hob sie manchmal heruntergefallene Scherben auf, braune, grüne, blaue, und steckte sie in den Mund, um sie in ihr Zimmer zu schmuggeln. «Mach deinen Mund auf!», sagte ihre Mutter und nahm ihr die farbigen Schätze wieder ab. «Ich habe mich seltsamerweise nie geschnitten», erzählt Joni Mitchell und singt ihr Leben lang von Farben.

«Blue» nannte sie 1971 ihr viertes Album, das in einem Zustand zwischen Unschuld und Wirklichkeit schwebt, das jeder zu seiner Zeit neu entdecken wird – Farben haben kein Verfallsdatum. Grau, Silber, Schwarz, Grün, Weiß – die Farbpalette der Platte beginnt mit einem Titel, der das ganze Spektrum offen hält, «All I Want». Ein Vor- und Zurückschwingen der Melodie über dem Calypso-Beat, streng und zugleich voller Wärme, von Dulcimer und Gitarre getragen: «Alive, alive, I want to get up and jive / I want to wreck my stocking in some juke box dive.» Verwirrt ließ diese Stimme, die in ihrer

Joni Mitchell und «Woodstock»: «I don't know who I am / but life is for learning / I know we're stardust / I think we're golden / And we've got to get ourselves / back to the garden.»

hohen Tonlage so seltsam zwischen Verletzlichkeit und Bestimmt-
heit wechselt, den unvorbereiteten Hörer zurück. Manchem kam der
Song erst auf einem Umweg zu Ohren, in der Fassung des Jazzpianisten Keith Jarrett etwa, der das Aufeinanderzugehen und Sichzurück-
ziehen in ungetrübtes Glück verwandelte.

Von der Sängerin hinter diesen traumverlorenen Melodien konnte man damals leicht ein falsches Bild bekommen, wirkte sie doch
auf den ersten Blick wie eine jener leicht nervigen Folk-Ladies mit
langen (hier: blonden) Haaren, akustischer (hier: seltsam gestimm-
ter) Gitarre, klarer (hier: joanbaeziger) Stimme und den unvermeidlich aus tiefer Seele kommenden Eigenkompositionen. Als Sin-
ger/Songwriter firmiert bis heute jene Erscheinung, die sich selbst
begleitet, dem eigenen Lied die eigene Stimme leiht – ein Gegenmodell zur entfremdeten Lohnarbeit des Komponisten, der jeden Bezug
zum arbeitenden Interpreten verloren hat. Und doch hatte das Konzept Schwächen, öffnete es Tür und Tor für die ungefilterte Darbie-
tung aller Herz-und-Schmerz-Lyrik, wobei die akustisch-spartani-
sche Präsentation bereits den Authentizitätsbonus enthielt. Welch
ein Missverständnis, die siebenundzwanzigjährige Joni Mitchell in
dieser Ecke zu vermuten.

Allein das Fehlen eines zum Mitsingen geeigneten Protestsongs
hätte stutzig machen müssen. Stattdessen gefühlvolle Statements
zur Vergänglichkeit der Liebe, poetische Trennungsprotokolle und
bestenfalls distanzierte Streiflichter zum Tagesgeschehen wie in der
Hymne «Woodstock». Der Begriff «confessional songwriting» meinte
hier nicht wehleidige Trauer, der Anstoß kam aus einem Bedürfnis,
das ihr Markenzeichen werden sollte: Ehrlichkeit. Joni Mitchell war
die Verehrung, die ihre Fans ihr entgegenbrachten, schlicht unheimlich geworden. Jahrelang hatte sie den kleinen künstlerischen
Siegen misstraut, hatte immer damit gerechnet, irgendwann wieder
einen normalen Job machen zu müssen, vielleicht wieder in einem
Modegeschäft zu arbeiten wie zu Hause in Saskatoon in Saskatche-
wan, wenn auch womöglich zur Kaufhaus-Einkäuferin aufgestiegen.
Aber nach den Auftritten 1967 in den Clubs von New York, nachdem Tom Rush ihr «Urge For Going» gesungen und Judy Collins mit

ihrem «Both Sides Now» einen bescheidenen Hit hatte, lässt die Musik sie nicht mehr los. Joni Mitchell hat 400 Dollar auf der Bank, Lust, auf der Bühne zu stehen und sich jeden Abend die schönen Komplimente abzuholen. Doch nach und nach sieht sie ihren Ruhm unproportional anwachsen, es ist an der Zeit, sich zu öffnen. «Die Bewunderung schien mir völlig überzogen. Ich dachte mir: ‹Ihr wisst doch gar nicht, wer ich bin. Und mich wollt ihr verehren? Deshalb wurde ich ein ‹confessional poet›. Ich dachte, das Publikum sollte wissen, wem es da Beifall klatscht. Es kam aus dem Bedürfnis, ehrlich zu sein.»

Nach ihrem Debütalbum «Song To A Seagull» von 1968, der Platte «Clouds» von 1969 und den 1970 erschienenen «Ladies Of The Canyon» mit dem programmatischen «The Circle Game» und der Öko-Hymne «Big Yellow Taxi» folgte «Blue» und machte – erwartungsgemäß – alles noch «schlimmer». «Blue» wurde zum gefeierten Höhepunkt ihrer halbautobiographischen Elegien über verflossene Liebhaber und die Fähigkeit, sie zu vergessen. «Only a dark cocoon before I get my gorgeous wings and fly away / Only a phase, these dark cafe days.»

Zu singen begann Joni Mitchell aus privatem Protest: als sie mit neun Jahren im Krankenhaus lag und man ihr eröffnete, dass sie über Weihnachten nicht zu Hause sein könne. Sie hatte Polio – dieselbe Epidemie erfasste übrigens auch ihren kanadischen Kollegen Neil Young –, sie wusste nicht, wie es enden würde, und so sang sie mit sehr, sehr lauter Stimme Weihnachtslieder. Dass sich der Junge im Bett nebenan beschwerte, kümmerte sie wenig. Zum ersten Mal trat sie vor Publikum auf. Noch schien es nicht ihre Bestimmung zu sein. Nachdem sie mit ihren Eltern, der Lehrerin Myrtle Marguerite, geborene McKee, und dem ehemaligen Fliegeroffizier Bill Anderson, von MacLeod nach Saskatoon gezogen war, interessierte sie sich mehr fürs Malen und Tanzen als für Musik. Zwei Reaktionen auf eine Krankheit, der sie nach einem Jahr wieder entkommen war: der introvertierte Hang zu Farben und die extrovertierte Lust auf Lindy Hop und Rock 'n' Roll. Während ihrer Lähmung, an deren Ende der Rollstuhl oder die Lungenmaschine hätten warten können, wurde sie im Alter von zehn Jahren zur heimlichen Kettenraucherin – es klingt nach einem makaberen Scherz und wurde doch zu ihrem Markenzeichen.

1963 geht Joan oder Joni, wie sie sich jetzt nennt, nach Calgary, um Kunst zu studieren, ein Versuch, den sie erfolglos abbricht, der ihr aber ihren ersten malenden Freund und eine Schwangerschaft beschert. «Schwanger zu sein und unverheiratet war 1964 so ähnlich, als ob du jemand umgebracht hättest.» Sie verlässt ihren Freund, bringt das Kind zur Welt und heiratet den neunundzwanzigjährigen Chuck Mitchell, einen Cabaret-Sänger. Das Baby gibt sie nach einem halben Jahr zur Adoption frei. Sie gehen nach Toronto, nach Detroit und trennen sich nach zwei Jahren. Joni – nun Mitchell – schreibt Songs, spielt auf einer 36-Dollar-Bariton-Ukulele und lebt in New York. «Ich habe in meinen Songs immer kleine Botschaften für mein Kind versteckt, damit es weiß, dass ich in Gedanken bei ihm bin.» In «Chinese

«Ich habe das Gefühl, ich bin mit einem Typen namens Kunst verheiratet. Vor allem anderen bin ich meiner Kunst verpflichtet.»

Cafe» beispielsweise oder in «Little Green»: «Call her green and the winters cannot fade her / Call her green for the children who have made her / Little green, be a gypsy dancer.»

Als 1997 unverhofft ihre Tochter Kelly auftaucht, mit einem siebenjährigen Sohn, Marlin, und selbst geschieden, scheint sich die Wunde zu schließen. Joni Mitchells zweiter Ex-Ehemann, der Produzent und Bassist Larry Klein, meint, es sei traumatisch und schmerzhaft für sie gewesen, nicht zu wissen, ob ihre Tochter noch lebe. «Von Zeit zu Zeit sagte sie: ‹Mein Gott, vielleicht sollte ich sie suchen?›» ‹Yogi-Oma› nennt sich Großmutter Joni Mitchell ironisch und versucht zu normalisieren, was sich im Nachhinein nicht normalisieren lässt. Langsam verschwindet jene «Leere, die ich in mir hatte, bevor die beiden kamen». Die Hippie-Queen der siebziger Jahre hat plötzlich eine Tochter und einen Enkel, und inzwischen auch eine Enkelin, Daisy; der Kreis schließt sich.

«Das Wichtigste ist, mit deinem eigenen Blut zu schreiben. Ich stelle meine innersten Gefühle bloß, weil die Menschen wissen sollen, wie andere Menschen empfinden.»

«Schöntrauer» nennt der tschechische Schriftsteller Bohumil Hrabal jenen Zustand, der viele Kompositionen Joni Mitchells ausmacht, das Aufheben des Schmerzes in einer Ästhetik, die die Klage harmonisch schweben lässt. Ob dies durch die besondere, offene Stimmung ihrer Gitarren verstärkt wird oder die Koloratur ihrer Stimme – sie ist Schubert allemal näher als Nirvana. «Schöne marmorkühle Gedichte brechen auf, wenn sie singt», schrieb schwärmerisch die «Welt», als Joni Mitchell 1972 zu einer ihrer seltenen Konzerttourneen nach Europa kam. «Ihre Stimme ist von verschwenderischem Modulationsreichtum: Sie kann von schriller, beinahe harscher Klage und hemmungsloser Leidenschaftlichkeit zu einem Wispern zusammenfallen, zu gehauchtem Weltschmerz, zu diskretem Glücklichsein.» Und die «Frankfurter Allgemeine Zeitung» findet die Formulierung, dass ihre Stimme «in der pathoslosen, sozusagen barfüßigen Einfachheit des Folksongs geborgen bleibt». Ein zwiespältiges Kompliment, sie besteht auf «klassische Kunstlieder» und will den Begriff der Folksängerin nicht hören: «Ich war nur etwa zwei Jahre eine Folksängerin, und das war lange bevor ich Platten aufnahm.»

Sie wehrt sich, will nicht, dass ihre Musik mit dem Etikett «Folk» versehen wird, übernimmt von Platte zu Platte mehr von jenen Instrumenten und dem Gefühl, die auf den von ihr tief verehrten Alben von Miles Davis, «In A Silent Way» und «Nefertiti», den Ton angeben. Sie lässt dem E-Piano Raum, den Elektrogitarren, engagiert die Hollywood-Studio-Jazzmusiker, die schon seit Beach-Boys- und Phil-Spector-Zeiten mit souveräner Unbeschwertheit die Genregrenzen verwischen, tauscht das Rockschlagzeug gegen das synkopierte sonnige Ungefähr des kalifornischen Jazz. «Ich hatte nie besonders viel mit Rock 'n' Roll zu tun in meinem Leben», gesteht sie im Jahr 2000. «Ich verbrachte viel mehr Zeit in Jazzclubs, ich bin kein Rockfan.»

Und sie bezahlt für diese Einstellung. Als sie 1975 «The Hissing Of Summer Lawns» veröffentlicht, distanzieren sich viele frühere Bewunderer, dem Live-Doppelalbum «Miles Of Aisles» und «Hejira» geht es nicht viel besser. Joni ist Jazz, sie will den Rhythmus fließen lassen, ihn nicht mehr binden: «Ich wollte der Jackson Pollock der

Musik werden», und sie lacht. Ihre Zusammenarbeit mit dem Jazzbassisten Charles Mingus gerät schließlich zum kommerziellen Desaster. Der todkranke Gigant des schwarzen Aufbegehrens hatte sie gebeten, zu vier seiner Kompositionen Texte zu schreiben und zu singen, das Album «Mingus» wird zum Epitaph, Mingus stirbt im Januar 1979, er erlebt Joni Mitchells Hommage nicht mehr.

«Wäre Charlie Parker ein Revolverheld gewesen, gäbe es eine Menge toter Imitatoren», heißt ein frühes Stück von Charles Mingus zu Ehren des zu Tode kopierten Schöpfers des modernen Jazz: «If Charlie Parker Was A Gunslinger, There'd Be A Whole Lot Of Dead Copycats» – diese Einstellung spricht Joni Mitchell aus dem Herzen. «I never liked copycats», sagt sie, ganz gleich welcher Singer/Songwriter-Name ihr präsentiert wird. Sie verstehe nicht, warum jemand, der wirklich begabt sei, nicht er selbst sein könne. Warum die Leute vom Neuesten und Größten sprechen, wenn dies doch nur die neueste und größte Kopie bedeute. Sie macht sich keine Freunde mit ihrer Ehrlichkeit, und ihr früherer Mann Larry Klein bestätigt: «Sie ist kein Diplomat.»

Das Album «Hejira», erschienen 1976. Der Musikkritiker Karl Bruckmaier: «Mit dem überspannt-intimen ‹Blue› und dem überreichen ‹Hejira› im Regal kann man Zeiten größter Verwirrung und nagender Selbstzweifel bestens bestehen. Jemand hat den Job schon erledigt.»

Miles Davis und Picasso schätzt sie besonders, und ihre Bewunderung bezieht sich nicht zuletzt auf deren Fähigkeit, sich zu wandeln. Joni Mitchell kennt die undankbare Wahl zwischen Veränderung und Gleichbleiben, die Sanktionen, die einen in jedem Fall treffen und die sich nur durch entsprechende Absatzzahlen mildern lassen. «Du hast zwei Möglichkeiten. Du kannst dieselbe bleiben und an dem Konzept festhalten, dem du deinen Erfolg verdankst. Dann kreuzigen sie dich dafür, dass du immer das Gleiche machst. Oder du veränderst dich, und sie kreuzigen dich dafür. Aber immer das Gleiche zu machen ist langweilig. Und Veränderungen sind spannend. Also lasse ich mich lieber dafür kreuzigen, dass ich mich verändere.»

Als der Erfolg ausbleibt, verschwindet sie in den achtziger Jahren langsam aus dem Scheinwerferlicht. «Ich fühlte mich wie Greta Garbo, als sie sie nicht mehr in den Tonfilmen auftreten lassen wollten.» Sie verkauft eigene Gemälde für 120 000 Dollar, finanziert damit ihre Videos, doch keiner will sie haben, sie passen nicht ins gängige Format. Im Dreijahresrhythmus veröffentlicht sie ihre Platten, sie werden schulterklopfend, aber leidenschaftslos kommentiert, Joni Mitchell ist mit vierzig aussortiert.

«You wanna make van Goghs ... Oh what do you know about / living in Turbulent Indigo?» Ihre Stimme scheint sich im Lauf der Jahre abgeschliffen zu haben, sie klingt entspannt und warm, wo sie vorher oft überspannt war. Im Hintergrund spielt das ornamental-singende Sopransaxophon von Wayne Shorter, das bis heute ihr ständiger Gast ist. «Turbulent Indigo» bedeutet 1994 die Rückkehr auf eine Bühne, die sie mit ihren Ölgemälden dekoriert, das Malen war zu ihrem zweiten künstlerischen Ich geworden. «Ich sehe mich als eine Malerin, die Musik komponiert. Meine Harmonien wähle ich in derselben Weise aus, wie ich eine Farbe neben eine andere setze. Ich habe keine Ahnung, in welcher Tonart ich spiele. Ich bin ziemlich sophisticated ignorant, um es so zu sagen.»

Im Booklet finden sich Landschaftbilder im Stil van Goghs und Cézannes, auf dem Cover ein Selbstbildnis mit verbundenem Ohr. Untertrieben war das alles nicht und sollte es nicht sein. «Ich bin eine arrogante Künstlerin. Diese falsche Bescheidenheit macht mich krank.» Mit Recht, listet man die Lobeshymnen von Elvis Costello bis Chrissie Hynde auf, denkt man an ihren Einfluss auf Sting oder Prince, der sie musikalisch zitiert und immer wieder den Versuch unternahm, mit ihr zu kooperieren. «Es ist nicht nur so, dass sie keine Rivalinnen unter den weiblichen Singer/Songwritern hat», rückt Elvis Costello die Verhältnisse zurecht, «sie hat sehr wenig ernsthafte Konkurrenz unter allen Songwritern.» Dass sie einst einen glühenden Verehrer einfach stehen ließ, weil der sie begeistert über ihre – nur weibliche – Konkurrenz erhob, gehört zum verbürgten Anekdotenschatz.

«Robert John» wollten die Andersons ihren Sohn taufen, «Roberta Joan» nannten sie dafür ihre einzige Tochter. Die Ambiguität bleibt ihr erhalten. Eine Zigeunerin erzählte ihr einmal, dass dies ihr erstes Leben als Frau sei. Bei ihren früheren Wiedergeburten sei sie immer ein Mann gewesen. «Langsam gewöhne ich mich daran.» Die Kunst erfordert beide Geschlechter, das männliche wie das weibliche. Als Bob Dylan über sie sagt: «Well, she's kind of like a man», nimmt sie dies als Kompliment, so als bezeichne er sie als «member of the academy». «Ich habe das Gefühl, ich bin mit einem Typen namens Kunst verheiratet», gesteht sie schon 1974 in der «Time», «vor allem anderen bin ich meiner Kunst verpflichtet.» Die zahlreichen Selbstbildnisse auf den Covern zeugen davon, keiner findet da neben ihr Platz. Sosehr die ausgewiesene Pool-Billard-Spielerin unverhofft ein «notorischer Good-Time-Charlie» sein kann, ausgelassen tanzt und einen reichlich trockenen Witz pflegt, so verliert sie jeden Humor, wenn es um Musik geht. «In Sachen Musik», sagte ein großer deutscher Philosoph, «verstehe ich keinen Spaß.» Er könnte als ihr «musical director» fungieren.

Joni Mitchells Selbstporträt auf dem Album «Both Sides Now» aus dem Jahr 2000. «Ich bin eine Raucherin. So oder so. Rauchen macht die Stimme belegter. Aber mit zunehmendem Alter verschwinden die hohen Töne ohnehin.»

Im Jahr 2000 kräuselt sich über das Cover der neuen CD «Both Sides Now» der Rauch ihrer Zigarette, eine Provokation des puritanischen Amerika, das sich eine Joni Mitchell nur mehr in abgetrennten Raucherzonen leisten kann. Ist es das letzte Zeichen des Widerstandes einer Generation, der sie einst mit «Woodstock» ihr Sehnsuchtslied sang? «He said, we are stardust / He said, we are golden / And we've got to get ourselves / back to the garden.» Jetzt singt sie die Standards des «Great American Songbook», die zum musikalischen Weltkulturerbe zählen, von «You're My Thrill» zu «Sometimes I'm Happy». Sie kleidet sie in übergroße Streicherarrangements, die an die letzten Aufnahmen ihres Idols Billie Holiday als «Lady in Satin» erinnern. Zwei eigene Kompositionen versteckt sie unter den Klassikern, «Both Sides Now», das durch Frank Sinatra selbst zum Standard geadelt wurde, und jenes «A Case

Of You», das den Fall «Liebe» in den kalten Norden verlegt: «I drew a map of Canada / Oh Canada.» Resignation und Hoffnung, Traum und Realität – alles ist hier gleichzeitig zu hören. «Oh you are in my blood like holy wine / You taste so bitter and you taste so sweet / Oh I could drink a case of you.» Von Mahler'schem Streicherklang besoffen.

Es ist nicht altersmüde Anpassung, sondern ihr rebellischer Zug, der sie nach Folk und Jazz und Rock nun klassische Arrangements wählen lässt, eine Entwicklung, die 2002 in ein edles Doppelalbum mündet, auf dem sie ihre eigenen Kompositionen noch einmal als Reisebericht durch ihr künstlerisches Leben einspielt – «Travelogue». Kein nostalgischer Rückblick auf einen lebensumspannenden Kunstliedzyklus, vielmehr unterlegt sie die Stimmungen der Vergangenheit mit den Klangfarben des bewunderten Miles-Davis/Gil-Evans-Orchesters, präsentiert sie Winterlieder als Frühlingsopfer und lässt die ehemaligen Miles-Davis-Kollegen Wayne Shorter und Herbie Hancock durch symphonische Dickichte improvisieren. Es ist Joni-Mitchell-Stil, der oft unpassend schien, der schon mitten in Hippie-Land von Eleganz und mondäner Kühle zeugte.

Sie trägt ausgefallene Hüte, Ohrringe und Armreifen, verwegen geschnittene Kleider und leopardenfellgemusterte Kostüme. Ihr schwarzes Beret zur braunen Lederjacke ist Uniform, die Zigarette schwebt zwischen leicht silber lackierten Fingernägeln – Joni Mitchell verwirrt die Alternativszene mit ihrer modischen Extravaganz, seit sie 1965 auftauchte. «Ein Typ, mit dem ich zusammen war, nahm meine Sachen mit zum Waschsalon und wusch sie sechsmal hintereinander. Er wollte lieber eine Freundin, deren Klamotten etwas zerschlissener wirkten. Ein anderer sagte zu mir: ‹Du siehst aus wie die Frau eines Senators. Deine Handtasche ist viel zu schick!» Doch Joni Mitchell schert sich wenig um die modischen Wünsche ihrer jeweiligen Freunde. Ein paar Yves-Saint-Laurent-Sandalen, ein einfaches Männerhemd, schlicht, aber von bester Qualität – es ist offenbar zu viel für die Rock-'n'-Roll-Community.

In ihrer Jugend arbeitete sie in Saskatoon für die örtlichen Modegeschäfte gelegentlich als Model. Oft kaufte sie die ausgefallenen

Kleider billig und zeigte sich damit in der falschen Umgebung. «Mit sechzehn war ich wirklich hip. Ich trug Krawatten von meinem Vater, ich liebte dieses provokative Image. Manche hielten mich für einen Snob.» Nur einmal ließ sie sich beraten: Als sie mitten in der Twiggy-Ära aus London zurückkam, mit falschen Augenwimpern und einer Menge Make-up versehen, bat sie der damalige Freund und Produzent ihrer ersten Platte, David Crosby, die «Kriegsbemalung» abzulegen. «Es war eine wahre Befreiung, am Morgen aufzustehen, sich das Gesicht zu waschen und sonst nichts machen zu müssen.»

Mitte der siebziger Jahre listet die Zeitschrift «Rolling Stone» die Liebhaber Joni Mitchells auf, darunter James Taylor, Jackson Browne und Graham Nash, der schriftliche Beleg für ein Leben «on the road», bei dem man «selten allein ist, aber oft einsam». Sie selbst spricht über ihre Liebesaffären mit Stil, «und ich halte es für ein Verbrechen, wenn das eine altmodische Idee sein soll». Als «travellin' woman» habe man eben wechselnde Beziehungen voller Gefühl – «I'm a serial monogamist.» Für den Feminismus konnte sich Joni Mitchell noch nie erwärmen. Das mag zum einen mit ihrem gespaltenen Männerbild zusammenhängen, den Mann wünscht sie sich sensibel und einfühlsam und zugleich stark und bestimmend. Zum anderen mit ihrem Misstrauen Frauen gegenüber: «Wenn es nicht diesen latenten Konkurrenzkampf zwischen den Frauen geben würde, könnte es zu so etwas wie Kameradschaft kommen. Aber meiner Erfahrung nach äußert sich Kameradschaft unter Frauen eher als Verschwörung.»

Joni Mitchell bleibt unangepasst und zögert nicht, sich als konservativ zu outen: ob sie kritisiert, dass sich seit Beginn des MTV-Zeitalters Frauen immer unterwürfiger präsentieren, oder ob sie die Kultfigur Madonna infrage stellt. Die Strategie, lieber selbst die eigene Sexualität auszubeuten, als sie von einem Mann ausbeuten zu lassen, ist ihr eher verdächtig: «Ein interessantes Konzept. Aber wo liegt letzten Endes der Unterschied zwischen Madonna und einer knallharten Prostituierten? Wer wird hier ausgebeutet? Sie ist eine lebende Barbie-Puppe, leicht melancholisch gestimmt. Diesen Typ von Frau hat es schon immer gegeben. Und es gab immer einen Markt dafür. Die Gefahr liegt nur darin, dass Madonna sich als Rollenmodell sieht. Und es ist ein grauenhaftes Vorbild. Was soll man zu Sängerinnen wie Britney Spears oder Christina Aguilera sagen? Sie sind süß. Sie sind, was sie sich gewählt haben. Meine Güte, meine Enkelin ist drei. Sie ist rhythmisch sehr begabt, und sie fasst sich in den Schritt beim Tanzen. Es ist ziemlich grauenhaft, was MTV da anrichtet.»

Im Mai 2000 steht Joni Mitchell auf der Bühne des Theaters am Madison Square Garden in New York. Hinter sich ein Orchester, das den Abend mit Debussys «Nuages» eröffnet, vor sich ein Publikum, das jedes ihrer Konzerte wie Raritäten sammelt. Sie leidet am Post-Polio-Syndrom, an Problemen mit der Anpassung der Körpertemperatur, an Beeinträchtigungen der Muskeln, die den Symptomen von multipler Sklerose ähneln. Auch deshalb reist sie wenig, geht kaum auf Tourneen. An diesem Abend singt sie ihren Anti-Musikindustrie-Song «For

1969 mit Graham Nash. Über ihre Liebesaffären spricht sie mit Stil. «Und ich halte es für ein Verbrechen, wenn das eine altmodische Idee sein soll.»

«Amelia», das Leben als Reisebericht: «Then your life becomes a travelogue / full of picture-postcard-charms / Amelia, it was just a false alarm.»

The Roses»: «They toss around your latest golden egg / Speculation – well, who's to know / if the next one in the nest / will glitter for them so.» Die bittere Kritik hat sich im Lauf der Jahre immer weiter verschärft. Als «Jauchegrube» bezeichnet sie heute das Musikgeschäft. Man habe sie immer nur ausgenutzt und ihr «Sklavenverträge» angeboten, sie schäme sich, Teil dieser Industrie zu sein. «Sie macht mich krank. Kann man sich klaren Verstandes über irgendeine dieser Preisverleihungen freuen? Wo sind die Erwachsenen? Wo ist da Niveau? Ich hasse dieses Geschäft aus tiefstem Herzen. Wenn ich jetzt Songs schreiben würde, handelten sie vermutlich von dieser kranken Kultur. Und das will ich nicht schreiben und nicht hören und nicht singen. Also habe ich meinem inneren Komponisten gesagt, er soll den Mund halten. Ich will nur Sängerin sein.» Die Ironie des mittleren Alters befreit sie von der Angst der Jugend, sie fühlt sich aber noch immer mit deren Wut verbunden: «I'm a punk. I've never really been in the mainstream.»

Und so singt sie mit ihrer wunderschönen Altstimme zu Streicherklängen über «Woodstock», «Sex Kills» und «Trouble Child» und vermeidet die Sopranhöhen, zu denen sie ihr Drei-Oktaven-Umfang immer verleitet hatte. Sie lebt in ihrem Haus in Los Angeles mit den vier Katzen Pansy, Nietzsche, Mojo und El Café. Dem Alter wird sie ohne Facelifting entgegensehen, den Song «Happiness Is The Best Facelift» hatte sie bereits 1998 für das Album «Taming The Tiger» komponiert. Ihr Problem sei nicht der Tod, meinte sie schon früher, sie nehme an, achtzig zu werden, ihr Problem sei, in dieser Gesellschaft in Würde zu altern. «Besonders in einer glamourbewussten Stadt wie Los Angeles, wo die Frauen in einem bestimmten Alter neurotisch werden und selbst ein viertes Lifting über sich ergehen lassen, um die Fassade zu erhalten.» Vermutlich, meint sie, wird sie «noch ein paar hübsche Noten singen und sich das Leben leichter machen. Meine Traumata hatte ich als Zwanzigjährige, und die sind gründlich dokumentiert – I love my Fifties.»

DEUTSCHE GIRLS

SENTA BERGER
Schau, dann lass ich's lieber
PINA BAUSCH
Die stumme Sängerin
NICO
Kennst du keine glücklichen Lieder, Liebste?

SENTA BERGER
SCHAU, DANN LASS ICH'S LIEBER

«ICH WEISS JETZT, WIE ICH DICH VERKAUFEN MUSS», sagt die Agentin und Freundin. «Du bist die wunde Frau von vierzig. Irgendwo zwischen Erika Pluhar, Margot Werner und Hildegard Knef.» Mona lächelt gequält: «Die wunde Frau, aha.» Als Mona alias Senta Berger in der letzten Folge des Fernseh-Sechsteilers «Kir Royal» zur Sängerin avancieren soll und sich von ihrem Freund, dem Klatschreporter Baby Schimmerlos alias Franz Xaver Kroetz, emanzipiert, strahlt die ganze wunderbare Welt der Senta Berger. Diese Frau lässt sich nicht als irgendetwas verkaufen, weil sie immer sie selbst ist. Das ist ihre Größe und ihre Grenze. «Schau», sagt Mona/Senta, «es hat doch überhaupt keinen Sinn, dass ich etwas singe, was mir überhaupt nicht liegt. Dann lass ich's doch lieber. Ich bin eine erwachsene Frau, die Erfahrungen gemacht hat, und diese Erfahrungen, die Siege, die Kämpfe, die Niederlagen, meine Hoffnungen, meine Müdigkeit, die Wunden und Narben, verstehst, das möchte ich irgendwie reinbringen können.» Also doch die «wunde» oder die «kämpferische» oder die «erfahrene» Mona? Was immer ihre Agentin wählt, sie wird auf Senta Berger treffen.

«Schau», sagt Mona, und in diesem «Schau» liegt eine Wärme, die das Folgende schon nicht mehr so hart erscheinen lässt, auch wenn es sehr ernst gemeint ist. Senta Berger fügt Helmut Dietls boshafter Satire über Münchner Kultur-Schickeria, Politik und Presse jenen Schuss glaubwürdigen Anstands hinzu, der «Kir Royal» vor der

Gefahr bewahrte, in die Klamotte abzurutschen. Mona macht beim Rattenrennen mit – nicht ohne skeptischen Blick –, sie küsst ihren Baby Schimmerlos, wenn der sich als Strohmann für das Spekulationsprojekt «Seevilla» kaufen lässt. Und absatzlos fragt sie nach dem Kuss: «Und wer zahlt dir denn die Zinsen?» Gegen ein bisschen Protegieren und das Platzieren von Freunden in seiner Prominentenkolumne ist ja nichts einzuwenden, als es aber um die Vertuschung von Waffenhandel und politischen Schiebereien geht, bricht der gesunde Ekel durch – sie steigt aus. Und mit der Achtung stirbt die Liebe für ihren Freund, da hilft auch kein «Schau».

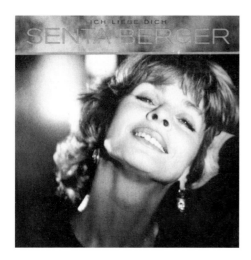

Senta Berger als Sängerin, 1989. «Die heutige Musik geht völlig an mir vorbei. Ich habe nach Billy Joel, Eurythmics und Sting aufgehört zuzuhören.»

Senta Bergers altmodische Ansichten über Anstand und Verantwortung haben sich bis heute über ihre Filmrollen gelegt, bringen ihr öffentliche Sympathie und den gelegentlichen Spott derer ein, denen Engagement als mangelnde Coolness erscheint. Und an dem Vorwurf ist ja, Gott sei Dank, etwas dran: Zu Beginn der siebziger Jahre trat sie für Willy Brandt ein, der ihr noch immer moralische Instanz ist und an dem sie jeden Politiker misst – auch die «Macher des Machbaren» wie Helmut Schmidt und Gerhard Schröder; sie ging für Umweltschutz und Abrüstung auf die Straße und wurde dafür am Münchner Viktualienmarkt als «rote Hure» beschimpft. Für die Abschaffung des Paragraphen 218 sprach sie sich ebenso aus wie gegen die Verschärfung des Asylrechts, sie setzte sich in Brokdorf den Wasserwerfern aus und bezog eindeutig Stellung gegen den Irakkrieg. Die Folge: Sie steht unter Verdacht, ihre Prominenz zu Werbezwecken und für Eigenreklame auszunutzen, und darf sich dumme Fragen nach der politischen Kompetenz von Schauspielern anhören. Dass der «mündige Staatsbürger» nicht teilbar ist, muss sie immer wieder aufs Neue betonen. Oder in ihrer eigenen praktischen Logik formuliert: «Wissen Sie, die Hälfte der Bevölkerung kauft deshalb nicht mehr von meinen Produkten und die andere Hälfte nicht mehr! Man muss ja nicht meiner Meinung sein. Aber man muss meiner Meinung sein, dass es nötig ist, eine Meinung zu haben.»

Es ist ein pragmatisches Denken, das mit handfesten Problemen der Nachkriegszeit zusammenhängt. Kurz nachdem Senta Berger am 13. Mai 1941 in Hietzing, einem Randbezirk von Wien, geboren wird, muss ihr Vater mit neununddreißig Jahren in den Krieg. «Das hat sein Leben zerstört, denn er hatte gerade den Absprung als Komponist und Dirigent geschafft.» Die Mutter nimmt das Überleben in die Hand, unverdrossen, zupackend. Der Kessel zum Wäschewaschen steht im Keller, das Wasser verwendet man anschließend im Holzzuber, um die Kinder zu baden, doch keine Rede von Mangel und Entbehrung. «Ich hab das damals als Idylle empfunden, was für meine Mutter fürchterlich anstrengend war.» Die Mutter ist Vorbild und Maßstab für die kleine und große Senta, der Gegensatz zwischen dem komplizierten Vater Josef Berger, dem Zauderer, und seiner streitbaren, geradlinigen Frau Therese, geborene Jany, bleibt prägend. Als die Genossen aus der SPÖ ihr nach dem Krieg eine Neubauwohnung zusagen, am Ende aber Parteifunktionäre einziehen, gibt sie ihr Parteibuch zurück. Es ist nicht genug, das Machbare anzustreben, man muss auch Grundsätze haben. Senta Berger lernt früh.

Sie wächst mit den Nachkriegsfrauen auf und orientiert sich an deren Generation: «Ich habe einen immer schärferen Blick dafür bekommen, welche Zivilcourage diese Frauen hatten, gepaart mit Überlebenswillen und einer dazugehörigen Aggressivität. Die haben organisiert für die Kinder, haben gehamstert, geschmuggelt, waren auf dem Schwarzmarkt. Da wurde aus einem verbrannten Sofakissen noch ein Hut gemacht oder eine Weste, aus einem Schuh wurden zwei kleine.» Trotz der schwierigen Umstände erhält die fünfjährige Senta Tanzstunden, die Eltern melden sie bei Hedy Pfundmayers Ballettschule an. Mit zehn wird sie bei der Akademie für Darstellende Künste angenommen, und immer wieder stellt man zu Hause in der Einzimmerwohnung die Klappbetten hoch. «Mein Vater schob einen Stuhl vors Klavier, und dann habe ich in diesem Raum von vielleicht zwölf Quadratmetern getanzt. Und die Lehrerin, eine russische Emigrantin, rief: ‹Los, mach sterbender Schwan!›»

Es hat etwas angenehm Erdendes, wenn Senta Berger erzählt, die Dinge werden wieder auf Normalmaß gebracht, die gloriose Schauspielerinnenkarriere war ihr nicht in die Wiege gelegt, erscheint im Rückblick vielmehr als Mischung aus Neigung und Trägheit. Die Realschule tritt für die Fünfzehnjährige in den Hintergrund, das Max-Reinhardt-Seminar, die berühmte Schauspielschule in Wien, ist ihr Ziel. Dazu kommt die wachsende Entfremdung von ihrem Zuhause. «Mit vierzehn begann meine Pubertät, und die eheliche Liebe meiner Eltern ging zu Ende. Wir lebten zusammen, aber unsere Wohnung war für mich kein warmes, kleines Nest mehr, ich empfand nur noch die qualvolle Enge der vierundzwanzig Quadratmeter.» Als sie 1957 in zwei Filmen je einen Satz sagen darf, scheint ihr Glück perfekt: in Hans Quests «Die Lindenwirtin vom Donaustrand» und in Willi Forsts «Die unentschuldigte Stunde», wo ihr ganzer Text lautet: «Sie kommt.» Im selben Jahr hatte sie der amerikanische Regisseur Anatole Litvak in Wien gesehen, er brauchte für einen kleinen Auftritt ein Mädchen, das Csárdás tanzen konnte. Als sie dann 1958 in Litvaks «The Journey» mitspielt, ist das der Abschied vom Max-Reinhardt-Seminar; die Schulregeln verbieten es, Filmrollen – und seien sie noch so winzig – anzunehmen. Sie fliegt. Um sie mit dem nahen Ende ihrer Laufbahn zu versöhnen, tröstet sie der Direktor mit ihrem Kropf: «Was wolln S' denn Schauspielerin werden? Sie ham doch eh an Blähhals!»

Ende der fünfziger Jahre trampt sie nach München und gerät in die deutsche Filmszene, die ein trauriges Abbild der bundesrepublikanischen Realität liefert, die von Schlagerseligkeit zur Krimikomödie wechselt, vom Arztfilm zur Italienschmonzette mit Musik. Sosehr die Zahl ihrer Filme zunimmt, so sehr sinkt deren Qualität. Der Film, den sie aus dieser Zeit am meisten schätzt, ist «Jack und Jenny» von 1963 – ein «unsagbar dummer Film, in dem nicht einmal der Charme der Senta Berger wirklich versöhnen mag», wie Heiko R. Blum in seinem Buch «Mit Charme und Power» vermerkt –, denn bei den Dreharbeiten lernt sie den drei Jahre älteren Medizinstudenten

und späteren Regisseur Michael Verhoeven lieben, den sie 1966 heiratet und der sie vor Irrwegen in Hollywood beschützen wird.

Als «Vollweib mit sündig schöner Stimme und grünen Augen, die einem den Sinn verwirren», beschreibt sie damals die «Münchner Abendzeitung», nicht zu Unrecht Vorbild für das Blatt, für das Baby Schimmerlos in «Kir Royal» seine Gesellschaftskolumnen schreibt, und man klatscht ihr eins hintendrauf – «vollbusiges Komponistentöchterlein». Frage des AZ-Reporters: «Sie interessieren sich also für Politik?» Berger: «Sehr

Die Mutter von zwei Söhnen sagt 1963: «Würde meine Tochter eines Tages den Wunsch haben, zum Film zu gehen – ich würde ihr abraten, solche Fotos zu machen, wie ich es tat. Zugegeben also, ich war ein Sexstar, eine Oberweitendarstellerin.»

sogar.» Reporter: «Dann verraten Sie mir mal, wie heißt der Bundes-
präsident?» In den sechziger Jahren besteht Senta Bergers Problem
darin, dass sie für etwas geliebt und bewundert wird, das sie sich
nicht als ihr Verdienst anrechnet und dessen Image sie ständig zu
entkommen sucht. «Berger: Bin keine Sexbombe», titelt es 1964,
«Eine Schauspielerin besitzt auch Hirn», heißt es 1969, «Nur schön
sein, das ist ihr zu wenig», wird es 1970 schon freundlicher, um dann
1976 endgültig den Umschwung einzuläuten: «Ein Kurvenstar wan-
delt auf neuen Wegen.»

Der alte Weg ist noch nicht zu Ende, sie weiß, dass sie von ihrem
Image lebt. 1963 liegt sie nach einem Autounfall in einer Klinik
und hofft, dass die notwendigen Operationen keine bleibenden Spuren zurücklassen: «Ich kann mir keine Narben leisten. Wo man doch
heutzutage beinahe in jedem Film ausgezogen sein muss ... Dass ich
gut aussehe, ist nicht mein Privatvergnügen. Es ist mein Kapital.»
Frage eines Reporters, 1963: «Ist Schönsein eine Last?» Antwort Senta
Berger: «Nein. Nur schön.» Im selben Jahr verlegt sie den Schwer-
punkt ihrer Arbeit in die USA, es ist die Blütezeit der amerikanisch-
europäischen Koproduktionen, die importierten deutschen Girls die
amerikanischen Studios öffnen und den amerikanischen Filmen den
europäischen Markt. Romy Schneider, Elke Sommer, Hildegard Knef
– die Österreicherin Senta Berger ist die letzte Vertreterin des «teuto-
nischen Fräuleinwunders» («Stern»). Sie lernt, den Film als Arbeit
und eigenes Medium zu verstehen, nicht als zwielichtige Schwester
des Theaters. Die Filme werden nicht zu großen künstlerischen und
ökonomischen Erfolgen, und doch, sie sind es, die ihr einen Namen
machen. Auch wenn kein Masterplan hinter ihrer amerikanischen
Karriere stand und sich der Ehrgeiz in Grenzen hielt, die Professionalität bleibt lebenslang.

«Ich rechne nicht mit einer Schauspielkarriere», sagt sie noch
1966, als sie ihre Jahre in Hollywood schon beinahe hinter sich hat.
«Es gibt hundert bessere Darstellerinnen als mich. Aber es gibt auch
Hunderte, die schlechter sind.» Ihrer Schönheit fällt zu, was sich
andere mühsam erarbeiten müssen, sie spielt diszipliniert, doch sie
kämpft nicht. «Senta ist nicht zickig, sie ist cool, sehr zuverlässig. Sie

macht ihren Job routiniert und weiß sehr genau, wie sie vor der Kamera wirkt. Im Gegensatz zu vielen amerikanischen Schauspielerinnen hat sie es nicht nötig, das zu demonstrieren. Bei ihr passiert das ganz nebenbei», lobt der Regisseur Sam Peckinpah. Sie alle schätzen und lieben sie – die Schauspieler Yul Brynner und Kirk Douglas, Charlton Heston und Richard Widmark, die Regisseure Terence Young und Michael Anderson, und doch bleiben ihre Filme im Nebel der Erinnerung seltsam verschwommen: «Die Sieger» 1963, «Sierra Chariba» 1964, «Der Schatten des Giganten» 1965, «Das Quiller-Memorandum» 1966, «Istanbul-Express» 1967, «Das ausschweifende Leben des Marquis de Sade» 1968. Die Flure in den Beset-

Mit Kirk Douglas in «Der Schatten des Giganten», 1965. «Es war rührend, wie Yul Brynner und Kirk Douglas, diese beiden harten Filmmänner, uns Mädchen mit Geschichten aus ihrer rauen Jugend imponieren wollten. Sie versuchten dauernd, sich gegenseitig zu überbieten.»

zungsbüros waren oft lang und verschlungen, während sie für den einen Film vorsprach, wurde sie für den anderen ausgewählt. «Natürlich hatte ich Erlebnisse», kommt sie den nahe liegenden Fragen zuvor, «aber es wäre mir unmöglich gewesen, mir eine Rolle zu erschlafen. Das hätte mich beschädigt, und ich habe mich nie beschädigen lassen.»

«Vienna», ein obskurer Dreiminutenfilm von Orson Welles, gerät 1968 fast zu einem Werbeclip für Senta Berger. Mit der obligatorischen dicken Zigarre bewaffnet, schlendert Welles durch Wien, plaudert vom «unverdienten Erfolg» des Carol-Reed-Films «Der dritte Mann», erzählt von den guten alten Zeiten, als Wien noch Spio-

1969 in «Frühstück mit dem Killer». Senta Berger 1999: «Früher drehten sich die Leute nach mir um und fingen an zu flüstern, wenn ich ein Lokal betrat. Ich wollte, dass die Leute mich ansahen. Das war ein Motor. Und ich war wirklich schön. Heute gucken sie, weil ich Senta Berger bin.»

nage-Hochburg war, während Senta Berger im Hintergrund in einen roten Stoffsack verschnürt und von zwei Agenten entführt wird. «Was? Sie kennen das hübscheste Mädchen von Wien nicht? Senta Berger, SENTA BERGER!», sagt ein Spion mit Sonnenbrille und Regenmantel. Auf einer Bühne gelandet, wird sie schließlich von Orson Welles mit einem Zaubertrick befreit, und plötzlich steht sie da, nicht die Schauspielerin, nicht die entführte Spionin, einfach Senta Berger im rotschwarz gestreiften Hosenanzug.

Es gehört zum kleinen Wunder der Senta Berger, dass sie im Kino kaum zu sehen ist, dass es vorwiegend nebensächliche Filme waren, in denen sie auftrat, dass sich kaum jemand an ihre Rollen erinnert und doch jeder sie kennt. «Woher kommt mein Kredit?», fragt sie selbst in einem «Stern»-Interview 1976. Nach 1969, nach ihrer Rückkehr aus Hollywood, wird sie ständiger Gastgeber im deutschen Fernsehen, kehrt zum Theater zurück, spielt jahrelang die «Buhlschaft» in Hofmannsthals «Jedermann» in Salzburg. Es zieht sie nach Italien, sie genießt es, als «bella tedesca» bewundert zu werden. Sie tritt unter Niveau auf, und manche Beobachter beginnen sich zu fragen, ob ihre wahren Stärken, «ihre aufgeräumte Schlagfertigkeit in Talkshows, Interviews und Portraits nicht viel eher zur Geltung kommen als in Bühnen- und Kinorollen?» («Stern»). Der Bundesrepublik einziger – 1975 eingedeutschter – Superstar ist eine faszinierende Privatperson, die die Hoffnung auf verheißungsvolle Filme nicht aufgibt: «Ich vertraue auf wahres Talent, ganz egal, wie lange es dauert – über Jahrzehnte hinweg, es hält sich. Ich glaube nicht, dass man so etwas zerstören kann.» Und der Journalist schließt: «Na gut, Senta Berger – alles geglaubt und alles begriffen. In welchem Jahrzehnt machen Sie denn endlich Ihre große Karriere?» Es sollte noch dauern.

Sie: «Was guckst du denn so?» – Er: «Ich sehe dich an.» – Sie: «Du kennst mich doch.» – Er: «Wer kennt schon eine Frau?» Solche Dialoge waren es, die Senta Berger aus dem italienischen Süden vertrieben. Dabei zählt «Frühstück mit dem Killer» von 1969 noch zu den spannenderen Produktionen. In der Bundesrepublik trifft sie auf einen jungen deutschen Film, der mit dem Star aus Amerika wenig

Michael Verhoeven und Senta Berger. «Mein Mann will sich überhaupt nicht bewegen. Kein Stück. Am glücklichsten ist er, wenn er im Garten sitzt, ein Buch in der Hand, und mir zusieht, wie ich umgrabe. Das macht ihn richtig froh. Ich hätte gern einen, der mit mir wandert, Rad fährt, einkaufen geht. Hab ich nicht. Aber ich liebe ihn, er liebt mich. So einfach ist das und so kompliziert.»

anfangen kann. Zwar finanziert sie mit der Produktionsfirma Sentana, die sie gemeinsam mit ihrem Mann 1966 gegründet hatte, Filme wie «Paarungen» (1967) – er wird allerdings ein Kassenflop und lässt sie mit 380 000 Mark Schulden zurück –, doch die Schwabinger und Hamburger Filmszene bleiben ihr fremd; sie gehört zu keiner Clique, lebt mit ihrem Mann und ihrem Sohn Simon im Münchner Nobelvorort Grünwald. Selbst die beiden Hauptrollen in Volker Schlöndorffs «Die Moral der Ruth Halbfass» (1971) und Wim Wenders' «Der scharlachrote Buchstabe» (1972) sind eher Achtungserfolge, und Komplimente klingen ehrlich, aber ein wenig distanziert. Wim Wenders: «Senta Berger ist einfach ein Star. Es war sehr schön, mit ihr zu arbeiten. Und dann kommt da etwas dazu, das über die Person hinausgeht: Sie bleibt der Star, der sie ist. Deshalb ist es für sie schwierig, etwas anderes zu sein.»

Es bleibt der Stachel in ihrer Karriere: Kann sie nur sich selbst spielen, weil sie ein Star ist? Oder ist sie ein Star, weil sie immer sich selbst spielt? Sie habe so wenige private Bekannte, erzählt sie, weil sie ständig beweisen müsse, dass sie ganz «normal» sei. Das sei sehr anstrengend. Überfürsorglich verwöhnt sie den Interviewer, fragt, ob er denn habe, was er möchte, ob er das Flugzeug noch erreiche und lieber ein Taxi nehmen wolle. Überquellender Charme als Zeichen, als Beweis, wie wenig abgehoben sie ist, wie nahe dem Leben – wie du und ich. Es ist das alte Syndrom der Schauspielerinnen. Doch während man etwa bei Cathérine Deneuve, der Senta Berger in François Ozons Film «Acht Frauen» die deutsche Stimme leiht, unter der Oberfläche etwas unbekanntes anderes vermutet, wirkt sie bei Senta Berger wie das perfekte Abbild des Inneren.

Sie betont, wie unterschiedlich ihre Rollen in den letzten fünfzehn Jahren gewesen seien, verweist auf die «Bösartigkeit, Mutlosigkeit und Verzweiflung» ihrer Charaktere, während Kritiker nur die Senta sehen: die Frau mit Widerhaken, eben die Frau «mit Charme und Power» oder wie der Regisseur Xaver Schwarzenberger sagt: «Sie ist jetzt die Frau über fünfzig im weitesten Sinn, sieht phantastisch aus, da liegen solche Themen nahe: ‹Probieren Sie's mit einem Jüngeren› oder ‹Die ewige Ehekrise›.»

«Kir Royal» markierte 1985 den Beginn einer Fernsehkarriere, die sie als «Die schnelli Gerdi» (1989) oder «Lilli Lottofee» (1992), in «Sie und Er» (1992), «Liebe und andere Katastrophen» (1999) oder in Margarethe von Trottas melancholischer Komödie «Mit Fünfzig küssen Männer anders» (1999) in jeweils ähnlicher Konstellation zeigt: Entweder gerät ihr Leben aus der Bahn – sie wird Witwe, der Mann betrügt sie, die Kinder gehen aus dem Haus –, oder es wird ihr der tägliche Trott bewusst. Sie ist die Frau, die ausbricht, die nach etwas sucht, woran sie einmal geglaubt hat. Souverän im Beruf, mit schlechtem Gewissen den Kindern gegenüber – Garant für ein Genre von Film, das amüsante Lebenshilfe bietet. Ihre Bewunderer hoffen: Könnte sie, bitte!, nicht irgendwann eine Psychopathin spielen, eine knallharte Geschäftsfrau oder eine Femme fatale und nicht immer diese patenten, allzu sympathisch gebrochenen Charaktere?

Verbirgt sich im bundesrepublikanischen Film-Fernsehbetrieb nicht irgendein Fassbinder, der sie wie Jeanne Moreau einsetzt, ein Lars von Trier, der in ihr eine Deneuve sieht?

Fataler- oder glücklicherweise laufen ihre Erfahrungen und ihr Leben mit ihren Rollen parallel. Nach wie vor ist sie mit Michael Verhoeven verheiratet, ein Umstand, der sie für Boulevardzeitungen automatisch zur Eheberaterin qualifiziert: Hätten Sie vielleicht ein Rezept? Die Antworten sind zurückhaltend und erfüllen doch die Erwartungen: Vertrauen-Reden-Beharrlichkeit sowie Keine-Lügen-und-Betrug, Nichtwegrennen. Sie haben zwei Söhne, Simon und Luca, die inzwischen aus dem Haus sind («Aus der Stille kann plötzlich Leere werden»), sie findet «Kameraderie» zwischen Mann und Frau ziemlich unerotisch und das Wort «Beziehungsarbeit» grauenvoll. Sie steht zu ihren Schwierigkeiten und kann darüber sprechen, ohne etwas preiszugeben: «Wir hatten Gefühlsstürme und Ermüdungsphasen. Wir wollten beide mal weglaufen. Männer und Frauen passen gar nicht zusammen, aber wir machen das Beste daraus.» Am Ende setzt sich die kämpferische Mentalität ihrer Mutter durch, Stolz auf die Vergangenheit: «Wenn es bei uns im Haus brennen sollte, würde ich nach meinem Mann die Fotoalben retten.»

«Natürlich sollst du gehen – was ist das für eine Frage? Und bleib nur, solange du willst, Lieber!» Mit gefährlich schmeichelnder Wiener Stimme liest Senta Berger 2001 ihre Lieblingsgeschichten des österreichischen Stilisten und Kritikers Alfred Polgar. «Er war schon auf der Treppe, da öffnete sie abermals die Tür und rief liebevoll: ‹Unterhalte dich gut!› Ein vorsichtiger Mann wäre daraufhin umgekehrt.» Natürlich, es ist die partnerschaftliche Freundlichkeit, die dem Ehemann einen vergnüglichen Abend ganz allein wünscht, und doch ist es die «äußerste Schicht, schokoladisiert und gleich darunter nichts als Bitterkeit». Wer bei Senta Berger nur Ausgeglichenheit und Charme vermutet, wird von ihr selbst korrigiert. «Ich bin nervig, unkontrolliert, ich bin jähzornig, diese andere Seite, die manchmal sehr kleine, mädchenhafte Senta, die kriegt man in der Öffentlichkeit eben nicht zu sehen.» Und so kritisiert sie die, die sie liebt, am heftigsten. Sie ist eifersüchtig, und die Anekdote, dass sie ihren

Mann, als der bei der allzu festen Umarmung einer allzu guten Freundin an einer Kerze Feuer fing, ein bisschen brennen ließ, die hat sie nie dementiert. Unterhalte dich gut.

Am liebsten würde sie alles gleichzeitig machen, «alles, was zu diesem Beruf gehört, ausprobieren». 2003 dreht sie neue Folgen der «Schnellen Gerdi», nimmt Hörbücher mit Erzählungen von Alfred Polgar und Arthur Schnitzler auf, präsentiert klassische Musik, engagiert sich für amnesty international und «Ärzte ohne Grenzen», liest zum Gedenken an die «Weiße Rose» – der gleichnamige Film Michael Verhoevens von 1982 wurde zum politischen und künstlerischen Aushängeschild von Sentana-Film. Als bündle das Alter die Energien und erlaube keine Umwege mehr. «Man wird lebensklüger, und die Zeit, die bleibt, ist überschaubarer. Das ist, wenn man gut drauf ist, etwas sehr Positives. Weil man dann ganz bewusst sagt: Ich kann mich nicht mit Dingen belasten, die nicht wirklich wichtig sind. Manchmal natürlich, wenn du nicht so gut gestimmt bist, dann geht dir alles zu schnell. Die Zeit rast. Nur noch fünfzehn, zwanzig Jahre, wer weiß ...»

Die Frage wurde früh gestellt, schon mit zweiunddreißig: «Das Alter ist für mich kein Schreckgespenst. Schließlich habe ich ein glückliches Familienleben. Außerdem bemühe ich mich, im Beruf vom Klischee des Sexstars loszukommen und Rollen zu spielen, in denen mehr das Talent gefragt ist als die äußeren Reize.» Und wieder ist es die Lebensphilosophie ihrer Mutter, die bis zu ihrem Tod 1991 bei der Tochter wohnt und ihr die Alternative vor Augen führt: «Schön und jung sterben oder schiach alt werden.» Lieber hässlich und in Würde altern, lautet die modifizierte Senta-Version, wobei sich das «schiach» in ihrem Fall von selbst erledigt. Trotzdem bekommt die «Haut an Stellen ein Muster, wo man es

Senta Berger als Sprecherin von Arthur Schnitzlers «Fräulein Else», 2003.

Fragebogen der FAZ, 1981: Wo möchten Sie leben? «In den Szenerien der Fellini-Filme.» – Welche Fehler entschuldigen Sie am ehesten? «Meine eigenen.» – Ihre liebsten Romanhelden? «Casanova in Schnitzlers ‹Casanovas Heimkehr› und Else in Schnitzlers ‹Fräulein Else› und Kafkas Josef K. und ‹Das doppelte Lottchen›.»

nicht erwartet hätte». Sie hält die Balance zwischen einer Sehnsucht nach der Jugend, die sehr aufregend war und die sie so gar nicht abtun will zum Lobe der Reife und den Vorzügen des Alters. Und sie findet es eher degoutant, dass man um das Thema so viel Aufhebens macht.

«Eine Frau von vierzig galt in den sechziger Jahren schon als reife Dame, jetzt fängt es gerade mit fünfzig an, und in zehn Jahren wird es sich noch weiter nach hinten verschoben haben.»

«Das Älterwerden des Körpers finde ich erstaunlich, damit habe ich nicht gerechnet» – diese staunende Haltung ist es, die sie so jung macht. Und sie fährt fort: «Wozu mir die Falten nützen, weiß ich nicht, was lehrt mich das? Gar nichts. Nun ist es mal so, und da ich keine Alternative habe, will ich mich damit nicht beschäftigen.»

Als 2003 in dem zweiteiligen Kriminalfilm «Unter Verdacht» die Ermittlungsbeamtin Eva Maria Prohacek Licht in die trüben Machenschaften einer korrupten Polizei bringt, spielt Senta Berger endlich wieder eine Rolle, die ihren Fähigkeiten entspricht, in der sie ihren Charme als Waffe einsetzen, verbindlich bleiben und dennoch hart sein kann. Sie kehrt den Dreck unter dem Teppich hervor und überführt ihren Vorgesetzten der Bestechung, jenen Kommissariatsleiter, der sie als «mein bestes Pferd im Stall» bezeichnet hatte. Sie besitzt einen Blick, der Details wahrnimmt, der registriert. Und sie lässt sich verblüffen.

Senta Berger hält die verschiedenen Arten des Spielens auseinander, verwechselt ihre Rollen nicht mit der Realität, zählte nie zu einer Bewegung, da sie sich in der Wirklichkeit ihrer Familie sicher wusste. Nie war sie einer Mode unterworfen, weil sie nirgends dazugehörte. Doch während sie für ihre gesellschaftspolitischen Überzeugungen kämpft, fehlt ihr in der Kunst die letzte Selbstsicherheit. «Mein Problem ist, dass ich so selten von mir überzeugt bin. Das ist meine Begrenzung. Denn eigentlich musst du von dir besoffen sein in diesem Beruf.» Leider schon wieder sehr sympathisch, schau, es hilft nichts.

PINA BAUSCH
DIE STUMME SÄNGERIN

BEIM ERSTEN MAL WAR SIE GAR NICHT ZU SEHEN. Vom Beitrag eines Fernseh-Kulturmagazins blieb nur das Bild eines Mannes, der in Gebärdensprache mit den Händen den Text des Songs «The Man I Love» spricht. Die Finger flattern, die Arme bewegen sich mit dieser abgehackten Mechanik, die umso unwirklicher scheint, je ruhiger der Oberkörper bleibt. Ein stummes Bild voller Schönheit, unverständlich im Detail, sieht man von der letzten Geste ab. Mit zwei Fingern berührt er das Herz – «I love». Von Schauspielern, die etwas zeigen sollten, das ihnen ganz nah sei, war die Rede, von der Arbeit einer Pina Bausch erzählte die Moderatorin des WDR, vertröstete den Zuschauer bis zur nächsten Woche. Vergessen.

Jahre später, bei einem Gastspiel des Tanztheaters Wuppertal mit einer Wiederaufführung des Stückes «Nelken», steht ein Mann inmitten eines riesigen Nelkenfeldes und spricht mit den Händen: «Someday he'll come along / the man I love / And he'll be big and strong / the man I love.» Billie Holiday singt das Lied, und jene Erinnerung taucht auf, an den Sehnsuchtstanz der Finger, der den Text nicht nur überträgt, sondern ins Gefühl zurückübersetzt. Tausende von Nelken bedecken die Bühne, der Tänzer steht verloren im rosa Feld, es ist eine von vielen Szenen, die sich als Reigen aneinander fügen, ohne lineare Handlung, nur zu beschreiben, nicht zu erklären. Am Rande des Nelkenfeldes patrouillieren Wachleute mit Schäferhunden, Männer stecken in Frauenkleidern, andere springen von hohen Gerüsten todesmutig in Berge von aufgeschichteten Schachteln, die Nelken werden missachtet, niedergetrampelt und sind in ihrer Farbe doch unzerstörbar. Als zum Ende des Stückes die Frauen und Männer an den Bühnenrand treten und erzählen, warum sie Tänzer geworden sind, wird endgültig hör- und sichtbar, dass dieses Tanztheater nichts Vergleichbares hat, dass diese schwarz gekleidete Frau, die sich zum tobenden Schlussbeifall in die Reihe einfügt, jenseits einer Vorstellung steht, die sich Ballett nennt.

Man weiß nicht, wohin man bei den Aufführungen der Pina Bausch zuerst schauen soll, gleichzeitig gehen und laufen fünf, zehn, zwanzig Tänzer über die Bühne, kreuz und quer, planlos scheinbar, heben, umarmen, schlagen einander, kaum einer tanzt, wie sich's gehört, sie reden und schreien, singen und stöhnen. Selbst Feinde des Balletts vergessen den Erklärungsnotstand, den es gewöhnlich provoziert, brechen in Begeisterung aus und fühlen sich auf einer Bühne zu Hause, die sonst durch Ausstattung und Drill in klassische Distanz versetzt. Sie erkennen sich an einem Ort wieder, an dem sie sich nie vermutet hätten.

Als das Tanztheater Wuppertal der Pina Bausch 1973 ins öffentliche Leben trat, reagierte ein Großteil des Publikums zunächst – und jahrelang – mit Türenknallen, Zwischenrufen und Papierfliegern, doch der Skandal und die Euphorie blieben aufs Feuilleton begrenzt, das Regionale musste erst zum Welterfolg, zu Vergleichen mit Martha Graham und Merce Cunningham führen, bevor die deutsche Heimat ihr Herz öffnete.

In Avignon, 1967. «Weil ich ja ‹das Publikum› nicht kenne, kann ich nur sagen: ‹Ich bin das Publikum›, wenn ich ein Stück mache. Ich bin das Thermometer. Was ich fühle, was ich sehe, woran ich Spaß habe oder was mir Angst macht.»

«Ich wollte tanzen, und da gab es zu wenig, und dann habe ich versucht, selber ein Stückchen zu machen», erzählt sie einer Fernsehjournalistin in diesem weichen, leicht verschleppt singenden Tonfall, der das Bergische auszeichnet und den man so leicht mit Betulichkeit verwechseln könnte. «Und da waren andere, die wollten auch gerne dabei sein, und da habe ich gesagt, gut, das kann man ja versuchen.» Ihr sprachliches Understatement hat sie nie verloren, alle großen Begriffe und Schlagetot-Sätze vermeidet sie, über ihre Revolution des Tanztheaters spricht sie mit einer Beiläufigkeit, als handle es sich um etwas Selbstverständliches.

Und doch hat sich da etwas Gewaltiges verändert, als die dreißigjährige Tänzerin damit beginnt, selbst Stücke zu entwerfen, von der «Primaballerina im Versteck» («FAZ») der Folkwangschule Essen nach Wuppertal wechselt und dort das «Tanztheater Wuppertal» von den Füßen auf den Kopf stellt. Der kleine regionale Umzug setzt nicht nur die ländliche Industriestadt wieder auf die Kunstlandkarte, sie wird sogar zum Zentrum einer neuen Weise, Tanzen zu denken. «Wenn man ein Thema hat und etwas auszudrücken versucht, dann geht es darum, wie man es am besten macht. Und es ist dann die Frage, ob man das durch Bewegung tut oder durch andere Formen, ob es plötzlich durch Sprechen herauskommt oder irgendetwas anderes.» Eine zarte Umschreibung der Tatsache, dass man sich in den Metropolen inzwischen daran gewöhnt hat, dass Tanzen nicht immer auf der Spitze stattfindet, dass da gesungen und erzählt und das Publikum angesprochen wird. Kunst entsteht in Deutschland meist in der Provinz.

Philippine «Pina» Bausch wurde am 27. Juli 1940 in Solingen geboren, in unmittelbarer Nähe zu Wuppertal. Die Laufbahn der Gastwirtstochter verlief nach Ballett-Karriere-Art, von der Entdeckung in der Kindergruppe («Das ist aber ein Schlangenmensch») zur Ausbildung der Fünfzehnjährigen in der Tanzabteilung der Folkwang-Hochschule in Essen-Werden («Wir haben schon früh gewusst, dass Pina ein Genie ist») zum Stipendium an der Juilliard School in New York, wo die Zwanzigjährige bei den Größen Antony Tudor und José Limón studiert und anschließend ein Engagement an der New Yorker «Met» bekommt. Geradlinig erfolgreich, kehrt sie dann 1962 als Solistin im neu gegründeten Folkwang-Ballett nach Deutschland zurück und fängt Ende der sechziger Jahre damit an, eigene Stücke zu entwerfen, Geschichten über Kindheitstraumata und Geschlechterkampf, Totentänze einer gewalttätigen Gesellschaft. Zeitgemäß ist sie politisch engagiert, und doch zeigen sich bald die ersten Risse, sowohl in der traditionellen Auffassung des Tanzes als auch in der politischen Haltung: Die theatralischen Bilder überlagern immer stärker die Schablonen der Schrittfolgen, die Phantasie tritt an die Stelle der gesellschaftskritisch verordneten Erregung.

Es ist der große Einfluss von Kurt Jooss, des Mitbegründers der Essener Folkwang-Schule, der Pina Bausch die Ehrlichkeit und das genaue Schauen lehrte, es ist das enge Nebeneinander der Künste an dieser Schule, die ihr die ganze Breite des Ausdrucks eröffnete: Tanz, Musik, Sprache, Grafik, Malerei, Fotografie – die Fachidiotie hatte sich noch kein eigenes Format geschaffen. Und so choreographiert sie ebenso zu Free-Jazz-Improvisationen wie zu Gluck, zu Gustav-Mahler-Liedern wie zu Schlagern, sie liefert die Bilder zur immer lauter werdenden Musik. Als es dem Wuppertaler Intendanten Arno Wüstenhöfer schließlich 1973 gelingt, sie als Ballettdirektorin und Chefchoreographin ans Stadttheater zu binden – mit Handschlag, Jahr um Jahr bis heute –, wird das Ärgernis öffentlich. Dem sicheren Hort der Essener Tanz-Enklave entrissen, muss sie sich einer Abonnement-Erwartung stellen, die keinen Fehltritt verzeiht. Dass sie Igor Strawinskys «Le Sacre du printemps» auf dreckigem Torfboden zum erotischen Fanal werden lässt, wird ihr noch erregt vergeben, dass sie aber Bertolt Brechts und Kurt Weills «Die sieben Todsünden der Kleinbürger» in Amüsement und Botschaft zerlegt und den Tanz immer mehr Tanz sein lässt, irritiert so manchen. Von nun an ist Wuppertal gespalten: in Feinde und Afficionados «der Pina», wie ihre Verehrer sie nennen.

In den nächsten dreißig Jahren entwickelt sich Wuppertal, das so disparate Charaktere wie Friedrich Engels und Else Lasker-Schüler, Peter Brötzmann und Alice Schwarzer hervorgebracht hat, zum Mekka für Seh-Süchtige, für Kritiker großer deutscher Feuilletons, die Pina Bauschs Werkverzeichnis der erfüllten und enttäuschten Liebe führen. Und diese Chronik liest sich wie ein Spaziergang durch Dantes «Göttliche Komödie», eine phantastische Reise in Hunderten von Bildern rund um die Welt. Die Themen der Geschichten sind nicht neu: Liebe und Hass, Sehnsucht und Angst, die Gewalt der Rituale, Geburt und Tod, und fast immer handeln sie von der Erotik und dem Kampf zwischen Mann und Frau. Da kriechen zwei in Abendkleid und Smoking mit letzter Kraft aufeinander zu, setzen ihr künstliches Lächeln auf und schütteln sich endlos die Hände, um dann wieder ins Dunkel zurückzurobben. Da leiht sich eine Tän-

Pina Bausch 1995 bei einer ihrer seltenen Tanzszenen, in «Café Müller». Der Schriftsteller Peter Esterhazy: «Um ein armes Ballett zu sein, ist es auf leichtfertige Art zu reich, für ein harmonisches Ballett ist es zu unangenehm, für die Avantgarde nicht streng genug, und um nur unterhaltsam zu sein, ist es zu streng.»

zerin im Publikum 20 Pfennig, um mit hochgezogenem engem Rock ein hölzernes Schaukelpferd zu reiten, während die anderen Paare sich mechanisch betasten und sich «Zärtlichkeiten zufügen» («Der Spiegel»). Da klettert die Frau auf die Schultern des Mannes, sodass er den Kopf in ihrem Schoß birgt, und dann spießt er sie mit der Faust in die Höhe. Was klassische Hebung war, ist jetzt brutal-sinnliche Liebe oder Sex, je nach Perspektive. Von einer «endlosen, erfolglosen erotischen Exerzierstunde» schreibt Rolf Michaelis in der «Zeit», von einer Kette von «Mini-Dramen», einer «Tanzsuite», die «bei Pina Bausch in der Verweigerung von so genanntem Ballett, als ewiger Tanz-Krieg» stattfindet.

Zwischen 1977 und 1982 entstehen jene Stücke, die das Publikum tief verstören und berühren, «Café Müller», «Kontakthof», «Keuschheitslegende», «Arien», «Bandoneon» oder «Nelken». Man könnte sie, dem Zeitgeist entsprechend, als feministische Manifeste der Emanzipation auffassen – Bauschs Sympathie gilt eindeutig den erotischen Frauenkleidern und nicht den Männern im Anzug –, doch dagegen wehrt sie sich entschieden: Wichtig sei ihr die Emanzipation des Menschen, nicht die der Frau. Auch Alice Schwarzer respektiert diesen Standpunkt, als sie in «Emma» zum fünfundzwanzigjährigen Jubiläum des Wuppertaler Tanztheaters Pina Bausch porträtiert: «Da gibt es Tänzerinnen, die haben all diese Hüllen und Fesseln abgelegt. Ihre einfachen, sandfarbenen Hemden machen sie frei – aber auch verletzlich. Sie wirken nicht weiblich. Sie wirken menschlich.»

Schon früh geht es Pina Bausch um Politik, um ihre sehr persönliche Verbindung von Ästhetik und Gesellschaft. Mit Mode könne man nicht kämpfen, erklärte ihr der französische Modemacher Christian Lacroix, und sie antwortet: «Warum sind Sie da so sicher?» Stück um Stück verbindet sie Kreativität und Ästhetik der Kunst mit einem demokratischen «Mitbestimmungsmodell» unter ihren Tänzern. Wo Andy Warhol jedes Mitglied seiner «Factory» zum Superstar erklärt und ihn fünfzehn Minuten vor die Kamera stellt, bittet Pina Bausch die Mitglieder ihres Ensembles, etwas zu tun: «Von etwas Kleinem runterspringen oder rauf.» Immer sind es Fragen, die mit einem Bild oder einer Bewegung beantwortet werden sollen, Handlungen, die ein Gefühl umschreiben: «Schwerelos» oder «Regen» oder «Etwas beginnen und doch nicht tun». Die Fragen an ihre Tänzer werden zum konstitutiven Moment ihrer Arbeit. «Drei oder vier in einer Probe», so ihr zeitweiliger Mitarbeiter und Dramaturg Raimund Hoghe. «Mehr als hundert im Verlauf einer Arbeit.»

Sie sucht, sagt nicht, worauf sie hinauswill, sie bündelt die Inspirationen und verwirft am Ende des Tages, der Woche, der Proben-

«Ich finde Kleider schön. Ich komme mir nur so unheimlich komisch darin vor: wie ein geschmückter Weihnachtsbaum. Wenn ich hier so sitze, bei den Proben, dann ist nur das Notwendige da, um denken zu können. Man stelle sich vor, ich würde da plötzlich mit Make-up reinmarschieren …»

arbeit, was nicht ihrem Gefühl entspricht. «Ich mache noch kein Stück, ich sammle erst mal nur Material. Ich frage selten etwas direkt. Ich frage immer um Ecken rum. Denn wenn die Fragen plump sind, können die Antworten auch nur plump sein. Ungefähr die Hälfte lasse ich nochmal machen. Dabei fällt wieder etwas weg, manches war eben nur in der Situation gut. Etwas zu verwerfen fällt mir schwer. Bevor ich etwas wegschmeiße, begucke ich es von hinten und von vorn wie einen Pfennig. Am Ende bleiben ungefähr fünf Prozent übrig.» Das Fragen steht bei ihr seit 1976, seit ihrer Arbeit an der Choreographie zu Béla Bartóks «Blaubart» im Mittelpunkt – politisch, dramaturgisch, gruppenpsychologisch, musikalisch. Es ist ihr Weg, nach dem Menschen zu suchen und dabei in Bewegung zu bleiben.

Ganz freiwillig hat sie den Weg nicht beschritten, wie es ihr Biograph Jochen Schmidt in seinem Buch «Pina Bausch – Tanzen gegen die Angst» beschreibt. Nach «Die sieben Todsünden» von 1976, einer Mischung aus Theater, Ballett und Women's-Lib-Show, war das Ensemble unzufrieden und spaltete sich auf. Die Mehrheit kehrte zwar zu Pina Bausch zurück – doch sie wird vorsichtig. Und als sie 1978 in Bochum die achtstündige Macbeth-Paraphrase «Er nimmt sie bei der Hand und führt sie in das Schloss, die anderen folgen» inszenierte, setzte sie neben Tänzern auch Schauspieler und eine Sängerin ein. Für die Beschäftigung mit einem Thema reichte der Tanz allein nicht aus, sie musste die Arbeitsmethode ändern, um wieder bei ihm anzukommen.

Es sind nicht immer Fragen, die sie stellt, oft werden sie zu Anweisungen und Aufforderungen, ein Thema zu umkreisen. Kindheit etwa – «Was ihr an Babys oder Kindern gesehen habt und bedauert, dass ihr es verlernt habt». Und die Schauspieler und Tänzer sitzen in der «Lichtburg», dem ehemaligen Kino, das seit zwei Jahrzehnten als Probenraum Tag und Nacht benutzt werden kann, führen vor, was ihnen dazu einfällt, was Pina Bausch und ihre Assistentin am Tisch sitzend dann notieren. «Ich heiße Jean und möchte mit dir spielen.» «Trag mich, ich bin müde.» «Einem Zauberer glauben, dass er zaubert.» Pina Bauschs Tanztheater wird zum Refugium einer Idee, die das Ensemble wieder in den traumhaften Urzustand einer Kunstkommune versetzt, in der jeder seiner Phantasie, seinem Körper folgen kann. «Wir spielen ja nicht wie Schauspieler eine Rolle in einem vorgegebenen Stück, sondern wir spielen uns selber. Wir sind das Stück.»

Es wird zum Credo, das auch Pina Bauschs zweiter Mann, der Schriftsteller Ronald Kay, in seinem Nachwort zum Porträtband «Ensemble» von Leonore Mau formuliert hat, «dass jeder Tänzer sich selbst besetzt und nicht eine Rolle», einer der Gründe dafür, diese Stücke – «Walzer», «1980», «Viktor» – immer wieder aufzuführen, mit denselben Tänzerinnen und Tänzern, sie mit ihnen alt werden zu lassen, bis die körperlichen Grenzen erreicht sind. Das Stück, die Personen und die Inszenierung sind eins, vergleichbar den großen Orchesterwerken des Jazz, eines Duke Ellington etwa, und sie lösen sich mit dem Verschwinden der Solisten auf. «Das Werk der Pina Bausch lebt und stirbt mit ihr wie mit dem Dasein des Tanztheaters Wuppertal», schreibt Ronald Kay, und er fährt fort: «Es riskiert sein Leben mit jedem Tänzer – und jedem Zuschauer.»

Hatte Pina Bausch am Anfang ihrer Karriere nach gutem Ballettbrauch noch vorgegebene Musiken von Béla Bartók, Pierre Henry oder Strawinsky choreographiert, so gleicht ihre Arbeit nach 1975 immer stärker musikalischen Kompositionen. Aus dem Lautsprecher dröhnen Arien und Schlager, südamerikanischer Tango und die Comedian Harmonists, sie lässt den erhabensten Kitsch in brachialer Lautstärke über dem Publikum niedergehen, verzichtet auf ein Orchester und spielt die Musik vom Band. Und während sie diese zu großen Collagen arrangiert, komponiert sie eine zweite Musik als Gegenbewegung. Sie setzt Klangfarben aus Gesten zusammen, lässt ihre Solisten über die Themen improvisieren, während die revolutionären Bühnenbilder Rolf Borzigs, ihres ersten Mannes, den Ensemblesound grundieren. Nichts davon kann festgehalten werden, nur im Augenblick gibt es die Ewigkeit. Und der Zuschauer wird wieder zum Gegenüber, ist kein berechenbarer, subventionierter Faktor, der als Staffage dient. Er ist der Spiegel ihrer Aufführungen, sein Türenknallen und sein Ausspucken, seine Papierflieger und Kommentare

Pina Bausch über ihre Probenarbeit: «Es ist nicht wie geplant – es kommt einfach, durch uns alle zusammen. Mit der Zusammensetzung der Gruppe hat vieles zu tun, was wir erlebt haben oder was jemand probieren sollte.»

gehören zum Leben ihrer Kunst, ohne Widerstand bliebe nur Amüsement.

«Wir sind das Stück.» Oder: «Jedes Stück ist zwar anders, aber wahnsinnig mit mir verbunden. Jedes Stück ist ein Teil von mir.» Gilt also, trotz der Vision von der gemeinsamen Arbeit, «Ich bin das Stück»? Wer die ständig rauchende Pina Bausch hinter ihrem Tisch im Probenraum beobachtet, dem drängt sich die Vorstellung eines Menschen unter einer Glasglocke auf, einer Frau, die zwar von vielen umgeben, aber doch allein ist. In der Bildbiographie des Fotografen und Verehrers Walter Vogel ist ein junges Mädchen zu sehen, das schon mit zwanzig bei der Überfahrt nach New York jene scheue Audrey-Hepburn-Distanz ausstrahlt, die durch ein Lächeln eher Abstand als Aufforderung signalisiert. Sie wirkt am intensivsten, wenn sie verloren unter vielen steht. Robert Zucker notierte dazu im «Kultur-Spiegel»: «Da gibt es beispielsweise jenes wunderbare Bild aus Heidelberg aus dem Jahr 1966. Lauter irgendwie junge, viel versprechende Menschen, die da auf dem Neckar rudern. Und dann zwischen all diesen lustigen Menschen, Pina Bausch. Als hätte man sie hineinkopiert. Wie ein Gast wirkt sie, der sich freut, dabei sein zu dürfen, ohne ganz von dieser

Titelblatt des «Kultur-Spiegel» vom August 2000, in dem es über Pina Bausch hieß: «Wie ein Gast wirkt sie, der sich freut, dabei sein zu dürfen, ohne ganz von dieser Welt zu sein … Eine Schönheit ohne Schatten.»

Welt zu sein. Ohne ganz dazuzugehören. Eine Schönheit ohne Schatten.»

«Was ich tu?», wiederholt sie rhetorisch die Frage. «Ich gucke. Vielleicht ist es das. Ich habe immer Menschen beguckt.» Das «Gucken» dieser tief liegenden großen Augen wird zu ihrem Wesen. Man ist versucht, es auf die Geschichten zurückzuführen, die sie aus ihrer Kindheit erzählt, über die «Gastwirtschaft zur Erholung» ihrer Eltern in der Forcherstraße in Solingen, einer jener Kleinstädte, die sich nicht entscheiden können, ob sie Dorf oder doch mehr sein wollen. Damit man ihre Anwesenheit vergisst – «Ich wollte einfach nicht ins Bett gehen» –, habe sie sich bis halb ein Uhr nachts unter den Tischen der Wirtsstube versteckt und von dort aus die Menschen betrachtet: die Welt als ein Ballett aus Hosen, Röcken und Schuhen, die Choreographie des Essens, die Rituale der Annäherungen und Anzüglichkeiten. Der traurige Kinderblick auf die Welt ist ihr geblieben, ebenso wie die Gewohnheit, unter vielen zu sein. «Ich gehe auch heute noch sehr gern in Restaurants. Da kann ich am allerbesten denken: isoliert unter Menschen.»

Als man ihr in den siebziger und achtziger Jahren Provokation vorwarf, die langen Pausen ihrer Aufführungen, in denen kaum etwas passierte, eine Erotik, die das Publikum mit einbezog – «Ist es Ihnen langweilig?», fragt die Tänzerin den Zuschauer in der ersten Reihe und entblößt ihre Brust –, die exzessive Länge der Stücke oder die Gleichzeitigkeit von Aktionen auf der Bühne, die das Schauen überfordern, verwies sie einfach auf die Provokation der Welt. «Wenn man einfach mal guckt, wenn Leute über die Straße gehen – wenn man die über die Bühne laufen lassen würde – das würde das Publikum ja gar nicht glauben … Dagegen ist das, was wir machen, winzig.» Sie zeigt, sie liefert den «fremden» Blick: «Eigentlich muss man gucken und etwas passieren lassen, auch was mit sich selbst passieren lassen, im Kopf und Bauch.»

Es ist dieser liebevolle Insektenforscherblick, der sich das Objekt auf Distanz hält und ihm doch ganz nahe kommen muss. «Ich liebe Menschen. Ich liebe tatsächlich Menschen. Ich meine: Das kann man sehen auf der Bühne … ich liebe jeden Einzelnen», sagt sie einmal zu oft, und man darf ihr die Absicht glauben. Und doch wirkt die Autoerotik der Tanzbewegungen überzeugender als ihre Darstellung von Paarbeziehungen. Die Bewegungen kommen aus dem Streicheln des eigenen Körpers, gehen aus sich heraus und kehren wieder zum Körper zurück. Nur zweimal tritt sie regelmäßig als Tänzerin in ihren Stücken auf – in «Café Müller» und in «Danzón»; mehr ist nicht nötig, da sie immer wieder betont, dass sie stets als Tänzerin denke, «alles als Tänzerin mache». Sie beherrscht die Kunst, die Fred Astaire so scheinbar schwerelos vorführte

Pina Bausch: «Ein Streicheln kann auch wie ein Tanz sein.»

und die ihn zum wahren Vorläufer des Tanztheaters werden ließ: aus dem Gang des Alltags unmerklich in den Schritt der Kunst zu verfallen, vom Privaten ins Öffentliche. Ein Drehen um den eigenen Körper, dem der Partner zwar schmeichelt, der ihn aber nicht wirklich braucht.

Lange Jahre lebte Pina Bausch mit ihrer Jugendliebe, dem Bühnenbildner Rolf Borzig, zusammen, einem Holländer, der sie von der Folkwangschule in Essen nach Wuppertal begleitete und der ihrer Bühnenwelt den Boden der wirklichen Welt verlieh, ob es der Torf

zum «Frühlingsopfer», die Rutschbahn in «Komm, tanz mit mir», das knöcheltiefe Wasser in «Arien» oder Dutzende von Stühlen im «Café Müller» waren. Pina Bauschs private Beziehung zu ihm bleibt jedoch ebenso im Hintergrund wie ihr Leben mit dem in spanischer Sprache schreibenden Deutschchilenen Ronald Kay, mit dem sie nach dem Tode Rolf Borzigs im selben Haus in Wuppertal wohnt. 1978 hatte Borzig von seiner Leukämieerkrankung erfahren, 1980 war er daran gestorben. Niemand aus ihrer Umgebung will über Pina Bauschs Privatleben sprechen, sie selbst am allerwenigsten. Und so erscheinen ihre Lebensdaten als Auflistung von Studienjahren, Werken, Tourneen, Gastspielen und Preisverleihungen, aus der nur der 28. September 1981 herausfällt, der Tag, an dem Rolf Salomon, der gemeinsame Sohn von Pina Bausch und Ronald Kay, geboren wird.

In Klaus Wildenhahns Dokumentarfilm «Was machen Pina Bausch und ihre Tänzer in Wuppertal?» sieht man die Vierzigjährige mit ihrem Baby durch den Probenraum der «Lichtburg» schlendern. Das Kind liegt bäuchlings auf ihrem ausgestreckten Arm, sie drückt es an die Brust, schaukelt es an der Schulter und fordert beinahe im Vorübergehen die Tänzerinnen und Tänzer auf, sich gegenseitig wie ein Baby zu tragen. Mühsam wuchten die sich hoch, halten sich in unhaltbaren Stellungen, das Vertraute wird seltsam fremd. Und wie nebenbei wird Pina Bauschs Arbeitsweise deutlich: zugleich Parodie und Ernst, zugleich Spiel und Arbeit. Es sind Kinderspiele, die sie mit den Ritualen von Erwachsenen kreuzt, es sind endlose Wiederholungen, die vom Lachen über die Langeweile in die Befreiung münden, es ist der Kontrast von Kitsch und wahren Gefühlen, die am Ende jede Unterscheidung verschwimmen lassen.

Von der «authentischen Wuppertaler Trübnis» schrieb der Kritiker Benjamin Henrichs einmal, «eine Traurigkeit der beiläufigen Art, der komischen Art». Man wunderte sich, warum Pina Bausch trotz weltweiten Ruhms und zahlreicher Angebote und Abwerbungsversuche in einer Stadt blieb, in der das Publikum sie lange nicht wollte. «Wenn unsere Reisen nicht gewesen wären und was mir alles passiert ist, ich glaube, dann wäre ich nicht mehr in Wuppertal. Diese Kraft, einfach nur in Wuppertal – die hätte ich nicht aufgebracht.»

Seit 1986, seit «Viktor», einer Koproduktion mit Rom, werden die Reisen zum Prinzip, zur künstlerischen wie finanziellen Inspirationsquelle – Wien, Palermo, Madrid, Amerikas Westen, Hongkong, Lissabon, Budapest, Brasilien und Istanbul folgen. Sie und ihr Ensemble bereisen das Land, proben in Wuppertal, wo die Uraufführung – das jeweilige Stück ist meist noch ohne Titel – stattfindet, dann geht es in die Welt zurück, dorthin, wo der Widerstand noch intensiver oder die Offenheit größer ist. Als «weise Fee» wird sie 2003 in Istanbul gefeiert, während man ihr in Deutschland zu viel Heiterkeit und selbstverliebtes Amüsement vorgeworfen hatte.

«Ich bin weniger daran interessiert, wie sich die Menschen bewegen, als was sie bewegt», lautet ihr viel zitiertes Diktum zum Tanztheater. Es klingt wie Ironie, dass sie nun im Alter für eine angebliche Heiterkeit kritisiert wird, die ihr früher zu fehlen schien – oder besser: die man in ihrer Fülle zu sehen versäumte. «Wenn es nicht etwas zu lachen gäbe, wüsste ich überhaupt nicht, wie ich weitermachen sollte – so ist das nämlich.» Sie arbeitet, wie sie immer gearbeitet hat: Sie guckt. Sie sieht: junge Tänzerinnen und Tänzer, die für ihr Leben gern tanzen, sie spürt deren Lust, sich mit der eigenen Sinnlichkeit zu beschäftigen, sie registriert deren Qual, ein gesellschaftliches Thema zu suchen, wo keines mehr ist. Ein anderer Satz von Pina Bausch schließt sich nahtlos an: «Die Tanzschritte sind immer woanders hergekommen; die kamen nie aus den Beinen.» Also gibt es quietschvergnügte Nummernrevuen, herrlichen Narzissmus und verfremdete Polonaisen aus rheinischen Gastwirtschaften. Sie spiegelt die gesellschaftlichen Verhältnisse wie gewohnt, nur die Verhältnisse und die Köpfe, die sind nicht mehr so.

NICO
KENNST DU KEINE
GLÜCKLICHEN LIEDER, LIEBSTE?

ALS IHRE URNE AM 16. AUGUST 1988 auf einem Berliner Friedhof im Grunewald beigesetzt wird, hat sie ihr Ziel erreicht. Endlich ist sie eins mit dem Tod, den sie so oft besungen hat. Die Sonne scheint, etwa zwanzig Menschen stehen um ein Grab, dem noch der Grabstein fehlt. Später ist auf ihm zu lesen: «NICO – Christa Päffgen 1938–1988», darüber «Margarete Päffgen 1910–1970», der Name ihrer Mutter. Eine seltsame Gemeinde hat sich versammelt, vorwiegend Männer, manche in leicht verschlafenen Mänteln und Jacken, grau, wie eben angereist. Die Legenden, in deren Nähe Nico berühmt wurde, fehlen. Kein Lou Reed, kein John Cale, kein Iggy Pop, Liebhaber und Freunde wie Brian Jones, Jim Morrison oder Andy Warhol sind bereits tot. Ein hübscher junger Mann geht ans Grab, stellt einen billigen Ghettoblaster auf den Erdhügel und drückt die Starttaste: «Mütterlein» mit der Stimme seiner Mutter erklingt. Ari, der Sohn von Nico und Alain Delon, tritt zurück, das Lied hängt etwas verloren in der Luft, eine Pflichtübung fürs Gefühl.

«Ihrem Geiste bekenne ich mich / Ihr Sehnen verzieht ihr schönes Gesicht / Das ermattet von gütlich Schatten / Allmächtig ist. / Ihr Körper bewegt sich nicht / Im Traume sie endlich ihr Fliehen vergisst.» Im November 1987 war sie mit ihrer Band in Berlin, im «Quartier Latin», aufgetreten, und wie üblich setzte sie sich für einige Songs an ihr Harmonium, sang Lieder, die sie lange nicht mehr gesungen hatte: «The Falconer» für Andy Warhol, «Elogy» für Lenny Bruce, «Mütterlein» – Lieder für Tote als Erinnerung an den eigenen Tod. Sie bleibt allein mit ihrem Harmonium, das mit seinen Griffen wie ein Kindersarg wirkt. Man konnte sich schwer vorstellen, dass jemand es wagen würde, sich mit deutschen Texten so bloßzustellen. Und das Publikum reagiert wie gewohnt. «Mach keinen Scheiß, Nico!», missbraucht einer die Stille und brüllt. Nach dem vierten Stück räumt eine Gruppe junger Mädchen achselzuckend und schweigend die vierte und fünfte Reihe. Man hatte sich verlaufen. Selbst zwanzig Jahre nach Velvet Underground verirrten sich Leute zu Nico. Man sollte einfach gehen, wenn zu spüren ist, dass man hier nichts verloren hat, in der Kirche pöbelt man nicht.

Nico war zurückgekehrt, in «die einzige Stadt in Deutschland, die ich ... ausstehen kann. Ich finde die anderen Städte so ... kleinbürgerlich ... Sind sie doch, oder?», murmelte sie nach dem Konzert und dehnt die Wörter zu unendlichen Längen. Sie ist zurück in einer Stadt, in die sie während des Zweiten Weltkrieges als kleines Kind mit ihrer Mutter kam. Doch in Berlin fielen die Bomben wie in Köln, wo sie am 16. Oktober 1938 als Christa Päffgen geboren worden war. Also zogen beide aufs Land nach Lübbenau, zu Christas Großvater, und hier erfuhr sie, dass ihr Vater mit einer Kopfverletzung im Lazarett lag, eine Verwundung, die ihm 1942 den Tod brachte. Später rankten sich Gerüchte um seinen Tod, die Nazis hätten ihn umgebracht, lebensunwertes Leben erlöst oder die Gestapo habe auf höchsten Befehl einen Mitwisser unbequemer Tatsachen erledigt.

«Fatherless in the Fatherland», wie Marianne Faithfull viel, viel später in einem Lied für Nico singt. Eine kleine Prinzessin wächst heran, als sie wieder in Berlin sind, eine kleine Schönheit mit hohen Wangenknochen, die sich ihre eigene kleine Welt einrichtet, die weiß, wie gut sie aussieht. «Träumend, überschwänglich, etwas sehen, was nicht da ist», erinnert sich ihre Tante Helma später in einem Film über Nico und bewegt sich mit Tränen in den Augen, in ihrem Wohnzimmer leicht hin und her schwingend zu Nicos Stimme «I'll Be Your Mirror», das sich auf dem Plattenteller dreht.

Nico in «Sweet Skin», 1963. Der Filmregisseur Jonas Mekas: «Sie schleppt eine Menge Traurigkeit und Verzweiflung mit sich herum.»

Als sie 1965 in New York auftaucht, die Single «I'm Not Sayin'» im Gepäck, von Andrew Loog Oldham, dem Manager der Rolling Stones, in London produziert, schwankt sie zwischen der Welt der Folk-Boheme von Bob Dylan und der Art-Scene um Andy Warhols

«Factory». Warhol, der sich damals von der Malerei zur Multimediakunst bewegt, ist fasziniert von der «incredible German beauty», jenem bleichen «mysterious, real moongoddess type». Sie verkörpert seinen neuen Typus des weiblichen Superstars, das Gegenbild zu dem, was er bisher mit Edie Sedgwick und Baby Jane Holzer vor das Objektiv gestellt hatte. «Die beiden waren gesellig, amerikanisch, umgänglich, aufgeregt und redselig – während Nico seltsam und schweigsam war.» Als Gesprächspartner im Fernsehen ist sie ein Desaster, sie sagt nichts, NICHTS! «That was Nico.»

Sie reagiert auf Fragen mit dieser unfassbaren Verzögerung, die man in den achtziger Jahren mit ihrem exzessiven Heroinkonsum erklärte. «Man fragte sie etwas, und sie antwortete fünf Minuten später», schreibt Andy Warhol in seinen Erinnerungen «Popism», eine Beobachtung, die ständig wiederkehrt und vor allem Journalisten verwirrt und aggressiv macht.

Andy Warhol beschließt, die Rockband Velvet Underground, die seiner Multimediashow «The Exploding Plastic Inevitable» den musikalischen Grund gibt, um eine Sängerin zu erweitern, projiziert Diabilder ihres Gesichts über die Band, will sie zur visuellen Attraktion einer Musik machen, die das Stichwort Underground schon im Titel führt. Lou Reed und John Cale, die seit 1965 zusammen spielen, nehmen es hin; die Schallplatte mit der abziehbaren Bananenschale, die im März 1967 erscheint, enthält drei Titel mit der Stimme Nicos, drei Stücke nur, die eine Legende begründen. «The Velvet Underground & Nico» wird zu einer der wichtigsten Platten der Popgeschichte.

«Here she comes / You better watch your step / She's going to break your heart in two / It's true», singt sie mit der hellen Version ihrer Stimme, die das Mädchenhafte gegen den Text behauptet, «'Cause everybody knows» – «She's a femme fatale», antwortet der Knabenchor in schlechtestem Französisch – «The things she does to please / She's just a little tease», und immer wieder echot Lou Reeds und John Cales «Fäm Fatall», bis die Warhol'sche Oberfläche in gleißendem Licht erstrahlt: «See the way she walks / Hear the way she talks.» Obwohl Lou Reed den Song in Warhols Auftrag über Edie

Andy Warhol: «Nico, diese unglaubliche deutsche Schönheit, war von London nach New York gekommen. Sie sah aus, als hätte sie die Reise auf dem Vorderdeck eines Wikingerschiffes gemacht.»

BAIGNEUSES

Bretelles en collier, culottes à petites jambes...
les maillots sont très habillés.
A gauche. Nautic. Maillot marine tricoté
en coton mercerisé et filés Lastex.
Le dos est décolleté en pointe :
5.000 fr. aux Galeries Lafayette.
A droite. Nautic. Coton mercerisé et filés Lastex.
Maillot marine et blanc
à fausse patte de boutonnage:
5.200 fr. aux Galeries Lafayette.

Sedgwick komponierte, war es ein Song für Nico, der daraus entstand. Dass seine Liebe zu ihr ihn zu zwei weiteren Klassikern inspirierte, zu «All Tomorrow's Parties» und zu «I'll Be Your Mirror», konnte das Ende ihrer privaten Beziehung hinauszögern, es aber nicht verhindern. Nico wollte alle Songs der Velvet Underground singen und nicht tambourinschüttelnd auf der Bühne warten, bis sie nach einer Viertelstunde wieder an der Reihe war. Eines Tages erscheint sie zur Probe, Lou Reed begrüßt sie der Form genügend mit «Hallo», sie antwortet nach einer unendlich langen Pause deutlich und artikuliert, verletzender ist es schwer zu formulieren: «Ich kann nicht mehr mit Juden schlafen.» Schlagzeugerin Moe Tucker, giftig: «Ich fand von Anfang an, dass sie keine Substanz hatte.» Lou Reed, melancholisch: «Nico gehört zu den Menschen, die einen völlig verändern. Und sie besitzt einen erstaunlichen Verstand.» Andy Warhol, boshaft: «Mein Lieblingssong von Lou Reed ist ‹All Tomorrow's Parties›. Von Nico. Ich glaube, sie hat den Song geschrieben.»

Mit der Schere schnipselt sie an ihrem Pony, sie blinzelt, wischt, schnipselt, zehn Minuten lang. Nico erscheint in Andy Warhols Filmen «The Closet» (1965), in «Chelsea Girls» (1966), in «Sausalito» (1967), sie ist keine Schauspielerin, in Andy Warhols Reich der stummen 16-mm-Gefühle muss und darf sie keine sein. Sie ist einfach. Alles andere wäre falsch. Und ihr Sein ist Schönheit.

1953 wird sie in Berlin vom Modeschöpfer Heinz Oestergaard entdeckt und bricht mit fünfzehn Jahren die Schule ab, um Mannequin zu werden. Ihr Gesicht taucht auf den Titelseiten der Modezeitschriften auf, sie verlässt Berlin, geht 1956 nach Paris, zu Coco Chanel. Sie schmückt die ersten Seiten von «Vogue», flieht vor den Nachstellungen Chanels, wechselt zwischen New York, Rom, London, Paris, Ibiza. Es ist das Spiel der Schönen, die für das geliebt werden, was sie darstellen. Als sie mit Nico Papatakis, einem Filmregisseur, zusammenlebt, übernimmt sie den Namen Nico – «Christa, das klingt so deutsch.» Sie schluckt Amphetamine, um schlank und wach zu bleiben, schreitet auf Laufstegen, lächelt und schwingt ihr Haar für «Terry»-Cognac-Werbefilme, bis sie 1959 in Federico Fellinis

Nico im Juni 1957 als Model im Magazin «Jardin des Modes». «Ich habe keine Lust mehr, als Mannequin zu arbeiten. Es klingt nach leichter Arbeit, aber es ist sehr hart. Songs zu schreiben ist weitaus angenehmer.»

«Das süße Leben» eine Nebenrolle erhält: für ein paar Sätze, ein weißes Gesicht im Kandelaberlicht und, wie immer, lange blonde Haare. Fellini will weiter mit ihr arbeiten, doch sie kommt regelmäßig zu spät, verärgert ihn mit ihrer Unzuverlässigkeit, und er lässt sie fallen. Nico, 1983: «Was kann ich schon außer singen? Wäre ich damals doch pünktlich aufgestanden.»

Schwer zu sagen, wann sie sich von der Welt zurückgezogen hat. Ob es 1942 war, als man der Vierjährigen erklären musste, dass die einzige Erinnerung an ihren Vater eine Fotografie bleiben würde? Oder 1953, als die Fünfzehnjährige von einem Army-Sergeant vergewaltigt wurde, als sie bei der U. S. Air Force jobbte? Er wird vor Gericht gestellt – er hatte noch andere Mädchen missbraucht –, man zwingt Christa Päffgen, gegen ihn auszusagen, der Sergeant wird zum Tode verurteilt und erschossen. «Sie musste nicht nur den Schrecken der Vergewaltigung mit sich herumschleppen», psychologisiert ihr späterer Manager, «sondern auch die geheime Schuld, durch ihre Zeugenaussage irgendwie an seiner Hinrichtung mit beteiligt gewesen zu sein.» Oder war es 1962, als ihr Sohn Ari geboren wurde und ihr Liebhaber Alain Delon die Vaterschaft leugnete? Die Beziehungen zu Bob Dylan, Brian Jones oder Leonard Cohen kommen und gehen so selbstverständlich, wie der kleine Sohn auf Konzertbühnen und in Studios zwischen Stühlen und Verstärkern spielt. Oder war es 1968, als sie Jim Morrison von den Doors trifft, ihn liebt und dann von ihrem «einzigen Blutsbruder» verlassen wird?

Um Geld zu verdienen, tritt sie im selben Jahr mit dem siebzehnjährigen Gitarristen Jackson Browne auf, der auch Songs für sie komponiert, sie verzichtet auf einige Konzerte mit den Velvet Underground und bleibt lieber in New York, um ein dreiwöchiges Engagement zu erfüllen. Ein folgenschwerer Entschluss, denn als sie ihre Meinung ändert und den Velvet Underground nachreist, lassen sie sie nicht mehr auf die Bühne. Man war sie auf kaltem Wege losgeworden, der Machtkampf zwischen dem Rock 'n' Roller Lou Reed und dem walisischen Avantgardisten John Cale war ohnehin in vollem Gange und sollte bald das nächste Opfer fordern – Cale selbst.

Für Nicos erste Solo-LP «Chelsea Girl» steuern beide Songs und Arrangements bei, eine poetische musikalische Abfindung: «Wrap Your Troubles In Dreams» – «Lou liebte mich. Er hasste mich, bekämpfte mich und warf mich aus der Band. Aber als er mir diese Lieder gab, wurde klar, was er wirklich fühlte.» Nico war geschmeichelt, aber nicht glücklich: «Ich kann mir diese Platte nicht anhören, alles, was ich mir vorstellte, haben sie weggenommen. Ich wollte ein Schlagzeug, sie sagten nein. Ich wollte mehr Gitarren, sie sagten nein. Ich suchte nach Einfachheit, und sie legten Flöten darüber. Warum? Sie arrangierten es mit Streichern – ich mochte das nicht, konnte aber damit leben. Aber diese Flöten! Als ich das Album zum ersten Mal hörte, weinte ich, und zwar wegen der Flöten.»

«But what shall I poor girl do except to sing in a Rock 'n' Roll Band?» Als sie Jim Morrison trifft, animiert er sie, sich eine indische Orgel zu kaufen, jenes seltsam schnaufende Instrument, das auch der Beatpoet Allen Ginsberg verwendet und mit dem sie nun ihre Lieder unterlegt – schwere, getragene Klänge, über denen ihre Stimme wie über einer weiten Wasserfläche schwebt. Und sie beginnt damit, eigene Lieder zu schreiben. In ihrer «spinnenhaften gotischen Schrift», wie John Cale sie nannte, ohne Verbesserungen und Streichungen, offensichtlich alles in dieser fremden amerikanischen Sprache im Kopf ausformuliert. John Cale produziert mit ihr 1969 ihr erstes wahrhaft eigenes Album, «The Marble Index». Ihr Gesicht, ihre Augen leuchten weiß und geisterhaft vom Cover, mit einem Ausdruck «ruhiger Feindseligkeit», wie der großartige und vergessene amerikanische Musikautor Lester Bangs schrieb, in einem Artikel, in dem es nur um «The Marble Index» geht und dem er den Titel gab: «Dein Schatten hat Angst vor dir. Oder ein Versuch, vor Nico keinen Horror zu kriegen.» Mit fester Stimme singt sie Lie-

«The Marble Index», 1969. «Das überragendste Stück ‹ernster› Avantgarde-Klassik», urteilte Rockchronist Lester Bangs. «Nico singt in unendlicher Distanz zur menschlichen Gesellschaft und mit einem Blick in ruhiger Feindseligkeit.»

der über den Rückzug aus der Liebe, über die Leere der Wüste, die Erstarrung, Minnelieder über den Verzicht: «No One Is There», «Evening Of Light», «Frozen Warnings». Gerahmt von zerbrechlichen Streicher-Wänden, dem Atmen des Harmoniums und den verlorenen Akkorden eines hämmernden Klaviers – das «überragendste Stück ‹ernster› Avantgarde-Klassik» nennt es Lester Bangs und zieht das Resumee: «Sie versucht den letzten Atemzug zu erreichen, damit sie das Atmen, die Liebe, einfach alles endlich hinter sich lassen kann. Ein sanfter Blick würde sie töten.» Nico hat sich zurückgezogen, schreibt ihre Lieder in

Lou Reed: «Nico gehört zu den Menschen, die einen völlig verändern. Und sie besitzt einen erstaunlichen Verstand.»

einem Niemandsland, dessen Grenzen sie nur noch selten für längere Zeit überschreiten wird. «Frozen warnings close to mine / close to the frozen borderline.»

John Cale, enigmatischer Wanderer zwischen den Welten der Rockmusik und der modernen Klassik, der immer wieder zu ihrer Musik zurückkommt und bis 1985 noch drei ihrer Soloalben produzieren wird: «Es war unerklärlich, wie sie diese Lieder schrieb, aber sie schrieb sie allein. Sie war ganz sie selbst. Manchmal versuchte ich, sie in eine bestimmte Richtung zu drängen, aber wenn sie zu singen anfing, sollte man sie besser in Ruhe lassen. Sie hatte eine innere Uhr.»

Als sie die Songs zu «The Marble Index» komponiert, wohnt sie im Apartment des Factory-Filmers Fred Hughes, sie arrangiert Kerzen um den Badewannenrand und liegt stundenlang im Wasser. Eines Tages wird der Strom abgeschaltet, nach einem Monat kehrt der Wohnungseigentümer aus Europa zurück, entschuldigt sich, die Stromrechnung nicht bezahlt zu haben, doch Nico – «Noooo, it's fiiiine» – ist glücklich, dem Licht entkommen zu sein. Sie versucht, vor ihrer Schönheit und ihrem Image zu fliehen. Färbt sich die Haare rot – «Blondinen gelten als glamourös, und das will ich nicht mehr» –, verzichtet auf die schwarzen und weißen Marlene-Dietrich-Hosenanzüge, beginnt ein kurzes Verhältnis mit dem «Godfather of Punk», Iggy Pop, und geht in den frühen siebziger Jahren nach Paris, wo sie mit dem französischen Filmemacher Philippe Garrel ihre Version von Boheme lebt. «Andy hat immer gesagt, ich sei fauuuul. Ich habe keine Lust mehr, als Mannequin zu arbeiten. Es klingt nach leichter Arbeit, aber es ist sehr hart. Songs zu schreiben ist weitaus angenehmer.»

In zehn Jahren produziert sie zwei Schallplatten, «Desertshore» (1971) und «The End» (1974), tritt in sechs Filmen auf, die mehr von ihrem Gesicht leben als von Philippe Garrels Regie, dazu kommen zehntausend gebrauchte Spritzen, hunderttausend kalte Kippen, nur manchmal macht sie sich auf, um ein paar Konzerte zu geben oder irgendwo einen Gastauftritt zu absolvieren, wie etwa 1974 mit Kevin Ayers, John Cale und Brian Eno, veröffentlicht auf der LP

«June 1, 1974». Als Gitarristen und Lover nimmt sie sich zwischen 1974 und 1979 den jungen Deutschen Lutz Ulbrich, der sie bedingungslos liebt und also auch das Heroin. Sie leben zu dritt, manchmal begehrt Garrel noch auf, doch Kunst und Lust bleiben getrennt. Der Rest ist, ganz alltäglich, Schweigen. Nico: «Es ziemlich schwer, einen Grund zu finden, warum man reden sollte.»

Das Heroin macht sie noch härter, als ihre Trägheit sie ohnehin erscheinen lässt. Ihren Sohn Ari hatte sie Mitte der sechziger Jahre in die Obhut von Alain Delons Mutter gegeben – die dieser daraufhin zur Strafe nie mehr besuchte. Nach drei Jahren sieht Nico Ari zum ersten Mal wieder, und was sie ihm aus Amerika mitbringt, ist eine Orange. «Eine Orange», schüttelt Delons Mutter den Kopf, «Nico ist eben nicht wie andere Menschen. Sie war ein großes Kind, unfähig, selbst ein Kind aufzuziehen. Sie war, wie sie war, aber ich hatte sie gern.» Als Ari älter ist, fixt sie ihn an. «Ihren eigenen Sohn», schnaubt Lutz Ulbrich fassungslos. Und als sie ihn im Krankenhaus besucht, wo er an einer Lungenmaschine angeschlossen ist, will sie deren Geräusch aufnehmen, um es später für eine Platte zu verwenden.

Nico ist ein Junkie, die meisten mögen sie, nehmen sie auf, und nach einiger Zeit versuchen sie, vor ihr zu flüchten oder sie loszuwerden. Eine bedenkenlose Schnorrerin, verantwortungslos, ein bisschen kriminell, die Luft für die Ikone des Warhol'schen Spätexistenzialismus wird in den achtziger Jahren immer dünner. «Im Grunde liebte sie nichts mehr, als in ihrem Zimmer zu liegen, zu rauchen und in ihrem winzigen Radio Mahler zu hören, die Nadel in sicherer Reichweite ihres Armes», schreibt James Young, ein Pianist, der sie in den letzten sechs Jahren ihres Lebens musikalisch begleitete. «Songs They Never Play On The Radio», nennt er sein trauriges Buch über diese Zeit.

«Denkt daran, sie ist ‹Nico, die Chanteuse der Velvet Underground›», instruiert 1981 ihr Manager Alan Wise die jungen Musiker aus Manchester, wo Nico seit Anfang der achtziger Jahre lebt. «Kauft euch dunkle Sonnenbrillen und ein paar schwarze Rollkragenpullover … Wir müssen die kunstinteressierten Kreise ansprechen.» Es ist der Beginn einer langen Reise in einem Tourneebus, die sie durch drittklassige Hotels und auf versiffte Bühnen bringen wird und bei der es vor allem darum geht, Heroin für Nico zu besorgen – deprimierende Auftritte vor Menschen, die sie als Reliquie einer vergangenen Zeit berühren wollen. Andere erschrecken vor dieser grabestiefen Stimme und flüchten vor ihrer Eintönigkeit. In Australien ruft einer völlig entnervt: «Kennst du keine glücklichen Lieder, Liebste?» Ihre Lippen wölben sich, die Mundwinkel ziehen sich nach unten, ein spöttisches, verächtliches Lächeln. In dem Gesicht arbeitet es, das Lächeln, das sie ihrer Band schenkt, ist wie ein Messer. Träge wartet sie, bis das letzte Klatschen verstummt ist, dem letzten Schreier nichts mehr einfällt, und dann spricht sie gedehnt, auf den Wörtern sich ausruhend, in die Stille: «Und wenn ich nicht mehr singen kann, dann schlaf ich wieder ein.» Es ist das wahre Märchen vom Dornröschen. Dornröschen verflucht den Prinzen, der sie ihrem Traum entrissen hat. Nun muss sie wieder zu ihren Träumen fliehen.

«Dies ist ein deutsches Lied.» Zwischen den Songs mit ihrer Band singt Nico, begleitet nur von ihrem Harmonium, es sind immer deutsche Lieder, auch wenn die Texte englisch klingen. Ihr dunkles, sprechendes Singen ist ein spätes Echo auf Marlene Dietrich, den einzigen deutschen Weltstar, der zu Deutschland ein ebenso gebrochenes Verhältnis hatte wie diese ihre kleine Schwester im Untergrund des Showbusiness. Oder, wie sie Ingrid Superstar aus Warhols Factory sah: «A cool Dietrich for a cool generation.» Mitte der siebziger Jahre stimmt sie im tiefsten England plötzlich das «Deutschlandlied» an, Strophe eins bis drei von Hoffmann von Fallersleben, eine Provo-

«Death & The Maiden», eines von hundert Bootlegs mit Bildern aus Filmen, die keiner sah. Nico: «Eine Königin findet überall, wohin sie kommt, ein Königreich. Ich lebe überall. Immer irgendwo anders. Ich lebe aus dem Koffer.»

kation, auf die das britsche Publikum, punkgestählt, kaum reagiert. Sie widmet es «all the terrorists who are my friends», so wie sie den Song «The Sphinx» Andreas Baader zueignet, «because he had the hypnotic look, very hypnotic». Es ist diese Mischung aus erotischer Faszination, ästhetischem Reiz und moralischer Wut, die sie in England in die Offensive treibt: «I don't like Germans, oh, except the Baader-Meinhof-Grouuuup.»

Heftige Reaktionen schlagen ihr erst in Deutschland entgegen, als in der FU Berlin das Publikum immer lauter und aggressiver wird und ihre Begleitgruppe von der Bühne buht. Sie setzt sich hinter ihr Harmonium und sagt den nächsten Song an: «Dieses Lied ist Ulrike Meinhof gewidmet», und dann singt sie das «Deutschlandlied». Die erste Strophe. Sie zerfetzt es nicht wie Jimi Hendrix in Woodstock die amerikanische Nationalhymne, sie zelebriert es in ihrem eigenen geschichtslosen Raum. Während sich die Nazi-Rufe mit fliegenden Bierdosen vermischen, verlässt sie die Bühne und streckt die Fäuste in die Luft. «Jesus, ich hasse dieses Land. Jedes Mal, wenn ich hierher komme, erinnere ich mich daran, warum ich weggegangen bin.»

1987, ein paar Jahre später, ist sie milder gestimmt; nein, das Deutschlandlied würde sie nicht mehr singen. «Das war nur ein Witz …, nein, ein Witz war es nicht, in dem Sinne. Das habe ich nur wegen der Melodie gesungen. Nicht wegen dem Text. Weil, als ich ein kleines Mädchen war, und am Schöneberger Rathausplatz … da haben all die Leute das gesungen … und das hat mich sehr beeindruckt. Deswegen habe ich es gesungen. Aus dem einzigen Grund, weil ich das … so schön fand … als Lied.»

Die Pausen sind so lang, dass sich das Gewicht der Welt auf die Wörter legt, ihre Stimme klingt noch immer wie «der Wind in einer Abflussröhre», wie «ein IBM-Computer mit Garbo-Akzent» – so die Beschreibung Andy Warhols. «Sie sprach nicht Englisch», sagt Nico Papadakis in Susanne Ofertingens wunderschönem Filmporträt «Nico-Icon», «sie sprach nicht Französisch, sie sprach nicht Deutsch. Sie sprach überhaupt keine Sprache. Sie sprach überhaupt nicht. Sie brauchte nur zu schauen.» Es waren die Augen, die nichts von ihrer Wirkung verloren, selbst als sie bewusst ihre Schönheit zerstörte,

Konzert in Berlin, 1987. «Ich kenne das Publikum kaum. Es ist immer so dunkel. Ich möchte die Leute ja gern sehen …, aber ich kann sie nicht sehen, weil es so dunkel ist.»

ihre schlechten Zähne, das graue Haar, die zerstochene Haut provokant vorführte und damit kokettierte, wie selten sie ein Bad nehme. Augen, über die der Dichter und Warhol-Star Gerard Malanga einen Essay schrieb, Augen, deren Blick zu gleichen Teilen immer auch nach innen ging, die nicht wahrzunehmen schienen, was um sie herum geschah, und sie daher kühl und unverletzlich wirken ließen – die Garbo-Dietrich-Tradition eben.

«Sie herzte sanft ihr Spielzeug / Bevor sie es zerbrach / Und hatte eine Sehnsucht / Und wusste nicht wonach. / Weil sie einsam war / Und so blond ihr Haar / Und ihr Mund so rot wie Wein / Und wer von diesem Wein trank / Konnt nie mehr glücklich sein.» Als 1985 das «Lied von einfachen Madchens» in verballhornter Schreibweise auf ihrem letzten Album «Camera Obscura» erschien, dazu «Konig» und «My Heart Is Empty», brachte sie ihre Geschichte wieder in die eigene Heimat zurück: die Einfachheit des Kinderliedes, die Reinheit des Volksliedes, die statische Ruhe des mittelalterlichen Kirchenliedes, das sie so liebte. Schönheit und Einsamkeit waren wieder vereint. «Einsamkeit ist wichtig für mich ... Einsamkeit ist nicht traurig. Es ist nicht schlimm, wenn du darauf eingestellt bist, aber wenn viele Leute um dich sind, von denen du nichts willst ... das ist einsaaaam.»

Elia Kazan, der große Filmregisseur und Leiter des «Actor's Studio» in New York, gab ihr Anfang der sechziger Jahre den Rat: «Take your time. Create your own time.» Und es scheint, als habe kaum jemand diese Anweisung so exzessiv auf Kunst und Leben übertragen wie Nico. Als sie wieder einmal zu spät kommt, erklärt sie: «Ich habe kein Zeitgefühl. Zeit ist für mich zeitlos. Und außerdem habe ich es nicht eilig, alt zu werden.» Ein Jahr nach «Camera Obscura» beginnt sie in Manchester mit einem Methadonprogramm, isst gesund und fährt Fahrrad. «Eigentlich wohne ich genau gesagt in Preswich, neben der Verrücktenanstalt. Ja, wenn ich den Leuten sage, ich wohne in Preswich, lachen sie immer ... sie denken, ich meine da ... aber ... es ist wie auf dem Land ... schön. Und eine schöne Gegend zum Radfahren ... und dann regnet es mich an ... und dann hol ich mir den Tod ...»

Im Sommer 1988 ist sie auf Ibiza, zusammen mit ihrem Sohn Ari. Sie streiten, sie setzt sich aufs Rad, um in den nächsten Ort zu fahren. Sie kommt nie an, bricht irgendwo zusammen, ein Gehirnschlag in der Hitze. Als Ari am Tag darauf im Krankenhaus erscheint, ist sie schon gestorben, am 18. Juli 1988, drei Monate vor ihrem fünfzigsten Geburtstag. «Es war die Sonne, die sie umbrachte», spricht der Sohn im Film das Schlusswort. Und es klingt wie die Geschichte eines wunderschönen Vampirs.

FÜNF ODER SECHS DINGE,
DIE MAN VON IHNEN KENNEN SOLLTE

CATHÉRINE DENEUVE:

«Ekel», Regie Roman Polanski, 1965

«Belle de Jour», Regie Luis Buñuel, 1966

«Tristana», Regie Luis Buñuel, 1970

«Die letzte Métro», Regie François Truffaut, 1980

«Begierde», Regie Tony Scott, 1983

«Dancer In The Dark», Regie Lars von Trier, 2001

TINA TURNER:

«River Deep – Mountain High», LP 1966

«Live At The Carnegie Hall», LP 1971

«Private Dancer», LP 1984

«Break Every Rule», LP 1986

«Live In Europe», CD 1988

CHER:

«The Best Of Sonny & Cher», LP 1967

«Bittersweet White Light», LP 1973

«The Greatest Hits», CD 1999

«Come Back To The Five & Dime, Jimmy Dean, Jimmy Dean», Regie Robert Altman, 1982

«Mondsüchtig», Regie Norman Jewison, 1987

«Haus der stummen Schreie», Regie Cher, 1996

PATTI SMITH:
«Horses», LP 1975
«Easter», LP 1977
«Gone Again», CD 1996
«Peace And Noise», CD 1997
«Land (1975–2002)», CD 2002
Das Buch «Complete – Lyrics, Reflections & Notes
    for the Future», New York 1998

YOKO ONO:
«Fly», LP 1971
«Walking On Thin Ice», Single 1981
«Onobox» (Compilation), LP 1992
«Rising», CD 1995
Das Buch «Grapefruit», New York 2000 (1964)
«Blueprint For A Sunrise», CD 2001

LAURIE ANDERSON:
«Big Science», LP 1982
«Mister Heartbreak», LP 1984
«United States Live», LP 1985
«Bright Red – Tightrope», CD 1994
«Life On A String», CD 2001
«Live In New York», CD 2002

ANNETTE PEACOCK:
«I'm The One», LP 1971
«X-Dreams», LP 1978
«Been In The Streets Too Long», LP 1983
«I Have No Feelings», LP 1986
«An Acrobat's Heart», CD 2000
«Nothing Ever Was, Anyway», 1997;
    Peacock-Kompositionen gespielt von Marilyn Crispell,
    Gary Peacock und Paul Motian

MARIANNE FAITHFULL:
«Marianne Faithfull», LP 1965
«Love In A Mist», LP 1967
«Broken English», LP 1979
«Strange Weather», LP 1987
«Kissin' Time», CD 2002
Marianne Faithfull, «Eine Autobiographie»,
    Reinbek bei Hamburg 1997

JANE BIRKIN:
«Jane Birkin – Serge Gainsbourg», LP 1968
«Versions Jane», CD 1996
«Blow Up», Regie Michelangelo Antonioni, 1966
«Dust», Regie Marion Hänsel, 1985
«Jane B. par Agnès V.», Regie Agnès Varda, 1988
«Daddy Nostalgie», Regie Bertrand Tavernier, 1990

CHARLOTTE RAMPLING:
«Die Verdammten», Regie Luchino Visconti, 1969
«Der Nachtportier», Regie Liliana Cavani, 1974
«Farewell, My Lovely», Regie Dick Richard, 1975
«Stardust Memories», Regie Woody Allen, 1980
«Unter dem Sand», Regie François Ozon, 2000
Charlotte Rampling chante «Comme Une Femme»,
    CD 2002

CARLA BLEY:
«Escalator Over The Hill», LP 1968/71
«Tropic Appetites», LP 1973
«Dinner Music», LP 1977
«Fleur Carnivore», LP 1988
«Go Together», CD 1992
«Fancy Chamber Music», CD 1998

JONI MITCHELL:
«Blue», LP 1971
«The Hissing Of Summer Lawns», LP 1975
«Hejira», LP 1976
«Turbulent Indigo», CD 1994
«Travelogue», CD 2002
«Joni Mitchell – Painting With Words
    And Music», DVD 1998

SENTA BERGER:
«Es muss nicht immer Kaviar sein»,
    Regie Geza von Radvanyi, 1961
«Die Moral der Ruth Halbfass»,
    Regie Volker Schlöndorff, 1971
«Kir Royal», Regie Helmut Dietl, 1985/86
«Zimmer mit Frühstück»,
    Regie Michael Verhoeven, 1999
«Unter Verdacht», Regie Friedemann Fromm,
    2003
«Alfred Polgar: Liebe und dennoch», gelesen
    von Senta Berger, CD 2002

PINA BAUSCH:
«Frühlingsopfer», Aufführung 1975
«Kontakthof», 1978
«Nelken», 1982
«Viktor», 1986
«Palermo, Palermo», 1989
«Wiesenland», 2000

NICO:

«The Velvet Underground & Nico», LP 1967

«The Marble Index», LP 1969

«Desertshore», LP 1970

«Drama Of Exile», LP 1981

«Camera Obscura», LP 1985

BILDNACHWEIS

Maarten Vanden Abeele 244, 252; action press/Rex Features 45, 175, 183, 192; Agentur Focus/Ian Berry/Magnum Photos 165; Agentur Focus/Paul Schirnhofer 228; Agentur Focus/Herlinde Koelbl 238; Agentur Focus/Raymond Depardon/Magnum Photos 24; Agentur Focus/Guido Harari/Contrasto 88, 224; akg-images/Niklaus Stauss 250; Cinetext 10, 38, 75, 107, 166, 170, 181, 190, 235, 236; Corbis/Lynn Goldsmith 115, 120; Corbis/Henry Diltz 223; Corbis/Douglas Kirkland 67; Alain Dister 78, 81; ECM 143, 194, 201; EMI-Music 144; Detlef Erler 258f.; Petra Gall 57, 94, 160, 262, 277; Getty Images/Hulton Archive 64; Globe Photos 47; Bob Gruen/Star File 98, 105; Wolfgang Haut/Frankfurter Allgemeine Zeitung (Erstveröffentlichung 23. 8. 1975) 50; InterTopics/All-Action 58; Lisa Law 272; Violaine Lenoir 202; Gered Mankowitz 151; Jim Marshall 215, 216; Jean-Pierre Masclet 158; Photo Mephisto/Mephisto 207; Uwe Möntmann 83; Minoru Niizuma/Yoko Ono 101; Nonesuch 125; Ssirus W. Pakzad 112, 117, 137, 210; Tod Papageorge 198; Privatarchiv Annette Peacock 128, 131, 133, 134, 141; picture-alliance/dpa 15, 19, 30, 39, 60, 110, 233, 242; Larry Shaw 17, 29, 62, 147; Stephen Shore 267; Julian Broad/Katz/StudioX 178; Gamma/StudioX 42; Süddeutscher Verlag Bilderdienst/Hipp Foto 185; Christian Thiel/Frankfurter Allgemeine Zeitung (Erstveröffentlichung 12. 8. 2002) 92; Ullstein Bildarchiv 26, 35, 72, 152, 169, 212; Walter Vogel 247, 255 (erschienen in: Walter Vogel, «Pina», Ullstein Verlag)